소상공인을 버린 AI

SOVEREIGN AI

600만 다윗들의 디지털 권리를 묻다

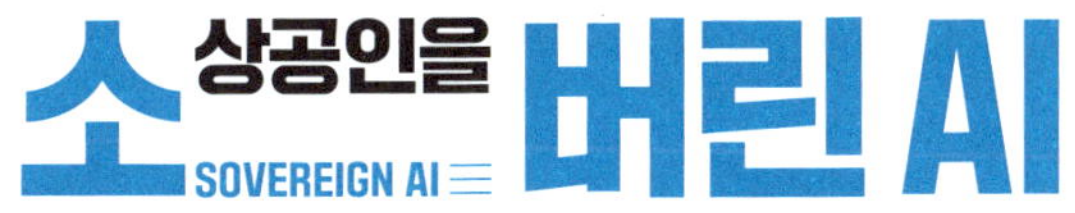

600만 다윗들의 디지털 권리를 묻다

김현성 지음

더봄

CONTENTS

목차

기술의 진보가 드리우는 그늘은 필연적인가.

그리고 왜 그 그늘은 늘 소상공인과 골목에 더 짙게 드리워져야 하는가.

새로운 물음은 늘 깨어있게 만든다. 누가 시킨 것도 아닌데 그 질문에 답을 찾기 시작했고 글을 썼다. 그렇게 스스로 글쓰기에 종속됐다. 글을 써본 사람은 알겠지만 머릿속의 생각을 문장으로 만드는 것은 전혀 다른 일이다.

고백하자면, 나는 글을 쓰는 것을 직업으로 삼는 작가는 아니다. 정책을 만들고, 보고서를 쓰고, 엑셀 파일과 씨름하던 사람이다. 머릿속에는 현장이 가득했다. 올빼미버스가 처음 달리던 밤, 시장 상인이 첫 라이브커머스에서 울던 순간, 1,547명이 배달앱 탈퇴 버튼을 누르던 날. 이야기는 넘쳤는데 문장이 되지 않았다. 정책적 체험과 경험은 있었지만 언어는 늘 가난했다. 새벽마다 거실 식탁과 동네 PC방에 앉아 커서가 깜빡이는 화면을 바라보며, 이것이 내가 할 수 있는 일인가를 수없이 물었다.

몸도 따라주지 않았다. 글을 쓰기 전 건강 문제가 찾아왔다. 병원 정기검진을 다니며 원고를 붙들었다. 결핍은 이상하게도 더 솔직하게 만들었다. 체력이 바닥나니 허세가 빠졌다. 멋진 문장을 만들 여유가 없으니, 그냥 진짜 하고 싶은 말만 남았다. 떡갈비집 사장님의 한숨, 수수료에 잠 못 이루는 자영업자의 새벽, 알고리즘 뒤에서 숨죽이는 골목의 목소리. 그것만 전하자. 그 마음으로 한 줄 한 줄 이어갔다.

소버린Sovereign·주권이 '소'상공인을 '버린'으로 이야기되는 상황에서 나는 AI를 부렸다. 새벽마다 두서없는 이야기를 들어주는 상대였다. 내가 "사장님이 한숨을 쉬었다"고 치면, "그 한숨의 구조가 칼 폴라니의 이중운동과 닮았습니다"라고 답했다. 골목의 언어와 세계의 언어가 만나는 순간이었다. 소상공인이 AI를 부려야 한다고 쓰면서 나 자신이 먼저 AI를 부려본 셈이다. 이 책 자체가 하나의 실천이자 실험이었다.

쓰는 내내 두려웠다. 이 책에서는 실명을 지웠지만 실제 사람들의 삶이 들어 있다. 물류센터에서 쓰러진 청년, 수수료에 짓눌려 가게를 접은 부부, 알고리즘이 매긴 등급에 쫓기다 무릎 꿇은 라이더. 그분들의 이야기를 내가 빌려 쓸 자격이 있는가. 자격은 없었다. 다만 빚이 있었다. 15년간 현장에서 만난 얼굴들에게 진 빚. 그 한숨을 들었으면서 아무 말도 하지 않는 것이 더 큰 죄라고 생각했다.

이 글을 쓰는 지금도 세상은 멈추지 않는다. 새벽배송 논쟁은 날마다 커지고, 미국 하원은 쿠팡 임시대표에게 소환장을 보냈으며, 3370만 명의 개인정보 유출은 한미 통상 갈등의 뇌관이 되었다. 유통법 개정 논의까지 불붙었다. 쿠팡을 견제하겠다며 대형마트의 새벽배송을 풀겠다는 것이다.

골리앗이 골리앗과 싸우는 링 위에서 정책이 소비되는 동안, 600만 다윗은 여전히 관중석 바깥에 서 있다. 원고를 고치는 동안 내가 쓴 경고가 하나둘 현실이 되었다. 기쁘지 않았다. 차라리 이 책이 틀렸으면 좋겠다고, 이 책이 쓸모없어지는 세상이 오면 좋겠다고 생각했다.

아내에게 미안하다. 주말마다 식탁을 점령하고, 아이들이 잠든 뒤에도 거실 불을 켜고, 병원 대기실에서도 노트북을 폈다. 아이가 물었다. "아빠 무슨 책 써?" "사장님들이 덜 힘든 세상 만드는 책"이라 답했다. 아이는 고개를 끄덕이고 제 방으로 들어갔다. 그 작은 등을 보며 생각했다. 이 아이가 어른이 되었을 때 골목은 아직 살아 있을까. 동네 가게에서 떡볶이를 사 먹을 수 있을까. 그 질문이 포기하려던 나를 다시 식탁 앞에 앉혔다.

학자가 아니니 이론이 엉성할 수 있다. 작가가 아니니 문장이 거칠 수 있다. 몸이 아팠으니 빠뜨린 것도 있을 것이다. 그래도 한 가지는 자신한다. 이 책의 모든 문장에는 현장의 온도가 배어 있다. 에어컨 나오는 연구실이 아니라 기름 냄새 나는 골목에서 길어올린 말들이다.

서울특별시, 중소기업유통센터현 한국중소벤처유통원, 광주경제진흥상생일자리재단에서 함께했던 임직원들에게도 고마운 마음을 전한다. 부족한 생각을 현실화하기 위해서 함께 노력했던 시간들을 절대 잊지 못할 것이다.

떨리는 마음으로 이 책을 세상에 내놓는다. 부디, 이 그늘이 조금이라도 옅어지는 데 보탬이 되기를.

2026년 2월, 뜻과 땀을 재료로 때를 짓는,
정책셰프 김현성 올림

빠른 참조표

핵심 개념

용어	한줄 정의	본문 소개
기준국가	가장 낮은 곳이 기준이 되는 나라	10장, 12장
낙수효과	위에서 아래로 흘러내린다는 (실패한) 경제 이론	2장, 5장
디지털 소작농	플랫폼에 수확물을 바치는 소상공인	1장, 3장, 8장
로코노미	로컬+이코노미, 지산D소의 전국 버전	12장
무영등	그늘 없이 비추는 조명, 국가의 역할 상징	프롤로그, 4장, 10장
발견행정	먼저 찾아가는 행정	4장, 6장
분수효과	아래에서 위로 솟구치는 경제	5장, 8장
소버린 AI	소상공인이 주인인 AI	전체
슈퍼개인	AI로 무장한 1인 기업	3장, 7장
1소1상	소상공인 1인 1킬러 상품	8장
지산D소	지역생산 + 디지털 + 세계소비	8장
폭탄 돌리기	편리함의 비용이 약자에게 전가되는 구조	프롤로그, 1장
혁신의 역설	혁신이 문제를 해결하지 않고 이동시킨 것	1장, 8장, 9장

인용 행정가·실무자

이름	직책	핵심 발언/정책
박태웅	국가인공지능전략위원회 공공AX분과장	《눈떠보니 선진국》
배경훈	과학기술정보통신부 장관	우체국 공공서비스
임문영	국가인공지능전략위원회 부위원장	AI는 지식, 지혜는 사람
주병기	공정거래위원회 위원장	플랫폼 규제 강화
하정우	대통령비서실 AI미래기획수석비서관	공공 AI 인프라, AI 바우처

인용 학자

이름	대표 저서/이론	핵심 주장
리나 칸	아마존의 반독점 역설	소비자 후생만으론 부족하다
마리아나 마추카토	기업가형 국가	정부가 시장을 창조한다
마크 그라노베터	임계 질량	대체재 3~5%면 독점 견제
말콤 글래드웰	다윗과 골리앗	약자의 규칙으로 싸워라
에릭 브린욜프슨	제2의 기계 시대	AI는 인간을 증폭한다
제러미 리프킨	한계비용 제로 사회	디지털이 비용을 0으로
조지프 슘페터	창조적 파괴	혁신은 파괴를 수반한다
조지프 스티글리츠	불평등의 대가	규칙이 불평등을 만든다
칼 폴라니	거대한 전환	시장이 사회를 삼키면 파국
케빈 켈리	1,000명의 진정한 팬	1,000명이면 독립 가능

국제 규범·제도

약어	정식 명칭	핵심 내용
AI 기본법	인공지능 발전과 신뢰 기반 조성	세계 최초 AI법 (2026.1)
DMA	디지털시장법	게이트키퍼 자기우대 금지
DSA	디지털서비스법	불법 콘텐츠 삭제 의무
GDPR	일반개인정보보호법	설명권, 이동권
SEPA	단일유로결제지역	유럽 통합 결제 프로토콜
UPI	통합결제인터페이스	인도 수수료 0% 결제

용어·인물·이론 해설[가나다, 알파벳 순]

ㄱ-ㅎ

공공배달앱 지방자치단체가 운영하는 배달 중개 플랫폼. 민간 플랫폼 대비 낮은 수수료2~3%로 소상공인 부담을 줄이고, 거대 플랫폼의 독점을 견제하는 '메기' 역할 수행. 광주의 배민 독립선언8장이 공공배달앱 확대의 기폭제가 되었다. 소무 1조에서 전국 연동 제안.

기준국가基準國家 가장 낮은 곳의 삶이 기준이 되는 나라. GDP나 대기업 실적이 아니라, 63세 국밥집 사장이 디지털에서 소외되지 않는지, 동네 가게가 플랫폼 수수료에 짓눌리지 않는지를 기준으로 삼는 국가 비전. 10장에서 원칙을 세우고, 12장에서 소무 10조의 지향점으로 제시.

낙수효과Trickle-down Effect 대기업이라는 큰 그릇에 물을 부으면 넘쳐 흘러 중소기업과 소상공인까지 적신다는 경제 이론. 공급 중심Supply-side 경제학의 핵심 논리. 이 책에서는 실패한 낡은 규칙으로 비판하며, '분수효과'를 대안으로 제시한다. 2장과 5장에서 본격 비판.

다윗과 골리앗 이 책의 핵심 서사 구조. 소상공인다윗이 플랫폼 독점골리앗에 맞서 싸우는 이야기. 말콤 글래드웰의 재해석을 빌려, 다윗의 무기는 갑옷이 아니라 돌팔매AI·데이터이며, 골리앗의 규칙근접전이 아닌 자기만의 규칙으로 싸울 때 이긴다고 제안. 3장에서 프레임을 세우고, 1부 전체를 관통.

데이터 뱅크 플랫폼에 흩어진 소상공인의 매출·거래·리뷰 데이터를 통합하여 신용을 평가하는 국가 플랫폼. 담보 없이도 데이터로 대출받을 수 있게 하는 금융 인프라. 소무 4조에서 제안.

데이터 이동권 Data Portability 소상공인이 플랫폼에 축적한 리뷰·매출·고객 데이터를 자유롭게 이전할 수 있는 권리. '디지털 소작농'의 핵심 해법이자 락인Lock-in을 푸는 열쇠. 11장 제6조 '데이터 주권'에서 선언하고, EU의 GDPR이 국제적 근거.

데이터 주권 내 땀이 만든 데이터의 주인은 나라는 원칙. 플랫폼에 종속된 매출·리뷰·고객 데이터를 소상공인 자신이 소유하고 이동시킬 수 있어야 한다는 핵심 주장. 8장 QR광주 실험에서 실천하고, 11장 제6조에서 권리로 선언.

데이터 커먼즈 Data Commons 시민이 생산한 데이터는 거대 테크 기업의 것이 아니라 시민의 공공재라는 원칙. 스페인 바르셀로나가 공공조달 계약서에 '데이터의 소유권은 시민에게 있다'는 조항을 삽입한 사례가 대표적. 8장에서 광주의 데이터 주권 실험과 함께 소개.

디지로그 이어령 선생이 제안한 개념. 디지털과 아날로그의 결합. 6장에서 서울시 디지털 정책의 철학으로 등장. 10만 명 시민과의 소통에서 디지털만으로는 안 되고 아날로그적 접촉이 함께해야 한다는 '디지로그의 역설'을 발견.

디지털 소작농 플랫폼의 땅에서 농사짓고 수확물데이터을 플랫폼에 바치는 소상공인의 처지를 비유한 표현. 열심히 팔아도 수수료로 빠져나가 남는 게 없는 21세기 새로운 계급. 1장에서 처음 등장하고, 3장의 종속 구조, 8장의 광주 독립선언과 연결.

락인 효과 Lock-in Effect 한번 들어가면 나오기 어려운 구조. 종속의 다른 이름. 플랫폼에 축적한 리뷰·단골·판매 이력 때문에 불만이 있어도 떠나지 못하는 소상공인의 처지. 3장에서 개인 차원의 종속으로 분석하고, 10장 제목 '락인을 풀고'에서 해법 제시.

로코노미Loconomy '로컬'Local과 '이코노미'Economy의 합성어. 지역에서 생산하고, 지역에서 소비하고, 그 이익이 지역에 남는 경제 순환 구조. 지산D소의 전국 버전. 소무 1조에서 '로코노미 AI 고속도로'로 구체화. 17개 시도 공공앱 데이터 연동을 통한 전국 인프라 구축 제안.

류성룡柳成龍, 1542~1607 조선 중기 문신. 임진왜란 당시 영의정. 전쟁의 참화를 기록한 『징비록』을 남겨 후세가 같은 실수를 반복하지 않도록 했다. 9장 '징비록: 통촉을 구합니다'의 역사적 모델.

리나 칸 Lina Khan 미국 FTC연방거래위원회 전 위원장. '아마존의 반독점 역설'로 반독점법의 패러다임을 전환. 소비자에게 낮은 가격을 제공하더라도 경쟁 생태계를 파괴하면 독점이라고 주장. 2장의 규칙 논의와 10장의 반독점 프레임에서 핵심 인물.

마그나카르타Magna Carta 1215년 영국 존 왕이 서명한 대헌장. "왕이라도 법 위에 있지 않다"는 원칙을 세웠다. 11장 '디지털 권리장전'의 역사적 모델로 인용. 플랫폼 시대 소상공인의 권리 선언을 '2025년의 마그나카르타'로 명명.

마리아나 마추카토 Mariana Mazzucato 영국 UCL 교수. 『기업가형 국가』The Entrepreneurial State 저자. 정부는 시장 실패를 수습하는 청소부가 아니라 시장을 창조하는 '퍼스트 무버'여야 한다고 주장. 인터넷·GPS·터치스크린 등 혁신 기술이 모두 정부 투자에서 시작됐음을 밝혔다. 5장과 12장에서 인용. 11장에서는 '렌트 추출' 경고를 인용.

마크 그라노베터 Mark Granovetter 스탠퍼드대 사회학 교수. '약한 연결의 힘', '임계 질량'Critical Mass 이론으로 유명. 시장에 대체재가 3~5%만 존재해도 독점 기업의 가격 결정력이 약화된다고 주장했다. 공공배달앱 '메기 전략'의 이론적 근거. 소무 1조에서 인용.

말콤 글래드웰 Malcolm Gladwell 미국 저널리스트·작가. 『다윗과 골리앗』 저자. "다윗은 정말 약자였는가"를 물으며, 약자가 강자의 규칙을 거부하고 자기만의 방식으로 싸울 때 승리한다고 주장. 3장에서 소상공인을 '돌팔매를 쥔 다윗'으로 재해석하는 핵심 프레임 제공.

메기 전략 노르웨이 어부들이 대구 수조에 메기를 넣어 대구를 살렸다는 이야기에서 유래. 공공배달앱이 시장에 경쟁을 유도해 민간 플랫폼의 수수료를 낮추는 전략. 수수료 2%의 공공앱이 존재하면 7.8%의 민간 플랫폼도 함부로 가격을 올리지 못한다. 소무 1조의 핵심 개념.

면허제-이동권-집단소송 10장에서 제시한 플랫폼 규제의 세 가지 제도적 기둥. 면허제플랫폼 진입 자격, 이동권데이터·리뷰 이전 자유, 집단소송개인이 홀로 싸우지 않는 구조. 11장 권리장선 10조를 지키는 법적 토대.

무영등無影燈 수술실에서 쓰는 조명으로, 여러 각도에서 빛을 비추어 그림자가 생기지 않게 한다. 의사의 손이 어디를 가리켜도 그늘이 지지 않는다. 이 책에서는 기술·정책·제도가 함께 움직여 소외된 곳까지 비추는 국가의 역할을 상징. 프롤로그에서 철학적 근거를 세우고, 4장에서 사회의 규칙으로, 10장에서 세 빛의 통합으로 구체화.

발견행정Discovery Administration 시민이 신청하기를 기다리는 '신청주의'를 넘어, 데이터로 필요한 사람을 먼저 찾아가는 행정. 올빼미버스가 대표 사례신청 0명, 첫날 탑승객 1,200명. 4장에서 '사회의 규칙'으로 제시하고, 6장에서 서울시 경험을 통해 상세히 다룸. 11장 제3조 '발견될 권리'로 확장.

배경훈 과학기술정보통신부 장관2025년 12월 취임. "우체국 인프라를 활용해 국민 누구도 소외되지 않도록 공공서비스를 제공하겠다"고 밝혀 우체국 풀필먼트소무 7조 구상의 정책적 근거가 됨.

배달앱 독립선언 2024년 7월 19일, 광주에서 1,547명의 소상공인이 배달의민족 집단 탈퇴를 결의한 사건. 수수료 6.8%→9.8% 기습 인상에 맞선 디지털 독립운동의 서막. 거대 플랫폼 자본의 알고리즘 통치에 맞서 골목의 주권을 되찾겠다는 선언. 1장에서 도입, 8장에서 상세히 다룸.

분수효과Fountain Effect 낙수효과의 대안으로 제시된 개념. 아래에서 위로 물이 솟구쳐 사방으로 퍼지듯, 골목에서 시작한 경제가 온 나라를 적시는 것. IMF가 인정한 수요 중심 경제의 핵심 비유. 5장에서 이론적 근거를 세우고, 8장 광주 경험에서 실증.

소버린 AI Sovereign AI '주권'Sovereign을 가진 AI라는 뜻. 단순히 기술을 국산화하는 것이 아니라, 그 기술이 누구를 위해 작동하느냐의 문제. 대기업과 플랫폼을 위한 AI가 아니라, 600만 소상공인이 기술의 주인이 되는 AI. 이 책의 핵심 비전이자 제목. 동시에 현장에서는 '소상공인을 버린 AI'라는 자조적 의미로도 읽힌다.

소무 10조小務十條 12장에서 제안하는 기준국가의 10가지 구체적 정책. 권리장전이 '무엇을'이라면, 소무 10조는 '어떻게'를 말한다. 경쟁의 규칙1~3조, 금융·결제 인프라4~6조, 물류·글로벌7~8조, AI·디지털 동행9~10조으로 구성. '창작이 아니라 발견'이라는 원칙 아래 현장에서 검증된 정책들.

슈퍼개인 / 핵개인 AI와 디지털 도구를 무기로 삼아 혼자서 기획·디자인·마케팅·영상 편집까지 해내는 개인. 과거 조직이 필요했던 역량을 1인이 수행한다. 소상공인은 원래 슈퍼개인의 원형. 3장에서 개인의 규칙으로 제시하고, 7장에서 5만 4,000명의 슈퍼개인 탄생을 기록.

시무 28조 고려 성종 때 최승로가 올린 정책 건의서. "임금은 대무大務와 소무小務를 구분해야 하지만, 백성의 삶은 소무에서 결정됩니다." 12장 '소무 10조'의 역사적 근거. 1,000년 전의 통찰이 오늘의 정책으로 이어진다.

씬 파일러 Thin Filer 금융 이력이 부족해 기존 신용평가 체계에서 배제되는 사람. 재무제표가 없는 소상공인 대다수가 해당. 자금이 가장 필요한 사람이 자금을 빌리지 못하는 역설. 소무 4조 '소상공인 전문은행'이 이 문제의 해법.

악마의 맷돌 Satanic Mill 칼 폴라니가 『거대한 전환』에서 사용한 비유. 시장이라는 맷돌이 인간을 갈

아버리는 것. 시장이 사회를 집어삼키면 결국 파국이 온다는 경고. 2장에서 플랫폼 경제의 구조적 문제를 진단하는 데 인용.

알고리즘 영향평가AI Impact Assessment AI 알고리즘이 소상공인의 매출·노출·생존에 미치는 영향을 사전에 평가하는 제도. "설명할 수 없으면 사용하지 마라"는 원칙. 소무 2조 '알고리즘 공정화법'의 핵심.

에릭 브린욜프슨Erik Brynjolfsson MIT 교수. 『제2의 기계 시대』 공저자. AI는 인간을 대체하는 것이 아니라 증폭Augment한다고 주장. 인간과 기계의 협업을 강조.

오픈뱅킹Open Banking 고객이 자신의 금융 데이터를 다른 기관에 이동시킬 수 있는 제도. 영국이 2018년 시행. 데이터 주권의 금융 버전. 소무 4조의 참고 모델.

온플법온라인 플랫폼 공정화법 2021년 국회에 발의된 후 4년 넘게 계류 중인 법안. 플랫폼의 자기우대·일방적 약관변경·부당 수수료 등을 규제하려 했으나 국회 문턱을 넘지 못함. 그 사이 수수료는 44% 올랐고 티메프에서 1조 원이 증발. 1장과 10장에서 '골든타임을 놓친 입법 실패'로 비판.

올빼미버스 2013년 서울시가 30억 건 통화 데이터를 분석해 설계한 심야버스. 신청 0명, 첫날 탑승객 1,200명. 한국 빅데이터 행정 최초 사례이자 발견행정의 원형. "체념이 수요를 감추었다." 6장에서 상세히 다룸.

1소1상1소상공인 1상품화 모든 소상공인이 자신만의 킬러 상품 하나를 갖는 것. 광주에서 실험한 상품화 전략. 학원가 분식집이 밀키트를 만들고, 양조장이 전통주 브랜딩에 성공한 사례. 상품이 있어야 해외로 보낼 수 있다. 8장의 핵심 개념.

제러미 리프킨Jeremy Rifkin 미국 경제학자. 『한계비용 제로 사회』The Zero Marginal Cost Society 저자. 디지털 기술로 추가 생산 비용이 거의 0에 가까워지면 개인이 대기업과 같은 역량을 가진다고 예측. 3장 '슈퍼개인' 논의의 이론적 토대.

조지프 슘페터Joseph Schumpeter 20세기 오스트리아 경제학자. '창조적 파괴'Creative Destruction 개념으로 유명. 혁신은 기존 시스템을 파괴하면서 새로운 것을 만든다고 주장. 4장에서 발견행정의 대비 개념으로 인용.

조지프 스티글리츠Joseph Stiglitz 노벨경제학상 수상자. 『불평등의 대가』 저자. 불평등은 자연 현상이 아니라 규칙정책이 만든다고 주장. "규칙을 바꾸면 불평등도 바뀐다." 2장의 '규칙으로 끈다'의 이론적 근거.

즈마크레딧芝麻信用 중국 알리바바의 신용평가 시스템. 타오바오 판매 데이터·배송 기록, 고객 리뷰로 신용점수를 산출. 담보 없이 대출하는 데이터 기반 금융의 대표 사례. 소무 4조의 참고 모델.

지산D소地産D消 '지산지소'地産地消: 지역에서 생산하고 지역에서 소비에 'D'Digital를 더한 개념. 지역에서 생산하고, 디지털을 입혀, 전국과 세계에서 소비하게 하는 깃. 광주에서 실험한 지역경제 순환 모델. 8장의 핵심 개념이자 12장 소무 1조 '로코노미'의 모태.

징비록懲毖錄 임진왜란 당시 영의정 류성룡이 쓴 기록. '지난 실수를 경계하여 후환을 막는다'予其懲而毖後患는 뜻. 9장에서 저자가 자신의 성공과 실패를 솔직히 기록하는 형식적 모델. "성공했는데 왜 실패라고 말하는가"라는 질문으로 시작.

차질금액 대형 이커머스에서 셀러에게 청구하는 할인 차액. 플랫폼이 소비자에게 할인 행사를 벌이고, 그 차액을 판매자에게 부담시키는 구조. "월 매출 2000만 원의 12%를 차질금액으로 냈다." 10장에서 불공정한 규칙의 대표 사례.

최승로崔承老, 927~989 고려 초기 문신. 성종에게 '시무 28조'를 올려 국정 개혁을 건의. "백성의 삶은 소무小務에서 결정됩니다"라는 말로 12장 '소무 10조'의 역사적 근거가 됨.

칼 폴라니 Karl Polanyi 헝가리 출신 경제사학자. 『거대한 전환』The Great Transformation 저자. "시장이 사회를 삼키면 파국이 오고, 사회는 스스로를 보호하기 위해 반격한다"고 경고. '악마의 맷돌'Satanic Mill 비유로 유명. 2장에서 핵심 인용.

커뮤니티 웰스 빌딩 Community Wealth Building 지역 내 자산과 구매력을 지역에 순환시켜 부를 축적하는 경제 전략. 영국 프레스턴시가 대표적으로 실행. 지산D소의 국제적 벤치마크. 소무 7조의 이론적 근거.

케빈 켈리 Kevin Kelly 〈와이어드〉 매거진 창립 편집장. 2008년 '1,000명의 진정한 팬'1,000 True Fans 에세이를 발표. 100만 명의 팔로워가 아니라 1,000명의 진짜 팬이 있으면 독립적으로 생존할 수 있다고 주장. 3장에서 소상공인의 팬덤 경제 논의에 인용.

티메프 사태 2024년, 티몬과 위메프에서 발생한 대규모 정산지연·파산 사건. 1조 2789억 원이 증발하고 수많은 셀러가 피해를 입었다. "대한민국 플랫폼 경제의 카나리아." 플랫폼이 사라지면 그 위의 소상공인도 함께 사라지는 구조적 위험을 노출. 1장에서 핵심 사례.

팬슈머Fansumer 팬Fan과 소비자Consumer의 합성어. 단순히 물건을 사는 것이 아니라 브랜드의 팬이 되어 응원하고 확산시키는 소비자. 가격이 아니라 취향과 가치관으로 움직인다. 3장에서 핵개인 시대의 소비 형태로 설명.

폭탄 돌리기 편리함이라는 음악이 흐르는 동안 비용과 위험이라는 폭탄이 강자에게서 약자에게로 넘어가는 구조. 음악이 멈췄을 때 폭탄을 들고 있는 것은 언제나 가장 약한 손. 프롤로그에서 핵심 비유로 등장하고, 1장에서 구체적 사례수수료·정산지연·물류센터 사망와 함께 분석.

프레스턴 모델 Preston Model 영국 프레스턴시의 지역경제 활성화 전략. 공공기관이 지역 기업에서 우선 구매하도록 유도. 4년간 지역 조달 비율 5%→18%, BBC '영국에서 가장 개선된 도시' 선정. 커뮤니티 웰스 빌딩의 대표 사례. 5장에서 분수효과의 국제 사례로, 8장에서 지산D소의 벤치마크로 인용.

플제분리플랫폼-제조 분리 금산분리금융-산업 분리처럼 플랫폼심판과 자사 상품 판매선수를 분리해야 한다는 원칙. 네이버가 검색 엔진이면서 스마트스토어를 운영하는 이해충돌 문제를 해결하는 규제 방안. 11장 제10조와 소무 2조의 핵심 개념.

하이파이브디지털경제 하이파이브 중소기업유통센터2020~2023 시절 5만 4,000명의 소상공인 디지털 전환 교육 프로그램. 라이브커머스, 스마트스토어, SNS 마케팅 등 디지털 역량을 교육. 7장에서 상세히 다룸. "내가 이런 것도 할 수 있구나"라는 첫 성공 경험이 핵심.

하정우 대통령비서실 AI미래기획수석비서관전 네이버 퓨처AI센터장. '공공 AI 인프라' 구축과 '전 국민 AI 바우처'를 제안. 정부가 기초 AI 모델을 구축하고 소상공인이 이를 활용할 수 있게 하자는 수요 창출 논리를 제시. 소무 1조의 참고.

한계비용 제로 사회 제러미 리프킨이 제시한 개념. 디지털 기술로 추가 생산·서비스 비용이 거의 0에 가까워지는 사회. AI 도구가 월 5만 원이면 대기업만 가능했던 역량이 개인에게 열린다. 3장의 이론적 배경.

혁신의 역설 혁신은 문제를 해결하지 않았다, 이동시켰다. 편리함은 소비자에게 갔지만, 비용과 위험은 소상공인·노동자에게 전가되었다. 로켓배송이라는 편리함 뒤에 29명의 노동자 사망, 40% 수수료, 정산지연이 있었다. 1장에서 도입, 8장에서 낙수효과와 연결, 9장에서 저자 자신의 실패와 함께 성찰.

황연하 농림축산식품부 숙련식산업정책관. 2025년 6월 공정배달앱 650만 장 쿠폰 지원 정책 발표. "농림부가 가진 가장 큰 무기는 구매력입니다." 정부의 수요 창출 역할을 강조. 소무 1조의 정책적 근거.

A-Z

AI 기본법 2026년 1월 22일 세계 최초로 시행된 한국의 AI 법률. 고영향 AI와 생성형 AI에 대해 투명성 확보 의무를 부과하고, AI 취약계층의 접근성을 보장. 11장에서 권리장전의 법적 토대로 인용.

AI-in-a-Box 소상공인이 AI를 몰라도 누구나 쉽게 쓸 수 있는 패키지형 솔루션. 영상편집 AI, 회계 AI, 재고관리 AI를 하나의 상자에 담아 바우처로 제공. 소무 9조에서 제안. "소상공인을 AI 소작농이 아니라 AI 주인으로 만드는 도구."

DMADigital Markets Act EU 디지털시장법. 2023년 시행. 구글·애플·아마존·메타 등을 '게이트키퍼'로 지정하고 자기우대Self-Preferencing 행위를 금지. 위반 시 전 세계 매출의 10% 과징금. 2장에서 규칙의 국제적 사례로, 11장 제10조 '공정할 권리'와 소무 2조의 국제적 근거

DSADigital Services Act EU 디지털시비스법. 플랫폼에 불법 콘텐츠 신속 삭제, 이의제기 절차 마련 등을 의무화. 악성 리뷰로부터 소상공인을 보호하는 국제 기준. 11장 제5조 '방어할 권리'의 근거.

GDPRGeneral Data Protection Regulation EU 일반개인정보보호법. 2018년 시행. 설명 요구권Right to Explanation, 데이터 이동권Data Portability 등을 명시. 세계 개인정보보호법의 기준. 11장 제1조 '알

권리', 제6조 '데이터 주권'의 국제적 근거.

K-Pay 인도 UPI를 벤치마킹한 국가 공공 결제망 구상. 수수료 0%대의 디지털 고속도로로, 소상공인이 플랫폼에 통행료를 내지 않게 하는 인프라. 소무 5조에서 제안.

MFCMicro Fulfillment Center 도심과 근거리에 위치한 소형 물류센터. 배송시간을 30~50% 줄인다. 우체국 3,400개를 MFC로 활용하는 구상의 기반. 소무 7조에서 제안.

SBIRSmall Business Innovation Research 미국 중소기업혁신연구 프로그램. 정부가 중소기업의 첫 번째 고객이 되어 시장을 만들어주는 구조. 퀄컴이 SBIR 자금으로 무선통신 기술을 개발한 사례. 5장에서 정부의 퍼스트 무버 역할 근거.

SEPASingle Euro Payments Area 유럽 단일유로결제지역. 유럽 전역에서 하나의 결제 프로토콜로 통합된 시스템. K-Pay 구상의 참고 모델. 이동주 성균관대 교수가 인용.

STOSecurity Token Offering 블록체인 기술로 발행하는 디지털 증권. 동네 빵집이 단골에게 소액 투자를 받아 자금을 조달하는 '팬덤 금융'의 도구. 단골이 주주가 되는 세상. 소무 6조에서 제안.

UPIUnified Payments Interface 인도 정부가 만든 통합결제인터페이스. 수수료 거의 0원. 2024년 기준 인도 디지털 결제의 85% 이상을 차지하며 길거리 상인까지 확산. 출범 2년 만에 성인 인구의 70%가 가입. K-Pay소무 5조의 핵심 벤치마크.

"소버린요? 소상공인을 버린 AI 아닌가요?"

–뜻과 땀으로 때를 짓는, 정책 셰프의 다짐

2025년 6월 어느 날, 광주 송정역시장 골목.

국정기획위원회 경제2분과 자문위원 회의를 마치고 나온 참이었다. 머릿속은 온통 반도체 주권, 초거대 언어모델, 데이터센터 투자 등등 회의실에서 쏟아진 단어들로 가득차 있었다. 이 재료로 어떤 요리를 할까 설레고 흥분됐다.

점심을 먹으러 들른 떡갈비집. 떡갈비도 훌륭하지만, 뼈국물 맛이 깊어 가끔 찾는 곳이다. 가게 한구석, 작은 TV에서 AI 관련 뉴스가 흘러나왔다. 정부 9조 9000억 원 투자, AI 3대 강국 도약. 앵커의 목소리는 갓 튀겨낸 튀김처럼 경쾌했다.

"사장님, 이제 소버린 AI 시대가 온다고 합니다. 정부가 9조 9000억 원을 쓴다네요."

주방에서 땀을 훔치던 사장님이 고개를 들었다. 잠시 나를 바라보더니, 깊은 한숨을 내쉬었다. 그리고 천천히 입을 열었다.

"소버린 AI요? 우린 그런 거 몰라요."

"우리는 그냥…… '소(상공인을) 버린' AI가 아니길 바랄 뿐이죠."

순간, 멍해졌다. 소버린Sovereign. 주권. 국가의 자기결정권. 대통령은 AI 3대 강국을 선언하고 전문가들은 장밋빛 미래를 약속하는데, 그 거창한 담론이 흐르는 고가도로 아래 골목에서는 전혀 다른 맛의 언어가 쓰이고 있었다.

그 맛있던 뼈국물 맛이 느껴지지 않았다. 떡갈비를 씹는 동안 사장님의 말이 입안에서 모래처럼 씹혔다. '소상공인을 버린 AI.' 아는 사이에 가볍게 던진 농담이었을지 모른다. 그러나 셰프가 재료의 상한 부분을 본능적으로 알아채듯 나는 그 말 속에서 우리 시대의 가장 아픈 환부를 보았다.

식당을 나오며 스스로에게 물었다. AI 시대, 소상공인은 정말 버려지는 것인가? 아니면 AI를 부리는 주인이 될 수 있는 기회인가.

나는 정책을 요리하는 사람이다. 지난 15년, 나는 물음표 하나를 들고 골목을 돌아다녔다. 서울시에서는 '디지털은 서울을 위해 무엇을 할 수 있을까?'를 물었다. 30억 건의 통화 데이터를 재료 삼아 '올빼미버스'를 만들었다. 심야버스를 만들어달라고 신청한 사람은 0명이었다. 체념했기 때문이다. 밤에 버스가 없는 건 당연한 거니까. 버스가 오자 1,200명이 탔다.

중소기업유통센터에서는 '소상공인 디지털 전환 무엇을 어떻게 해야 하나?'를 물었다. 5만 4,000명의 소상공인들과 함께 땀 흘리며 '디지털경제 하이파이브'라는 백신을 만들었다. 골목의 소상공인들이 라이브커머스를 하고, 스마트스토어 첫 주문에 울었다. "내가 이런 것도 할 수 있구나." 나는 비로소 밥값을 했다고 느꼈다.

광주에서는 '지역경제 활성화를 위한 공공의 역할은 무엇인가?'를 물었다. 과거 공급 중심 역할이 아닌 수요 혁신자가 되어야 한다는 생각으로 '지산 D소' 캠페인을 진행했다. 지역의 상품을 지역적으로 지능적으로 지구적으로 소비하자.

그리고 이제, 다시 묻는다. 기술 혁신으로 인한 그늘은 왜 약자에게 더 깊고 넓게 드리우는가?

로켓배송이 생겼다. 소비자는 편해졌다. 하지만 그 편리함의 식탁 아래서 물류센터 노동자 29명이 숨졌다.

배달앱이 생겼다. 주문은 쉬워졌지만, 치킨집 사장님은 매출의 40%를 이런저런 항목으로 떼인다.

최저가 경쟁이 벌어졌다. 소비자는 싸게 샀지만, 셀러는 '차질금액'이라는 이름으로 차액을 부담했다.

이것은 혁신이 아니다. 폭탄 돌리기다.

편리함이라는 음악이 흐르는 동안 비용과 위험이라는 폭탄은 강자에게서 약자에게로 넘어갔다. 음악이 멈췄을 때 폭탄을 들고 있는 것은 언제나 가장 약한 손이었다. 맛있는 요리는 먹는 사람을 살린다. 나쁜 요리는 먹는 사람을 병들게 한다. 지금의 플랫폼 경제는 소수만 배부르고 다수는 굶주리는 영양 불균형의 식단이다. '소비자 후생'이라는 달콤한 주미르에 취해 우리는 "누구의 희생 위에 차려진 밥상인가"를 묻지 않았다.

이 책은 그 그늘을 걷어내고, 모두가 배불리 먹을 수 있는 새로운 밥상을 치리기 위한 제안서다. 떡갈비집 사장님의 한숨이 나를 다시 주방으로 불렀다.

'뜻과 땀으로 때를 짓겠다.'

이 책은 3부로 구성된 하나의 코스 요리다.

1부 '뜻'志은 재료를 고르는 과정이다. 왜 바꿔야 하는지를 묻는다. '다 그래'라고 체념하던 현실을 '바꾸자'는 의지로 다시 본다. 혁신의 역설이 만든 그늘을 직시하는 것, 그것이 요리의 시작이다.

2부 '땀'汗은 불 앞에서 조리하는 과정이다. 어떻게 바꿨는지를 증명한다. 서울, 유통센터, 광주에서 흘린 15년의 땀방울이 이 요리의 간을 맞추는 소금이 되었다. 성공의 환호뿐 아니라 뼈아픈 실패의 탄 맛까지 솔직하게 담았다.

3부 '때'時는 마침내 상을 차려내는 순간이다. 무엇을 해야 하는지를 제안한다. 권리장전 10조, 소무 10조. 이것은 시혜가 아니라 권리라는 든든한 밥상이다. 권리가 법이 되고, 제도가 되어 제때에 닿을 때 비로소 세상은 바뀐다.

무영등無影燈. 수술실의 조명은 여러 각도에서 빛을 비춰 그림자를 없앤다. 하나의 광원으로는 불가능한 일이다. 기술 하나, 정책 하나, 사람 하나만으로는 그늘을 지울 수 없다. 여러 빛이 함께 움직여야 비로소 그늘 없는 공간이 만들어진다.

책 제목을 처음엔 '소버린 AI'라고 지었다. 주권Sovereign. '내 데이터의 주인은 나'라는 뜻이었다. 하지만 현장을 다니면서 깨달았다. 지금은 '소상공인을 버린 AI'라는 의미의 '소버린 AI'다.

떡갈비집 사장님이 자조 섞인 목소리로 던진 그 단어를 우리는 다시 써야 한다. 소상공인을 버린 AI가 아니라 소상공인이 부리는 AI 이야기를.

이 책은 골목에서의 재료로 다시 밥을 짓겠다는 정책 셰프 김현성의 다짐이다.

과거의 성공 공식은 낙수효과였다. 위에서 물을 부으면 아래로 흐른다고 했다. 하지만 물은 고였고, 아래는 말랐다.

새 공식은 분수효과다. 아래에서 위로 솟구쳐야 한다. 그 물줄기의 수원지가 바로 골목이다.

이 책은 그 수원지에서 길어 올린 한 바가지의 물이자, 정성껏 지은 따뜻한 밥 한 그릇이다.

자, 이제 식당 문을 연다.

이 밥상을 함께 나누시겠습니까?

제1부 : 뜻志

'다 그래'를
'바꾸자'

소버린 AI 시대, 플랫폼 독점과 알고리즘이 600만 소상공인을 디지털 소작농으로 전락시키고 있다. 불공정, 불의, 불안이라는 세 겹의 불이 골목을 태우는데 소방차는 오지 않는다. 눈에 보이는 불은 물로 끄지만 마음속 불은 규칙이 끈다. 개인의 돌팔매(AI 데이터이동권), 사회의 무영등(발견행정), 국가의 디딤돌(분수효과)로 낡은 규칙을 바꿔 다윗(소상공인)이 싸울 수 있는 세상을 제안한다.

1 | 불이 났다

혁신은 정말 문제를 해결했는가,
아니면 문제를 이동시켰을 뿐인가.

화려한 불빛, 보이지 않는 그을음

2024년 12월 3일 계엄의 어둠은 국민 각자가 간직하고 있는 가장 강한 빛으로 이겨냈다. 그리고 2025년 대한민국은 K-민주주의 위상을 세계에 보여주는 빛의 혁명을 완수했다. 무도한 권력을 몰아내고 내란 우두머리를 법정에 세웠다. 그리고 민주적 방식으로 이재명 대통령을 선출했다.

2025년의 대한민국은 빛으로 가득 차 있다. 과거의 성공 공식과 결별하겠다는 선언도 들린다. 좋은 징조다. AI 강국, 반도체 수출 신기록, 초연결 사회. 스마트폰 화면에서 주문하면 식재료가 새벽에 도착하고, 앱 하나로 이동과 결제가 끝난다. 정부는 9조 9000억 원을 투입해 소버린 AI를 구축하겠다고 선언하고, 국가인공지능전략위원회는 수백 개의 정색 과세글 빌표하며 장밋빛 미래를 약속한다. 뉴스는 연일 대도약의 원년을 외친다.

이재명 대통령이 신년사에서 강조한 '성장 회복'의 핵심 엔진이 바로 소버린 AI라는 선언이다. 그러나 빛이 강할수록 그늘은 깊어지는 법이다. 고가도로 위에서는 불꽃놀이가 벌어지는데, 그 아래 골목에서는 검게 그을린 냄새 없는 화재가 이어지고 있다.

불은 대개 소리를 낸다. 사이렌이 울리고 연기가 오르면 사람들은 본능적으로 대피한다. 재난은 눈에 띄어야 하고 위험은 경고음을 동반한다고 우리는 배웠다. 하지만 지금 골목에서 타오르는 불은 다르다. 연기가 없다. 냄새도 없다. 사이렌은 울리지 않는다. 그 불은 화려한 불빛 뒤에 숨어 있다. 스마트폰 화면 속에, 키오스크의 매끈한 유리판 아래에, 서버실의 차가운 공기 속에서 조용히 번진다.

영화 〈기생충〉의 한 장면이 떠오른다. 장대비가 쏟아지던 밤, 언덕 위 대저택 거실 창에는 폭죽과 야외 조명이 반짝였다. 아이들은 잔디밭에 텐트를 치고 물놀이를 즐겼다. 같은 시각, 반지하 집에서는 하수가 역류해 삶 전체를 쓸어버렸다. 비는 공평하게 내렸지만 피해는 공평하지 않았다.

지금의 디지털 전환도 그렇다. 같은 기술, 같은 플랫폼, 같은 AI가 온 나라를 뒤덮었지만, 어떤 이에게는 더 편리한 내일을 가져다주고 어떤 이에게는 오늘을 버티기도 어려운 그을음을 남긴다. 기술은 중립적인 비처럼 내려오지만 불은 늘 낮은 곳에서 먼저 붙는다.

밤 12시, 마지막 주문 시간. 누군가의 손가락이 스마트폰 화면을 터치한다. 로켓배송 주문 완료. 내일 아침이면 현관 앞에 주문한 상품이 놓여 있을 것이다. 편리하다. 같은 시각, 물류센터에서는 누군가의 발이 콘크리트 바닥을 뛰고 있다. UPH. 시간당 처리량. 알고리슴이 성한 숫자를 채우기 위해 화장실 갈 시간도 아낀다. 소비자의 편리함은 어디서 왔는가. 허공에서 뚝 떨어진 것이 아니다. 누군가의 발이, 허리가, 시간이 그것을 만들었다.

혁신은 정말 문제를 해결하는가.

문제는 해결되지 않았다. 이동했다. 편리함의 총량은 늘어난 것처럼 보이지만, 부담의 총량은 그대로다. 다만 그 부담이 소비자에게서 생산자에게로, 플랫폼에서 입점업체에게로, 강자에게서 약자에게로 옮겨갔을 뿐이다. 폭탄 돌리기다. 음악이 흐르는 동안 폭탄은 손에서 손으로 넘어간다. 음악이 멈추면 폭탄은 터진다. 그 자리는 언제나 가장 약한 사람의 손이다.

문제는 우리가 이 그을음을 개인의 문제로 착각한다는 점이다. 요즘 세상에 스마트폰 하나 제대로 못 쓰면 어쩌자는 거냐, 배달앱이 싫으면 직접 뛰어다니면 되지 않느냐는 말이 너무 쉽게 튀어나온다. 불은 이미 골목 안쪽에서 타고 있는데 사람들은 여전히 창 밖의 불꽃놀이만 바라본다. 이 장에서 말하는 불은 실제 화재가 아니다. 불공정의 불, 불의의 불, 불안의 불. 불不이 동시에 붙어 골목과 가게, 사람의 존엄을 서서히 그을리고 있다는 은유다.

불공정의 불: 팔수록 손해라는 말

골목 사장님들 사이에서 한숨 섞인 농담이 돌아다닌다. "요즘은 물건 팔수록 손해야." 장사가 안 된다는 뜻이 아니다. 팔린 숫자와 남는 돈이 서로 반대로 움직인다는 절망에 가까운 고백이다.

지방 신도시 먹자골목의 10년 차 치킨집 사장. 하루가 새벽 4시에 시작된다. 닭 손질, 양념 준비, 매장 청소. 저녁 장사가 끝나면 자정이 넘는다. 하루 스무 시간 노동, 한 달에 쉬는 날은 이틀. 그렇게 악착같이 일해서 이번 달 매출 4500만 원을 찍었다. 3년 전보다 500만 원이 늘었다. 그런데 통장 잔액은 오히려 줄었다.

계산기를 두드려본다. 배달앱 중개수수료 월 350만 원, 배달 대행비 월 350만 원, 앱 상단 노출을 위한 광고비 월 150만 원. 여기에 카드 결제 수수료, 포장 용기비, 일회용품비가 켜켜이 쌓인다. 1만 2,900원짜리 치킨 한 마리를 팔면 배달비 3,400원, 중개 수수료 1,006원, 결제 수수료 327원, 부가세 473원. 합계 5,206원이 빠져나간다. 매출의 40.4%다. 닭을 사고 기름을 사고 임대료를 내고 나면 남는 게 없다.

"열심히 일할수록 빚만 느는 것 같아. 내가 사장인지 플랫폼 직원인지 모르겠어."

사장의 한탄은 과장이 아니다.

여기서 질문이 생긴다. 이 숫자들은 누가 정했는가.

수수료율은 플랫폼이 정했다. 협의는 없었다. 배달비 단가도 플랫폼이 정했다. 광고비를 내지 않으면 검색에서 밀린다. 그것도 플랫폼이 정한 알고리즘이다. 사장이 정한 것은 치킨맛뿐이다. 플랫폼은 이 가게의 주인이 아니다. 그러나 규칙의 주인이다. 가격은 가게가 정하지만 노출은 플랫폼이 정한다. 평점은 손님이 주지만 리뷰의 운명은 알고리즘이 쥔다.

'이번 달부터 이 프로모션에 참여하지 않으면 검색 상단 노출이 어려울 수 있습니다.'

알림이 날아온다. 선택지는 두 가지뿐이다. 울면서라도 따라가든지, 게임판에서 나가든지. 나가면 어떻게 되는가. 5년간 쌓은 평점 4.8점, 리뷰 3,000개를 버리고 0점에서 다시 시작해야 한다. 단골 고객 정보도 가져갈 수 없다. 떠나고 싶어도 떠날 수 없는 구조. 야수에게 물렸는데 물린 사람은 도망가지 못한다.

어느 해변가 관광지에서 만난 피자집 사장의 말이 가슴에 박혔다.

"저는 제 가게의 주인이 아닙니다. 플랫폼의 디지털 소작농입니다."

피자가게는 분명 자기 소유다. 그러나 디지털 세상에서 그는 자기 땅 없이 남의 땅을 빌려 농사짓는 처지다. 씨를 뿌리고 거름을 주고 땀 흘려 수확해도 그 절반을 지주에게 바쳐야 한다. 다만 지주의 이름이 바뀌었을 뿐이다. 땅 대신 플랫폼, 쌀 대신 데이터, 마름 대신 알고리즘. 형태만 바뀌었지 구조는 같다.

2024년, 대한민국 역사상 처음으로 연간 폐업자가 100만 명을 넘었다. 정확히 100만 8,282명. 가게 열 곳이 문을 여는 동안 여덟 곳이 문을 닫았다. 폐업을 결심한 시점의 평균 부채는 1억 236만 원. 빚을 안고 시작해서 더 큰 빚을 지고 나가는 구조다.

누군가는 말한다. 장사가 안 되는 건 본인 탓이라고, 경쟁력이 없으면 도태되는 게 시장의 논리라고. 그러나 심판이 한쪽 편을 들고 있는 경기장에서 공정한 승부를 요구하는 것은 폭력이다. 이것이 첫 번째 불이다. '팔수록 손해'라는 말이 농담이 아닌 세상. 이 불은 무능한 사장님 한두 명의 문제가 아니다. 600만 자영업자의 삶을 태우고 있는 구조적 화재다.

소비자가 1,000원을 아끼는 사이 사장님은 1만 원을 잃는다. 편리함은 이동했다. 부담도 이동했다. 방향만 달랐다.

불의의 불: 29명이 죽었는데 아무도 책임지지 않는다

어느 날 돈이 사라진다.

동대문 패션타운의 한 청년 창업가는 70일째 정산금을 기다리고 있다. 티몬과 위메프에서 의류를 판매했다. 여름 시즌을 앞두고 주문이 폭주했다. 밤새 포장하고 새벽에 택배를 보냈다. 매출은 1억 5000만 원을 넘었다. 그런데 돈이 들어오지 않는다. 1억 5000만 원. 직원 4명의 월급이다. 가을 신상품 제작 자금이다. 사업을 시작할 때 부모님께 빌린 종잣돈이다. 플랫폼은 그 돈으로 무리한 사업 확장에 나섰다가 파산했다. 이른바 티메프 사태. 피해자 4만 8,124명, 미정산금 총액 1조 2789억 원.

성실하게 일한 대가가 파산이라면 누가 이 시장을 믿겠는가. 혁신 기업이니까 규제하면 안 된다는 말을 믿고 방치한 대가였다.

탄광에서는 카나리아를 키운다. 유독가스가 새어 나오면 작은 새가 먼저 쓰러진다. 카나리아의 죽음은 광부들에게 지금 당장 대피하라는 경고다. 티메프 사태는 대한민국 플랫폼 경제의 카나리아였다. 문제는 새가 쓰러졌는데도 광부들이 여전히 갱도 안에서 일하고 있다는 것이다.

어느 날 정보가 사라진다.

2025년 11월, 쿠팡에서 3370만 명의 개인정보가 유출됐다. 대한민국 인구의 65%다. 이름, 주소, 전화번호, 배송 기록, 구매 이력, 심지어 현관문 비밀번호까지. 플랫폼에 맡긴 일상이 통째로 털렸다. 그날 밤 고령의 어머니가 아들에게 물었다. 우리 집 주소가 나갔느냐. 아들은 대답할 수 없었다. 자신의 정보가 어디에 저장되어 있었는지, 누가 그것을 가져갔는지조차 몰랐다.

쿠팡이 내놓은 보상은 5만 원짜리 쿠폰이었다. 현금도 아니고, 자사 플랫폼에서만 쓸 수 있는 쿠폰. 피해자를 다시 자신들의 울타리 안으로 가두려는 판촉행사였다. EU유럽연합의 개인정보보호법이라면 전 세계 매출의 4%, 최대 1조 6000억 원의 과징금을 물었을 사안이다. 한국의 과태료는 솜방망이 수준이다. 다행히 2024년 8월 공정위가 알고리즘 조작 혐의로 1628억 원의 과징금을 부과했지만, 여전히 갈 길은 멀다. 쿠팡 반나절 매출이면

낼 수 있는 돈이다.

어느 날 사람이 죽는다.

쿠팡 물류센터에서 29명이 목숨을 잃었다. 2020년 한 노동자의 첫 월급은 1만 원이었다. 다음 달 월급은 20만 5,000원이었다. 한 달 새 20배. UPH라 불리는 시간당 처리량 알고리즘이 그를 몰아붙였다. 더 빨리, 더 많이, 쉬지 말고. 그달에 그는 세상을 떠났다. 산업재해로 인정된 사망자는 29명 중 2명뿐이다. 나머지 27명의 죽음은 개인의 불운으로 처리됐다. 그 알고리즘을 누가 설계했는지, 어떤 기준으로 작동하는지 아무것도 공개되지 않았다.

김범석 쿠팡Inc 의장은 청문회에 불출석했다. 국회증언감정법 위반으로 고발당했다. 새로 임명된 외국인 대표는 통역 마찰 속에 동문서답만 반복했다. 청문회장에서 울려 퍼진 말은 하나였다.

"우리는 중개자일 뿐입니다."

이 모든 사건의 공통점이 있다. 이익은 로켓 속도로 흡수되지만 책임은 비둘기 전령보다 느리다. 위기는 초고속으로 전파되는데 사과와 보상, 제도 개선은 구름 위를 기어가는 속도로만 움직인다. 언론이 잠시 떠들다가 다른 이슈로 넘어가면 세상은 마치 아무 일도 없었다는 듯 돌아간다.

돈이 사라지고, 정보가 사라지고, 사람이 사라진다. 그런데 책임지는 사람은 사라지지 않는다. 처음부터 없었기 때문이다. 이것이 두 번째 불이나. 29명이 죽었는데 아무도 책임지지 않는 사회. 불길은 분명히 있었고 연기 냄새도 진동했는데, 누가 성냥을 켰는지 끝까지 묻지 않은 채 넘어가는 순간 이 사회는 다음 화재를 예약한다.

로켓배송의 속도는 누가 만들었는가. 정산 지연 70일의 시간은 누가 버텼는

가. 이익과 책임. 둘 다 이동했다. 그러나 같은 방향으로 이동하지 않았다.

불안의 불: 키오스크 앞에서 돌아서는 사람들

서울 종로의 한 패스트푸드점. 점심시간이다. 세련된 직장인들은 익숙하게 무인 주문기 앞에 서서 30초 만에 주문을 마친다. 말 한마디 섞을 필요 없이 손가락 터치 몇 번으로 밥을 먹는 세상.

그 사이 단 한 곳, 입구 오른쪽 기계 앞만 시간이 멈춰 있다.

키오스크 앞에 선 70대 할머니는 3분째 같은 화면을 바라보고 있다. 화면 속 햄버거 사진을 눌렀다. 기계는 쉴 새 없이 낯선 질문을 쏟아낸다. 세트로 하시겠습니까. 사이드 메뉴를 변경하시겠습니까. 적립 포인트가 있으십니까. 뒤에 줄 선 젊은이들의 작게 내쉬는 한숨 소리가 비수처럼 할머니의 등을 찌른다. 식은땀이 흐른다. 손끝이 떨린다.

결국 할머니는 화면 속 취소 버튼조차 찾지 못한 채 "그냥 안 먹으련다" 중얼거리며 대기열을 빠져나온다.

아무도 그녀를 붙잡지 않았다. 점원도, 손님도, 그 누구도 할머니가 가게 문을 밀고 나가는 뒷모습을 보지 못했다. 기계는 할머니의 돈을 거부한 것이 아니다. 할머니의 속도를 거부했다. 할머니의 시간을 거부했다. 한 인간으로서의 존엄을 거부했다. 배가 고파서 들어갔는데 모멸감을 안고 나왔다.

같은 시각, 어느 병원 대기실. 아침 9시 문이 열리자마자 달려온 72세 김 할아버지는 1시간째 소파에 앉아 있다. 스마트폰 앱으로 예약한 젊은 환자들은 접수대도 거치지 않고 곧장 진료실로 들어간다. 아픈 순서가 아니다. 앱을 다루는 순서대로 진료를 받는 세상이다.

은행 창구 대신 앱을 쓰라 하고, 병원 예약도 앱으로만 받겠다 하고, 공공

서비스까지 온라인 우선이 기본값이 되면 키오스크 앞에서 돌아서던 발걸음은 점점 집 안에 갇힌다.

예전에는 천천히 메뉴를 고르면 서빙하는 직원이 "천천히 고르셔도 된다"고 웃으며 말을 건넬 수 있었다. 지금은 헤매는 순간, 뒤에 선 사람들의 표정과 기계의 무표정한 화면 사이에 끼여버린다. 내가 늙어서 문제인가, 괜히 나왔나 하는 생각이 들기 시작하면 그다음에는 아예 밖으로 나오는 횟수 자체가 줄어든다. 그저 어느 날부터인지 동네 어르신이 더 이상 단골 식당에 보이지 않게 될 뿐이다.

이것은 편의의 문제가 아니다. 접근성의 문제도 아니다. 존엄의 문제다. 대한민국 인구의 18%가 65세 이상이다. 900만 명이 넘는다. 이들 중 상당수가 디지털 세상에서 밀려나고 있다. 기술에서 밀려났다는 감각은 곧 사회에서 밀려났다는 감각으로 이어진다. 이것이 세 번째 불이다. 불안의 불. 집에 불이 나면 연기라도 보이지만 존엄이 타는 과정은 겉으로 잘 드러나지 않는다. 이 불은 조용히 사람을 고립시킨다.

키오스크는 누구를 위한 혁신인가. 인건비를 아끼는 기업, 줄을 서지 않아도 되는 젊은 소비자. 편리함은 그들에게 갔다. 그 할머니에게 간 것은 모멸감이다. 여기서도 이동이 일어났다. 편리함의 이동, 배제의 이동. 방향이 달랐을 뿐이다.

곽주에서 터진 외침-'다 그래'를 '바꾸자'

불이 난 집 앞에서 "다 그래"라고 말하는 사람들만 있었던 것은 아니다.

2021년 7월 10일, 배달의민족이 중개 수수료를 기습 인상했다. 6.8%에서 9.8%로. 하루아침에 44%포인트가 올랐다. 월 매출 3000만 원인 가게라면 연간 1000만 원이 추가로 빠져나간다는 뜻이다. 사전 협의도 없었다. 의견 수렴도 없었다. 어느 날 갑자기 통보가 날아왔다. 싫으면 나가라. 배달의민족 점유율 60%, 요기요까지 합치면 85%. 나가면 장사가 안 된다.

닷새 뒤인 7월 19일, 광주광역시의회 시민소통실. 이례적인 광경이 펼쳐졌다. 지역 소상공인단체 대표들이 한자리에 모였다. 분식집 사장, 치킨집 사장, 중국집 사장, 피자집 사장. 업종도 다르고 나이도 다르고 사연도 다른 사람들이 하나의 분노로 뭉쳤다. 그들의 손에는 배달앱 독립선언문이 들려 있었다.

'우리는 더 이상 플랫폼의 소작농이 아니다.'

'이제 우리의 데이터를 가지고 직접 장사하는 진짜 주인이다.'

소상공인연합회 광주광역시지회 이기성 회장이 마이크를 잡았다.

"30년 장사한 소상공인들이 이렇게 억울한 적 없다고들 이야기합니다."

박수가 터졌다. 어떤 사장은 눈물을 흘렸다.

1,547명이 집단 탈퇴를 결의했다. 계란으로 바위 치기라는 말이 나왔다. 점유율 60%의 거대 플랫폼에 맞서 지방 도시 소상공인 1,500여 명이 무엇을 할 수 있겠느냐. 그러나 광주의 사장들은 더 이상 참지 않기로 했다. 못 살겠다 갈아타자. 아프리카 반투족의 인사말 우분투가 떠올랐다. 네가 있어 내가 있다. 소상공인 없이 오늘의 배달 플랫폼이 있었겠는가?

공공배달앱의 지역 점유율이 타 지역에 비해 3배 이상 높아졌다. 더 중요한 것은 유명무실했던 상생협의체가 일을 하기 시작했다는 것이다. 거대 플랫폼이 소상공인 대표들과 마주 앉았다. 중개 수수료율이 9.8%에서 7.8%로 조정되었다. '그냥 받아들여'에서 '함께 논의하자'로.

게임의 규칙이 조금씩 바뀌기 시작했다. 과거의 성공 공식에서 '지방'은 수혜자였다. 서울이 주고, 지방이 받았다. 광주가 그 공식을 뒤집었다. 지방이 먼저 움직이고, 서울이 따라왔다. 분수효과의 첫 물줄기였다.

광주의 선언은 '다 그래'라며 체념하던 사람들에게 '바꾸자'라는 용기를 심어주었다. 지방이 주도한다는 것은 이런 것이다. 서울에서 내려온 정책이 아니었다. 골목에서 올라간 외침이었다. 1,547이라는 숫자는 통계가 아니라 새로운 규칙을 향해 서명한 다윗들, 즉 소상공인들의 이름이다. 대전환은 위에서 선언하는 것이 아니라 아래에서 시작하는 것이다. 1,547이라는 숫자는 통계가 아니라 새로운 규칙을 향해 서명한 다윗들의 이름이다.

소방차는 왜 오지 않는가

불공정의 불, 불의의 불, 불안의 불. 불이 났다. 골목을 태우고 있다. 그런데 소방차는 오지 않는다.

이 불은 신고할 수 없는 불이기 때문이다. 119에 전화해서 뭐라고 말하겠는가. 배달앱 수수료가 너무 높아서 가게가 타고 있습니다. 플랫폼이 정산금을 안 줘서 사업이 타고 있습니다. 키오스크를 못 써서 존엄이 타고 있습니다. 신고 접수가 되지 않는다. 출동 명령이 떨어지지 않는다. 화재 진압 매뉴얼에 이런 불은 없다.

넷플릭스 〈오징어 게임〉의 첫 장면이 떠오른다. 456명의 참가자가 운동장에 모였다. 무궁화 꽃이 피었습니다. 게임이 시작됐다. 규칙은 간단했다. 움직이면 죽는다. 그런데 아무도 그 규칙을 미리 설명해주지 않았다. 참가자들은 게임이 시작된 뒤에야 규칙을 깨달았다. 그때는 이미 늦었다. 총성이 울렸고 사람들이 쓰러졌다.

지금 골목의 풍경이 그렇다. 게임은 이미 시작됐다. 플랫폼이 규칙을 정했다. 수수료율, 정산 주기, 검색 알고리즘, 리뷰 정책. 소상공인들은 게임이 한참 진행된 뒤에야 규칙을 알았다. 그때는 이미 빚이 쌓여 있었다. 규칙은 시작됐는데 설명은 없었다.

왜 이렇게 됐을까.

"소비자에게 좋은데 왜 막느냐."

이 한마디가 모든 규칙을 멈춰 세웠다. 빠르면 좋고, 싸면 좋고, 편하면 좋다. 소비자가 웃으면 혁신이고, 소비자가 박수를 치면 성공이다. 소비자 후생이라는 이름의 방패 뒤에서 플랫폼은 규칙 없는 자유를 누렸다. 그 자유의 대가를 치킨집 사장이, 물류센터 노동자가, 키오스크 앞 할머니가 치렀다.

2021년, '온라인 플랫폼 공정화법'^{이하 온플법}이 국회에 제출됐다. 그로부터 5년이 흘렀다. 법안은 여전히 계류 중이다.

그 5년 동안 배달앱 수수료는 44% 올랐다. 티메프에서 1조 2789억 원이 증발했다. 쿠팡 물류센터에서 29명이 죽었다. 3370만 명의 개인정보가 털렸다. 법안은 멈춰 있었고, 불은 번졌다.

문명이 바뀔 때마다 같은 일이 반복되었다. 산업혁명 초기, 공장에는 규칙이 없었다. 아이들이 하루 16시간씩 일했다. 손가락이 잘려 나갔다. 탄광에서 가스가 새어 나오면 광부들이 죽었다. 그래서 카나리아를 키웠다. 불이 먼저 났고 규칙은 늘 뒤늦게 왔다. 그 사이에 가장 약한 사람들이 먼저 쓰러졌다. 역사는 반복되고 있다.

눈에 보이는 불은 물로 끈다. 세상의 불은 규칙으로 끈다.

세 개의 불을 보았다. 팔수록 손해라는 불공정, 책임지는 사람 없는 불의, 기술에서 밀려나는 불안. 이 불들은 따로 타오르는 것 같지만 뿌리는 하나다. 규칙의 부재. 규칙의 낡음. 규칙을 정하는 사람과 따르는 사람 사이의 기울어진 권력.

기술이 문제가 아니다. 플랫폼이 문제가 아니다. 그것들을 공정하게 작동시킬 규칙이 없는 것이 문제다. 지금 골목에서 타오르는 불은 기술의 불이 아니다. 규칙이 사라질 때 사회는 이렇게 탄다.

프롤로그에서 말한 폭탄 돌리기가 보이는가. 편리함은 소비자에게, 수수료는 사장에게, 속도는 플랫폼에게, 책임은 노동자에게. 음악이 멈추면 터지는 사람은 정해져 있다. 이 게임의 규칙을 바꾸지 않으면 다음 폭탄도 같은 자리에서 터질 것이다.

그렇다면 질문은 이것이다. 새로운 규칙은 어디서 오는가. 누가 쓰는가. 어떻게 쓰이고 있는가.

돌아보기

골목에서 세 겹의 불이 타고 있다. 불공정, 불의, 불안. 그러나 소방차는 오지 않는다. 혁신은 문제를 해결한 것이 아니라 약한 쪽으로 이동시켰을 뿐이다.

→ 이 불을 끄려면 무엇이 필요한가. 2장에서 규칙을 본다.

2 | 규칙으로 끈다

뗏목을 이고 산을 오르는 사람들

골목을 태우는 세 겹의 불을 보았다. 팔수록 손해라는 불공정, 29명이 죽어도 책임지는 사람 없는 불의, 키오스크 앞에서 돌아서야 하는 불안.

왜 소방차는 오지 않는가. 왜 아무도 이 불을 끄지 못하는가. 답은 간단하면서도 잔인하다. 이곳엔 아직 신호등이 없기 때문이다.

강을 건넜으면 뗏목을 버려야 한다. 과거의 성공 공식이 바로 그 뗏목이다. 뗏목은 강을 건널 때는 생명을 지켜주는 도구이지만 산을 오를 때는 짐이 될 뿐이다. 대한민국은 지난 반세기 동안 산업화라는 거친 강을 성공적으로 건넜다. 우리가 타고 온 뗏목은 튼튼했다. 선성장 후분배, 낙수효과, 속도전. 이 규칙들은 우리를 가난에서 구했고 한강의 기적을 만들었다. 그러나 지금 우리는 전혀 다른 지형 앞에 서 있다. 디지털 문명이라는 험준한 산이다. 우리가 여전히 젖은 뗏목을 머리에 인 채 이 산을 오르려 한다는 것이 문제다.

몸은 디지털 세상에 와 있는데 법과 제도는 여전히 산업화 시대에 머물러 있다. 문명은 바뀌었는데 규칙은 바뀌지 않았다.

이 어긋남이 모든 비극의 시작이다. 1초 만에 수십억 건의 거래가 일어나는데 공정거래법은 오프라인 백화점 매대를 기준으로 작동한다. 데이터가 새로운 석유가 되어 부를 창출하는데 이를 보호하는 법은 종이 문서 시절에 머물러 있다.

플랫폼이 시장을 지배하고 알고리즘이 노동을 통제하는데 이를 규율하는 법은 이제야 논의되기 시작했다. 21세기 초음속 제트기의 문제를 19세기 마차 수리 도구로 풀려 하니 답이 나올 리 없다.

드라마 〈더 글로리〉에서 문동은은 묻는다. "왜 나를 보호해 주는 사람은 아무도 없죠?" 학교도, 경찰도, 법도 그녀를 지켜주지 않았다. 공적 시스템이 작동하지 않을 때 약자는 사적 복수라는 가장 비극적인 길을 선택할 수밖에 없다.

법이 침묵하는 곳은 지옥이다. 지금 소상공인들이 서 있는 디지털 골목이 바로 그 지옥과 닮아 있다. 플랫폼이 수수료를 올려도, 개인정보가 털려도, 정산금이 증발해도 법은 그들을 보호하지 못했다.

2021년부터 국회에 계류 중인 온라인 플랫폼 공정화법은 5년이 지난 지금도 감감무소식이다. 법이 멈춰 있는 동안 배달앱 배달중계 수수료는 40% 이상 올랐고, 골목의 그늘은 더 짙어졌다.

신호등 없는 교차로에서 덤프트럭과 자전거가 함께 달리고 있다. 사고가 나면 다치는 건 언제나 자전거다. 이것은 운이 나빠서가 아니다. 시스템의 부재가 만든 필연적인 인재人災다. 우리는 지금 뗏목을 버리지 못한 대가,

낡은 규칙을 고집한 대가를 가장 약한 사람들의 고통으로 치르고 있다. 이제 질문해야 한다. 새로운 신호등은 어디서 오는가. 누가 만드는가. 그 전에 먼저 물어야 할 것이 있다. 규칙이란 무엇인가.

규칙은 무엇을 조정하는가

규칙이라는 말이 막연하게 들릴 수 있다. 한 걸음 더 들어가 보자.

앞에서 언급한 치킨집 사장을 떠올려보자. 매출 4500만 원을 찍었는데 통장 잔액은 줄었다. 수수료 350만 원, 배달비 350만 원, 광고비 150만 원. 계산기를 두드리며 그는 한숨을 쉬었다. 여기서 질문이 생긴다. 이 숫자들은 누가 정했는가.

수수료율은 플랫폼이 정했다. 협의는 없었다. 배달비 단가도 플랫폼이 정했다. 광고비를 내지 않으면 검색에서 밀린다. 그것도 플랫폼이 정한 알고리즘이다. 사장이 정한 것은 치킨맛뿐이다.

규칙이란 결국 이것이다. 자원을 누가 부담할 것인가를 정하는 것. 돈을, 시간을, 책임을.

로켓배송의 속도는 누가 만들었는가. 물류센터 노동자의 발이 만들었다. 그 속도의 과실은 누가 가져갔는가. 플랫폼이 가져갔다. 60일 정산 지연의 시간은 누가 버텼는가. 셀러가 버텼다. 그 시간 동안 생긴 이자 수익은 누가 가져갔는가. 플랫폼이 가져갔다. 3370만 명 개인정보 유출의 책임은 누가 져야 하는가. 플랫폼이 져야 한다. 5만 원 쿠폰 사과가 전부여서는 안 된다. 쿠폰은 마케팅이지 사과가 아니다.

자원은 이동한다. 시간도 이동한다. 책임도 이동한다. 문제는 그 이동의 방향이다. 이익은 위로, 부담은 아래로. 과실은 강자에게, 책임은 약자에게.

이 방향을 정하는 것이 규칙이다.

여기서 세 가지 질문을 던져야 한다.

첫째, 그 자원은 스스로 얻은 것인가, 조정된 것인가. 대형 플랫폼의 시장 지배력은 순수하게 혁신의 결과인가. 아니면 규칙의 부재가 허용한 것인가. 60일 정산은 시장의 자연스러운 관행인가, 또는 협상력 차이가 만든 결과인가.

둘째, 조정된 것이라면 그것은 합리적이고 상식적인가. 40% 수수료는 서비스 대가로 합리적인가. 5만 원 쿠폰은 3370만 명 정보 유출의 보상으로 상식적인가.

셋째, 누가 그 조정의 권한을 가지고 있는가. 수수료율을 누가 정하는가. 알고리즘을 누가 설계하는가. 정산 주기를 누가 결정하는가.

모두 플랫폼이다. 소상공인은 따르거나 떠나거나. 떠날 수 없으면 따를 수밖에 없다.

자연적 규칙이 있다. 맛있는 집에 손님이 몰린다. 서비스가 좋으면 단골이 생긴다. 이것은 시장에서 자연스럽게 형성되는 규칙이다. 문제는 자연적 규칙처럼 보이는 것들이 사실은 힘의 불균형이 만든 결과라는 점이다.

수수료 40%는 시장이 정한 것 아닌가? 그렇지 않다. 점유율 60%인 플랫폼이 싫으면 나가라고 말할 수 있는 구조가 정한 것이다. 떠날 수 없는 사람에게 협상은 없다. 선택지가 없는 곳에서 시장은 작동하지 않는다.

그래서 제도적 규칙이 필요하다. 제때 정산 의무화. 데이터 이동권 보장. 알고리즘 투명성 공개. 법과 제도로 조정하는 규칙이다.

규칙은 플랫폼을 죽이기 위한 것이 아니다. 자원과 시간과 책임이 한쪽으로만 쏠리지 않게 하기 위한 것이다. 폭탄 돌리기에서 음악이 멈췄을 때 폭탄이 늘 같은 손에서 터지지 않게 하기 위한 것이다.

역사는 이 패턴을 반복해서 보여준다. 표준을 쥔 자가 규칙을 만들었고, 규칙을 가진 자가 부를 가져갔다.

표준이 규칙을 이끈다

로마 제국의 전차 바퀴 폭은 4피트 8.5인치였다. 군마 두 마리 엉덩이 폭에서 나온 이 치수가 로마 도로의 폭이 되었고, 19세기 영국 철도의 궤간이 되었으며, 미국의 철로를 거쳐 21세기 우주왕복선 로켓 부스터의 지름을 결정했다. 2,000년 전 죽은 제국의 결정이 오늘날 최첨단 우주과학의 설계를 제약하고 있다. 표준은 한번 정해지면 거대한 관성이 되어 후대의 세상을 이끌거나 가둔다. 표준을 선점한 자는 그 길의 통행세를 영원히 걷는다.

19세기 대영제국이 전 세계 바다를 지배했을 때 그들은 그리니치 천문대에 본초자오선을 그었다. 전 세계의 시간이 런던을 기준으로 맞춰졌다. 무역을 하고 항해를 하려면 런던의 시계를 봐야 했다. 시간의 표준을 쥔 나라가 세계의 상권을 쥐었다.

20세기 미국은 브레튼우즈 체제를 통해 달러를 기축통화로 만들었다. 석유를 사든 반도체를 사든 달러가 있어야 거래가 성사됐다. 화폐의 표준을 쥔 나라가 세계의 부를 빨아들였다.

표준은 단순한 기술 규격이 아니다. 게임의 규칙이자 부의 흐름을 결정하는 수로다. 수로를 판 자가 물을 통제하듯 표준을 만든 자가 시장을 통제한다.

지금 우리는 디지털 문명이라는 신대륙에 서 있다. 이 대륙의 철도를 깔고 시간을 정하고 화폐를 찍어내는 자는 누구인가. 과거에는 제국이나 국가가 그 역할을 했다면, 지금은 소수의 거대 플랫폼이 그 자리를 차지했다. 스마트폰 운영체제, 웹 브라우저 규격, AI의 학습 데이터까지 그들이 정한 표준이 전 지구적 표준이 되었다. 배달앱이 정한 30분 배달이 표준이 되자 떡볶이 만드는 속도와 라이더의 주행 속도가 거기에 맞춰졌다. 쇼핑앱이 정한 무료 반품이 표준이 되자 소상공인의 마진 구조가 거기에 맞춰졌다. 그들이 세운 표준은 효율과 최저가다. 이 표준에 맞지 않는 느린 숙련, 정당한 노동의 대가는 비효율이라는 낙인이 찍혀 시장 밖으로 밀려나고 있다.

문제는 이 표준 전쟁에서 우리가 철저히 따르는 자로 전락했다는 점이다. 로마가 길을 닦을 때 우리는 그 길 위를 걷는 이방인이었고, 영국이 시간을 정할 때 우리는 그 시간에 맞춰 일어나는 노동자였다. 지금 플랫폼이 디지털 표준을 세울 때 소상공인들은 그 규칙에 맞춰 수수료를 내는 플랫폼 종속자가 되었다. 표준을 가진 자가 세상을 이끌었다. 반대로 표준을 갖지 못한 자는 세상에 끌려갔다.

불공정과 불의와 불안은 운이 나빠서 생긴 게 아니다. 내 삶을 규정하는 표준을 남의 손에 맡겨두었기 때문에 벌어지는 구조적 필연이다.

남이 깔아놓은 레일 위를 달리는 기차는 레일 밖으로 나갈 수 없다. 레일을 바꾸거나 새 길을 내지 않는 한 우리는 그들이 정해놓은 종착역을 향해 달릴 수밖에 없다.

역사는 반복된다. 표준을 쥔 자가 규칙을 만들고, 규칙을 가진 자가 부를 가져갔다. 그렇다면 질문은 이것이다. 규칙은 언제 만들어지는가. 역사는 또 하나의 잔인한 패턴을 보여준다. 규칙은 늘 늦게 왔다. 불이 먼저 나고, 사람이 먼저 쓰러지고, 그다음에야 규칙이 뒤따라왔다.

규칙이 괴물을 멈춰 세울 때

19세기 말, 미국의 석유왕 존 D. 록펠러는 경쟁을 죄악으로 여겼다. 그는 효율과 통합이라는 명분 아래 정유소들을 사들였다. 말을 듣지 않으면 철도회사와 담합해 운송비를 깎고, 가격을 후려쳐 경쟁자를 파산시켰다. 1890년, 그의 회사 스탠더드 오일은 미국 정유시장의 90%를 장악했다. 시장은 그를 석유의 제왕이라 불렀지만, 골목의 경쟁자들에게 그는 아나콘다였다.

숨통을 조여오는데 피할 곳이 없었다. 소비자의 선택권은 사라졌고, 가격은 독점자의 손끝에서 춤을 췄다. 이것은 자유시장이 아니었다. 거대 자본이 골목을 집어삼키는 폭주였다.

사람들은 물었다. 누가 이 괴물을 멈출 수 있는가. 시장은 답하지 못했다. 시장의 논리대로라면 1등이 꼴찌를 잡아먹는 것은 자연스러운 일이었기 때문이다. 답은 시장 밖에서 왔다. 1890년, 존 셔먼 상원의원이 법안을 발의했다. 거래를 제한하거나 독점하려는 모든 시도는 불법이다. 역사적인 셔먼 반독점법의 탄생이었다. 이 법은 선언했다. 심판 없는 경기장에서 덩치 큰 선수가 다른 선수들을 링 밖으로 던져버리는 행위는 승리가 아니라 범죄라고.

물론 저항은 거셌다. 록펠러와 자본가들은 이 법이 '비즈니스의 자유를 침해한다', '산업 발전을 저해한다'며 맹비난했다. 지금의 플랫폼 기업들이 규제 앞에서 하는 말과 토씨 하나 다르지 않았다. 그들은 자신들의 독점이 곧 효율이며, 이것을 건드리면 경제가 무너질 것이라고 협박했다. 그러나 규칙은 물러서지 않았다. 긴 법정 투쟁 끝에 1911년, 미국 연방대법원은 스탠더드 오일에 해체 명령을 내렸다. 거대함 그 자체가 죄는 아니지만, 그 거대함을 이용해 공정한 경쟁을 막는 것은 죄다. 스탠더드 오일은 34개의 회사로 쪼개졌다.

결과는 어땠을까. 자본가들의 경고처럼 석유 산업이 망했을까. 정반대였다. 쪼개진 회사들은 서로 경쟁하기 시작했다. 가격은 합리적으로 조정되었고, 기술 혁신은 빨라졌다. 우리가 아는 엑슨, 모빌, 셰브론 같은 기업들이 그 경쟁 속에서 태어났다. 셔먼법은 시장을 죽인 칼이 아니라 고인 물을 다시 흐르게 만든 물길이었다.

여기서 우리가 얻어야 할 교훈은 명확하다. 시장의 폭주를 막는 것은 결국 올바른 규칙이다. 괴물이 된 시장을 자정작용에 맡겨둘 수는 없다. 19세기의 철도가 그랬고 석유가 그랬듯이, 21세기의 데이터와 플랫폼도 마찬가지다.

지금 우리 눈앞에는 새로운 스탠더드 오일들이 서 있다. 그들은 철도 대신 알고리즘을 장악하고, 운송비 대신 수수료를 통제한다. 경쟁자를 인수하고, 자사 상품을 우대하며, 골목의 숨통을 조인다. 그런데도 우리는 여전히 혁신을 막지 마라는 그들의 논리에 주눅 들어 있다.

적기조례. 1865년 영국에서 자동차가 등장했을 때, 의회는 법을 만들었다. 자동차 앞에는 붉은 깃발을 든 사람이 걸어가야 한다. 속도는 시속 3킬로미터를 넘지 못한다. 기술을 막은 어리석은 규제의 대명사로 회자된다. 그러나 이 이야기의 진짜 교훈은 다른 데 있다. 규칙이 늦게 도착할 때 사회가 어떤 대가를 치르는지를 보여준다. 산업혁명 초기에 아이들이 기계 밑으로 들어갔고, 노동자들이 안전장치 없는 공장에서 쓰러졌다. 규칙이 제자리를 찾기 전까지의 공백은 언제나 약자의 몫이었다.

적기조례의 깃발처럼 기술을 가로막는 낡은 규제는 사라져야 한다. 그러나 셔먼법의 망치처럼 독점을 깨트리는 공정한 규칙은 반드시 필요하다. 규칙이 없을 때, 자유는 강자만의 특권이 된다. 약자에게 필요한 것은 무한한 자유가 아니라 그 자유를 지켜줄 단단한 울타리다.

100년 전 미국이 셔먼법으로 시장을 구했듯, 지금 우리에게는 디지털 골목을 지킬 새로운 셔먼법이 필요하다. 그것은 기업을 벌주기 위함이 아니다. 기울어진 운동장을 바로잡아 제2의, 제3의 다윗들이 숨 쉴 공기를 만들어주기 위함이다.

심판이 선수복을 입고 뛴다

축구장에서 가장 공정해야 할 사람은 심판이다. 그런데 어느 날 심판이 한 팀의 유니폼을 입고 휘슬을 분다면 어떨까?

지금 한국의 플랫폼 경제에서 벌어지는 일이 그렇다. 규칙을 만드는 손과 그 규칙으로 이익을 얻는 손이 같은 쪽에 붙어 있다. 심판이 선수복을 입고 경기에 뛰어든 운동장이다.

왜 우리는 배달의민족이나 쿠팡이츠, 카카오, 네이버 중에서만 선택해야 하는가. 답은 네트워크 효과라는 강력한 자석에 있다. 내가 카카오톡을 쓰는 이유는 기능보다도 내 친구들이 모두 거기 있기 때문이다.

배달앱도 마찬가지다. 소비자가 모인 곳에 음식점이 모이고, 음식점이 모인 곳에 다시 소비자가 모인다. 이 눈덩이는 굴러갈수록 커진다.

문제는 이 과점시장에서 선택권이 사라진다는 점이다. 싫으면 나가라는 배짱 영업이 가능해진다. 일방적 고율의 수수료는 피할 수 없는 현실이 된다.

더 교묘한 반칙은 자기우대다. 쿠팡은 오픈마켓이라는 운동장을 운영하면서 동시에 자체 브랜드인 로켓배송 상품을 파는 선수로 뛴다. 검색창에 상품을 입력하면 알고리즘은 교묘하게 자사 상품을 상단에 노출한다. 입점 업체는 심판과 경쟁해야 하는 이길 수 없는 게임에 내몰린다. 쿠팡 청문회 에 나온 한 입점업체 대표는 증언한다. 방풍나물이 잘 팔리자 쿠팡은 그것 을 그대로 자사 PB자체브랜드 상품을 만들어 팔아 판매자를 고사시켰다고. 소비자에게는 할인 쿠폰과 무료 배송을 뿌리며 천사처럼 굴지만, 그 비용 을 마련하기 위해 뒤에서는 입점업체를 쥐어짠다. 소비자가 1,000원을 아 끼는 사이 골목 사장님은 1만 원을 잃는 구조다.

미국의 법학자 리나 칸이 꿰뚫어 본 것이 바로 이 지점이다. 과거의 독점 은 소비자 가격인상으로 판단했지만, 플랫폼 시대의 독점은 구조적 지배 력으로 봐야 한다. 가격은 싸졌는데 삶은 팍팍해지는 역설은 심판이 골대 를 제 멋대로 옮기기 때문에 발생한다.

이 구조를 골목의 장면들과 포개 보면 불길의 방향이 선명해진다. 팔수록 손 해인 수수료 구조는 심판이 자기 팀 골대 쪽으로 공을 밀어 넣는 규칙에서 나온다. 사람이 죽어도 책임지는 사람 없는 사고는 심판이 파울을 보면서도 휘슬을 불지 않았기 때문에 가능한 일이다. 키오스크 앞에서 돌아서는 노인 의 모습은 경기장 입구에 앱 사용자만 입장 가능이라는 문구를 붙여놓고, 그 문구를 바꿀 권한을 경기장 주인만 쥐고 있기 때문에 생기는 장면이다.

광주에서 소상공인들이 외친 독립선언8장 참조은 이 운동장 한쪽에서 적어 도 이 구역만큼은 심판과 선수를 분리해 보자고 시도한 작은 규칙 실험이 었다. EU는 디지털시장법DMA을 통해 심판이 선수로 뛰는 행위를 엄격히 금지하고, 위반 시 전 세계 매출의 10%를 과징금으로 물린다.

한국에는 아직 호루라기를 불 사람이 없다. 심판이 선수복을 입고 있는 한 공정하게 하겠다는 약속만으로는 부족하다. 규칙을 만드는 손과 그 규칙의 수혜자를 분리하지 않으면 아무리 좋은 말과 선언이 있어도 결과는 한 쪽으로 기울어진다.

세상의 불은 규칙으로 끈다

〈오징어 게임〉의 진행자는 말했다. "이 게임은 공정합니다. 바깥세상에서 차별과 불평등에 시달린 사람들에게 평등한 기회를 드립니다." 그러나 그 공정함은 기만이었다. 참가자들은 목숨을 걸어야 했지만, 주최 측은 안전한 VIP 룸에서 위스키를 마시며 그들을 관람했다. 출발선부터 달랐고 정보의 비대칭은 압도적이었다.

지금 소상공인들이 서 있는 디지털 플랫폼이라는 게임판도 다르지 않다. 누구나 입점할 수 있고 누구나 대박을 터뜨릴 수 있다고 유혹하지만, 그 뒤에는 40%에 달하는 수수료와 알 수 없는 알고리즘의 심판이 기다리고 있다. 규칙이 없는 것이 아니다. 강자에게만 유리한 규칙, 약자에게는 생존을 담보로 한 가혹한 규칙만이 작동하고 있는 것이다.

여기서 오해가 생긴다. 규칙을 만들자고 하면 규제론자라는 딱지가 붙는다. 혁신을 막는 사람, 시장을 모르는 사람, 기업을 적대시하는 사람. 그러나 이 책이 말하는 규칙은 그것과는 다르다.

축구에 오프사이드가 있다. 공격수가 수비수보다 앞서 있으면 반칙이다. 이 규칙이 없으면 어떻게 될까? 공격수는 골키퍼 앞에 서서 공만 기다리면 된다. 수비는 의미가 없어진다. 경기가 성립하지 않는다. 오프사이드는 공격을 막는 규칙이 아니다. 경기를 가능하게 하는 규칙이다. '제한'과는 동떨어진 '조건'에 해당한다.

플랫폼 경제에는 오프사이드가 없다. 골리앗이 골키퍼 앞에 서서 기다린다. 다윗은 아무리 뛰어도 골을 넣을 수 없다. 그런데 누군가 말한다. 자율에 맡겨라. 시장이 알아서 조정한다. 하지만 이는 골리앗에게 심판을 맡기는 것이다.

'모두가 함께 성장한다'는 말은 아름답다. 그러나 지금 구조에서 '모두'의 범위를 물어야 한다. 치킨 한 마리 팔면 40%가 빠져나가는 치킨집 사장도 '모두'인가. 70일간 정산금을 기다리다 폐업한 청년 창업가도 '모두'인가. K자의 윗줄만 더 가파르게 올리는 것은 전환이 아니다. 아랫줄을 끌어올려야 한다. 그 방법은 간단하다. 정산은 7일 이내. 데이터는 내 것. 메뉴판이 아닌 협상 테이블에 앉을 권리. 이것이 '모두의 성장'을 가능하게 하는 최소한의 규칙이다.

자율규제. 아름다운 말이다. 스스로 규율한다. 강제 없이 질서가 만들어진다. 그러나 묻고 싶다. 누구의 자율인가?

강자의 자율은 강자에게 유리한 규칙이 된다. 60일 정산은 플랫폼의 자율이었다. 수수료 인상은 플랫폼의 자율이었다. 알고리즘 변경은 플랫폼의 자율이었다. 그 자율의 결과를 소상공인이 감당했다. 약자에게 자율규제는 그림의 떡이다. 아니, 그림의 떡이면 다행이다. 독이 든 떡이다. 알아서 살아남으라는 방임이다. 적응 못 하면 네 탓이라는 폭력이다.

적정 기술이라는 말이 있다. 최첨단이 아니라 상황에 맞는 기술. 가난한 마을에 최신 정수 시설을 지어봤자 유지비를 감당할 수 없다. 손펌프 하나가 더 낫다.

규칙도 마찬가지다. 과잉 규제도, 부족한 규제도 모두 위험한 것이다. 적정한 규칙이 필요하다. 경기를 막지 않고 가능하게 하는 규칙. 강자를 죽이지 않고 약자도 뛸 수 있게 하는 규칙.

세 가지를 확인했다. 표준을 가진 자가 세상을 이끌었다는 역사적 패턴. 불이 먼저 나고 규칙은 늘 늦게 왔다는 적기조례의 교훈. 그리고 심판이 선수복을 입고 뛰는 기울어진 운동장의 현실. 지금 한국의 디지털 경제는 기술을 떠나 규칙의 속도와 방향, 설계자의 위치가 뒤틀린 구조의 문제다.

세상의 불은 물로 끄지만, 불공정의 불은 규칙으로 끈다. 골목의 화마를 잡기 위해 소방차보다 시급한 것은 신호등이다. 심판이 선수로 뛰는 반칙에는 빨간불을 켜서 멈춰 세워야 한다. 소상공인이 자신의 데이터를 활용해 정당한 이익을 얻는 길에는 파란불을 켜서 속도를 내게 해야 한다. 기술의 속도를 따라가지 못하는 디지털 약자들에게는 안전하게 건널 수 있는 횡단보도를 만들어야 한다.

이것은 플랫폼과 소상공인이 함께 살자는 말이다. 골리앗이 사라지길 바라는 것이 아니다. 다윗도 경기장에 설 수 있게 하자는 것이다. 오프사이드가 공격수를 적대하는 규칙이 아니듯 이 책이 말하는 규칙은 플랫폼을 적대하지 않는다. 게임을 게임답게 만드는 최소한의 조건이다.

이재명 대통령은 반칙과 특권을 바로잡겠다고 했다. 동의한다. 다만 반칙의 범위를 넓혀야 한다. 검찰의 반칙만 반칙이 아니다. 플랫폼의 자사 우대, 60일 정산 지연, 알고리즘 블랙박스. 이것도 반칙이다. 데이터 독점, 리뷰 인질극, 탈퇴 불가 구조. 이것도 특권이다.

디지털 시대의 반칙과 특권은 눈에 잘 보이지 않는다. 보이지 않으니 더 교묘하다. 이 책은 규제론자의 선언문이 아니다. 다윗을 위한 응원가다.

이제 물어야 한다. 새 규칙은 어떻게 쓰여지고 있고 쓰여져야 하는가. 어디서 오는가. 누가 그 규칙을 만들 것인가. 기업의 자율에만 맡길 것인가, 정부가 일방적으로 정할 것인가, 아니면 당사자인 소상공인과 시민이 함께 설계에 참여할 것인가.

낡은 규칙에 순응하기를 거부하고 스스로 규칙을 써 나가는 사람들. 그 움직임이 이미 시작되었다.

돌아보기

강을 건넌 뗏목은 산에서 짐이 된다. 산업화 시대의 규칙으로 디지털 시대의 불을 끌 수 없다. 새 규칙이 필요하다. 이 책은 규제론자의 선언문이 아니라 다윗을 위한 응원가다.

→ *새 규칙은 누가 쓰는가. 3장에서 개인의 규칙을 본다.*

3 | 개인의 규칙 : 종속에서 연결로

조직을 떠난 개인은
어떻게 됐는가.

조직 없이는 아무것도 할 수 없었다

혼자서는 아무것도 할 수 없었다. 그것이 우리가 배운 첫 번째 규칙이었다. 취직을 해야 했다. 회사에 소속되어야 했다. 명함에 찍힌 회사 이름이 곧 나의 이름이었다. 삼성 다니는 아들, 현대 다니는 사위, 공무원인 형. 개인은 조직의 그늘 아래에서만 존재를 인정받았다.

산업화 시대의 생존 공식은 간명했다. 좋은 대학을 나와 좋은 회사에 들어가 정년까지 버텨라. 조직이 나를 먹여 살리고, 조직이 나를 규정하고, 조직이 나를 보호해줄 것이다. 그 공식은 반세기 넘게 작동했다.

산업혁명 이후 팽창한 조직에서 우리는 자신의 이름을 조금씩 잃었다. OO 기업 김 과장, OO의 엄마. 소속과 관계로 자신을 소개하는 것이 자연스러웠고, 이름 석 자보다 직함 두 글자가 더 큰 힘을 발휘했다. 조직의 이름 뒤에 숨는 것이 안전했고, 때로는 그것이 유일한 생존 전략이었다.

문제는 그 조직이 수축하기 시작했다는 점이다. 정년은 짧아지고 수명은 길어졌다. 50대에 퇴직해서 80대까지 30년을 더 살아야 하는데, 조직은 더 이상 그 긴 시간을 책임져주지 않는다.

물론 '조직을 떠나면 되지 않느냐'고 물을 수 있다. 여기서 두 번째 종속이 시작된다. 회사를 나와 가게를 차린 사람들은 이제 다른 조직에 묶인다. 플랫폼이다. 심판이 선수복을 입고 뛰는 운동장에서 소상공인들은 새로운 형태의 소속을 강요받는다. 배달앱에 입점하고, 대형 이커머스에 상품을 올리고, 포털에 스마트스토어를 연다. 그렇게 하지 않으면 손님을 만날 수 없다. 검색에 노출되지 않으면 존재하지 않는 것과 같다. 조직에서 벗어났다고 생각한 순간 더 거대하고 더 보이지 않는 조직 안으로 들어간 셈이다. 폭탄 돌리기가 여기서도 작동한다. 회사에서 골목으로 이동한 사람들에게 문제는 해결되지 않았다. 형태만 바뀌어 따라왔다.

2024년 7월, 광주에서 소상공인들이 불공정한 배달앱 독립선언을 외쳤다8장 참조. 그러나 많은 소상공인이 독립선언에 함께하지 못했다. 5년간 쌓은 리뷰 3,000개를 버릴 수 없고, 단골 고객 데이터를 가져갈 수 없어서였다. 플랫폼을 떠나는 순간 별점 4.8은 0점이 된다. 처음부터 다시 시작해야 한다. 떠나고 싶어도 떠날 수 없는 구조. 이것이 디지털 시대 개인의 종속이다.

2025년 11월, 대형 이커머스에서 3370만 명의 개인정보가 유출되었다1장 참조. 대한민국 인구의 65%다. 이름, 주소, 전화번호, 배송 기록, 구매 이력이 털렸다. 상식적으로라면 분노한 소비자들이 대거 이탈해야 했다.

그런데, 결과는 정반대였다. 유출 사실이 알려진 직후 해당 플랫폼이 익일 활성 이용자는 역대 최고치를 기록했다. 왜 떠나지 않았을까? 아니, 왜 떠나지 못했을까? 익일배송의 편리함, 유료 멤버십의 혜택, 5년간 쌓인 구매 이력과 맞춤 추천. 대체재를 찾기 어렵다. 찾더라도 처음부터 다시 쌓아야 한다. 이 구조 앞에서 분노는 번거로움에 밀린다. 경제학에서는 이것을 락인Lock-in 효과라 부른다. 한번 들어가면 나오기 어려운 구조. 종속의 다른 이름이다. 소비자는 확인되고 소상공인은 디지털 소작농이 된다.

땅은 자기 소유인데 수확의 절반을 지주에게 바쳐야 하는 처지. 지주의 이름만 바뀌었을 뿐 구조는 같다. 땅 대신 플랫폼, 쌀 대신 데이터, 마름 대신 알고리즘.

너는 이미 다른 게임판에 들어왔다. 그런데 아직 예전 규칙으로 살고 있지 않은가? 조직에 속해야 생존한다는 옛 규칙은 형태만 바뀌어 여전히 작동하고 있다. 회사 대신 플랫폼, 월급 대신 정산금, 인사고과 대신 알고리즘 평가. 종속의 본질은 변하지 않았다. 오히려 더 정교해지고 더 보이지 않게 되었다. 이것이 현상이다. 기술이 발전하면서 자연스럽게 만들어진 새로운 종속의 형태다. 그러나 현상이 곧 운명은 아니다. 게임판이 바뀌었다면 규칙도 바뀔 수 있다. 이미 그 균열이 시작되고 있다.

네 번의 해방

종속은 영원하지 않았다. 역사는 몇 차례의 기술 혁명을 통해 개인을 해방시켜왔다. 그 해방의 순간마다 세상의 규칙이 다시 쓰였다.

첫 번째 해방은 1450년에 왔다. 구텐베르크가 금속활자 인쇄기를 발명했다. 그전까지 책은 수도원에서 수사들이 손으로 베껴 쓰는 물건이었다. 한 권을 만드는 데 몇 달이 걸렸고, 값은 집 한 채와 맞먹었다. 지식은 성직자와 귀족의 전유물이었다.

인쇄기가 돌아가자 책값이 떨어졌다. 성경이 라틴어에서 독일어로 번역되어 보통 사람의 손에 들어갔다. 신과 인간 사이에 중개자였던 성직자가 끼어들 필요가 없어졌다. 종교개혁이 일어났고, 왕의 권위가 흔들렸으며, 시민혁명이 뒤따랐다. 인쇄기는 단순히 책을 찍어내는 기계가 아니었다. 지식을 독점하던 자들의 권력을 해체하는 무기였다.

두 번째 해방은 1995년에 왔다. 인터넷이 상용화되었다. 그전까지 정보는 방송국과 신문사가 독점했다. 그들이 내보내는 것만 볼 수 있었고, 그들이 말하지 않는 것은 알 수 없었다. 편집권력이다. 인터넷이 열리자 누구나 정보를 올리고 누구나 정보를 가져갈 수 있게 되었다. 홈페이지를 만들면 전 세계가 나의 청중이 되었다. 방구석에서 창업한 청년들이 월스트리트를 뒤흔들었다. 아마존은 시애틀 차고에서 시작했고, 구글은 스탠퍼드 기숙사 방에서 태어났다. 정보의 독점이 깨지자 권력의 지형도 달라졌다.

세 번째 해방은 2007년에 왔다. 스티브 잡스가 아이폰을 들고 무대에 올랐다. 전화기와 음악 재생기와 인터넷 단말기를 하나로 합쳤다고 말했지만, 진짜 혁명은 그 안에 담긴 앱스토어였다. 누구나 앱을 만들어 전 세계에 팔 수 있게 되었다. 대학생이 만든 앱이 하룻밤 사이에 수백만 다운로드를 찍었다. 유통망도, 광고비도, 대형 자본도 없이 개인이 시장에 직접 뛰어들 수 있는 길이 열렸다. 스마트폰은 손바닥 위의 인쇄기이자 방송국이자 은행이었다. 개인이 조직의 인프라 없이도 세상과 연결될 수 있게 되었다.

네 번째 해방은 2022년에 왔다. 챗GPT가 세상에 나왔다. 코딩을 모르는 사람도 AI에게 코드를 짜 달라고 말할 수 있게 되었다. 디자인을 배운 적 없는 사람도 AI에게 로고를 그려 달라고 할 수 있게 되었다. 전문가의 영역이라 여겨지던 것들이 보통 사람의 손에 들어왔다. 대중 기술시대가 열렸다.

2025년 1월, 경량화된 오픈소스 AI 모델들이 전 세계를 뒤흔들었다. 적은 비용으로도 거대 자본의 AI와 맞먹는 성능을 구현했다. GPT-4 수준의 성능을 구현했다. 미국의 수출 규제로 최신 칩을 구할 수 없었던 중국 스타트업이 제약을 역이용해 효율적인 모델을 만들어낸 것이다. 엔비디아 주가가 하루 만에 17% 폭락했고, 시가총액 850조 원이 증발했다. 전문가들은 이를 AI의 스푸트니크 모멘트라 불렀다. 거대 자본만이 AI를 만들 수 있는 시대가 끝났다는 선언이었다.

이 해방의 물결 위에서 새로운 경제가 태어났다. '크리에이터 이코노미'. 전 세계에서 자신을 크리에이터로 정의하는 사람이 3억 명을 넘었다. 유튜브, 틱톡, 인스타그램에서 콘텐츠를 만들고 수익을 올리는 사람들이다.

2024년 크리에이터 이코노미 광고시장은 295억 달러, 2025년에는 370억 달러로 전년 대비 26% 성장할 것으로 전망된다. 전체 미디어 산업성장률 5.7%의 네 배가 넘는 속도다. 한국에서도 1인 미디어 창작자들의 연간 총수입이 2022년 처음으로 1조 원을 넘어섰다. 조직에 속하지 않고도 먹고 살 수 있는 길이 열린 것이다.

영화 〈아이언맨〉의 첫 장면이 떠오른다. 토니 스타크는 테러리스트에게 납치되어 동굴에 갇힌다. 거대한 군수기업의 최첨단 시설이 아니라 망치와 고철뿐인 동굴에서 그는 마크 원을 만들어 탈출한다.

지금 골목의 소상공인들이 서 있는 곳이 그 동굴이다. 대기업의 자본도, 플랫폼의 인프라도 없다. 그러나 손에 쥔 도구가 달라졌다. 스마트폰이 있고, 캔바Canva가 있고, GPT가 있다. 동굴은 그대로인데 손에 쥔 도구가 거인이 될 수 있는 갑옷이 되었다.

인쇄기는 지식의 독점을 깼다. 인터넷은 정보의 독점을 깼다. 스마트폰은 유통의 독점을 깼다. AI는 전문성의 독점을 깨고 있다. 매번 독점이 깨질 때마다 세상의 규칙이 다시 쓰였다. 지금 우리는 네 번째 해방의 한가운데 서 있다.

2026년 1월 22일, AI 관련 법안인 'AI기본법'이 시행되었다. '인공지능 발전과 신뢰 기반 조성 등에 관한 기본법'이 정식 명칭이다. 세계 최초로 포괄적인 AI 규제 체계가 대한민국에서 작동하기 시작했다. 국가인공지능전략위원회는 300개의 정책 권고 중 82%를 2026년 내에 실행하겠다고 발표했다.

이것이 현상이다. 기술이 바꾸고 있는 것이다. 도구가 대중화되고 있다. 그러나 현상만으로는 충분하지 않다. 해방의 열매를 누가 먼저 따느냐가 문제다.

크리에이터 이코노미의 이면을 보자. 상위 1%는 평균 8억 5000만 원을 벌어들였다. 그러나 전체 평균은 2900만 원이다. 10명이 시작하면 1명만 성공하는 구조다. 대기업이 먼저 따면 종속의 구조가 더 정교해질 것이다. 소상공인이 먼저 따면 규칙을 바꿀 기회가 열린다. 현상이 기회가 되려면 의지가 필요하다.

1,000명의 팬이면 충분하다

2008년 〈와이어드〉 매거진의 창립 편집장 케빈 켈리가 에세이 한 편을 썼다. 제목은 1,000명의 진정한 팬이었다. 핵심은 단순했다. 당신이 무엇을 하든 당신의 작업을 진심으로 사랑하는 1,000명의 팬만 있으면 먹고살 수 있다. 그가 말하는 진정한 팬이란 당신이 만드는 모든 것을 사는 사람이다. 200킬로미터를 운전해서 당신의 공연을 보러 오는 사람이다. 당신의 신작이 나오면 즉시 구매하는 사람이다. 1,000명이 매년 100달러를 쓰면 10만 달러다. 한화로 1억 4000만 원. 혼자서도 충분히 살 수 있는 수입이다.

이 이론이 현실이 된 곳이 있다. 지방의 한 전통주 양조장이다. 3대째 전통 방식을 고수하는 이 양조장은 대형마트 납품을 거부했다. 대신 인스타그램에 누룩 띄우는 과정을 올렸다. 막걸리 빚는 날 라이브 방송을 했다. 댓글로 질문이 오면 직접 답했다. 전국에서 주문이 밀려왔다. 월 매출 3000만 원. 도매상 없이, 광고비 없이, 직거래만으로 가능한 숫자다. 1,000명의 팬이 아니라 실제로는 300명 정도의 단골이 반복 구매하는 구조다. 300명이면 충분했다.

경기도 이천의 쌀엿 장인도 있다. 40년간 같은 방식으로 엿을 고아왔다. 손주가 틱톡 계정을 만들어줬다. 엿을 고아 만드는 과정을 올렸다. 바삭바삭 끊어지는 소리가 묘하게 중독성이 있었다. 조회수 50만을 넘겼다. 전국에서 주문이 쏟아졌다. 할아버지에게 틱톡은 손주가 시켜서 해본 것이었다. 특별한 전략이 있었던 게 아니다. 그냥 40년간 해온 일을 찍어 올렸을 뿐이다. 그런데 그게 통했다.

케빈 켈리의 이론이 말하는 것은 결국 관계의 밀도다. 100만 명에게 희미하게 알려지는 것보다 1,000명에게 깊이 사랑받는 것이 낫다. 대중을 좇지 마라. 당신의 사람들을 찾아라. 그들과 깊이 연결되라. 그러면 거대 자본 없이도, 플랫폼의 알고리즘에 휘둘리지 않고도 살아남을 수 있다.

데이터 분석가 송길영 작가는 이것을 '호명 사회의 도래'라고 불렀다. 조직의 이름 뒤에 숨을 필요도, 숨을 수도 없는 사회가 왔다. 이제 중요한 것은 얼마나 많은 사람이 나를 아느냐가 아니라 나를 깊이 아는 사람이 얼마나 있느냐다. 본진을 세우고 이름으로 불리는 사람이 되어라. 조직의 부속품에서 벗어나 나라는 브랜드로 서라. 1,000명의 팬은 그 브랜드의 토대다. 대전 성심당이 전국 파리바게뜨 전체 매출보다 많고 가격과 상관없이 줄을 서는 이유가 여기 있다. 6·25 피란민이 시작한 빵집이 70년을 버텨온 이야기가 있다. 그 이야기에 사람들이 지갑을 연다. 가치를 사는 것이고, 의미가 있어야 산다. 이것이 핵개인 시대의 소비다.

750만 1인 가구가 사는 대한민국에서 사람들은 더 이상 싸다고 사지 않는다. 나와 연결된 느낌이 드는 것을 산다. 골목의 작은 가게가 대기업을 이길 수 있는 틈이 여기에 있다.

이것도 현상이다. 팬덤 경제, 1인 미디어, 라이브 커머스. 기술이 만들어낸 새로운 가능성이다. 그러나 현상의 이면을 보자. 전주 양조장은 성공했지만, 전국의 양조장이 다 성공할 수는 없다. 이천 쌀엿 장인은 반전을 만들었지만, 전국의 재래시장이 다 살아나지는 않는다. 성공 사례는 유튜브에 오르고, 실패 사례는 조용히 사라진다. 우리는 성공만 보고 '누구나 할 수 있다'고 말한다. 크리에이터 이코노미에서 상위 1%가 8억 원을 벌 때, 나머지 99%의 평균은 2900만 원을 번다. 플랫폼 안에서 팬을 모으면 그 팬 데이터는 플랫폼의 것이 된다. 팬이 있어도 플랫폼 안에 갇히면 종속은 계속된다.

돌팔매를 쥐어라

말콤 글래드웰은 『다윗과 골리앗』에서 물었다. 다윗은 정말 약자였는가. 골리앗은 중무장한 거인이었다. 갑옷을 입고 창과 방패를 들었다. 다윗은 양치기 소년이었다. 돌팔매 하나뿐이었다. 상식적으로 다윗이 이길 수 없었다. 그런데 다윗은 이겼다. 어떻게? 골리앗의 규칙으로 싸우지 않았기 때문이다.

골리앗은 정면 대결을 원했다. 힘 대 힘, 무기 대 무기. 그 규칙에서는 누가 봐도 골리앗이 이긴다. 다윗은 규칙을 바꿨다. 접근하지 않았다. 멀리서 돌을 던졌다. 골리앗의 무거운 갑옷은 돌멩이 앞에서 무력했다. 느렸고, 둔했고, 시야가 좁았다. 다윗은 빠르고 가벼웠다. 글래드웰은 말한다. 강해 보인다고 강한 게 아니며, 약해 보인다고 약한 게 아니다. 규칙을 바꾸면 약자도 이긴다.

지금 소상공인에게는 네 개의 돌팔매가 필요하다.

첫 번째 돌은 떠날 자유다. '데이터 이동권'이라고 부른다. 플랫폼에서 5년간 쌓은 리뷰, 고객 정보, 판매 이력. 그것은 내 노동의 결과물이다. 플랫폼이 만들지 않고, 내가 만든 것이다. 그런데 지금은 가져갈 수 없다. 떠나면 0에서 시작해야 한다. 이 구조가 락인을 만든다. 떠날 수 없으니 협상할 수 없다. 데이터 이동권은 이 족쇄를 푸는 열쇠다. 번호이동제가 소비자의 협상력을 높였다. EU는 이미 GDPR_{일반개인정보보호법}로 보장하고 있다. 대한민국에서도 2025년 3월 전 분야 마이데이터가 시행될 예정이다. 금융위원회는 소상공인 전용 마이 비즈니스 데이터를 구상하고 있다. 창업부터 영업, 폐업 후 재기까지 전 단계를 데이터로 지원하겠다는 것이다. 내 데이터를 들고 다른 플랫폼으로 갈 수 있다면 플랫폼은 더 이상 지주가 아니다.

두 번째 돌은 혼자서도 군단이 되는 힘이다. AI가 그것을 가능하게 한다. 챗GPT에게 마케팅 문구를 물을 수 있다. 캔바로 포스터를 만들 수 있다. 노션_{Notion}으로 고객을 관리할 수 있나. 기술의 신화가 승병했다. 고성능 AI를 만드는 비용이 획기적으로 낮아지면서 GPT-4 수준을 만들 수 있다면 도구의 가격은 더 이상 장벽이 아니다. 대기업 마케팅팀이 하던 일을 1

인 사업자가 해낼 수 있다. 40년 국밥집 사장님도 AI에게 "매출 분석해줘."라고 말할 수 있다.

2025년 정부는 데이터 바우처 사업에 207억 원을 투입한다. 소상공인 전용 데이터 트랙도 신설되었다. AI 시대, 데이터와 도구는 소상공인에게 공공재가 되어야 한다. 전기나 고속도로처럼.

세 번째 돌은 선택받지 않아도 되는 길이다. 1,000명의 팬이 있으면 플랫폼 알고리즘에 목숨 걸지 않아도 된다. 인스타그램, 유튜브, 블로그, 카카오 채널. 플랫폼 안에 갇혀 있으면 종속에서 벗어날 수 없다. 바깥에 내 채널을 만들어야 한다. 거기에 팬이 모이면 협상력이 생긴다. 배달앱 수수료가 올라도 우리 팬은 직접 주문한다.

네 번째 돌은 지속하게 만드는 이야기다. 성심당이 파리바게뜨를 이기는 이유. 70년의 이야기다. 당신에게도 이야기가 있다. 왜 이 일을 시작했는가. 무엇을 지키고 싶은가. 누구를 위해 일하는가. 그 이야기를 찾아라. 그것이 가격 경쟁에서 벗어나게 해준다. 싼 것은 더 싼 것에 진다. 이야기는 복제할 수 없다. 최근 빅테크 기업이 스토리텔러를 채용하고 있다. 브랜드는 이야기다. 이야기는 축적에서 나온다. 맥락에서 나온다. 지역을 기반으로 한 소상공인에게 유리하다.

첫 번째 돌과 두 번째 돌은 의지의 영역이다. 데이터 이동권은 법이 만들어야 한다. AI 공공재화는 정책이 추진해야 한다. 현상만으로는 저절로 오지 않는다. 누군가 규칙을 바꾸겠다는 의지를 가져야 한다. 세 번째 돌과 네 번째 돌은 개인의 영역이다. 내 채널을 만들고 내 이야기를 찾는 것은 스스로 해야 한다. 현상이 기회를 열고, 의지가 규칙을 바꾸고, 개인이 실행한다. 세 가지가 맞물려야 그 돌이 거인을 쓰러뜨린다.

다윗의 돌팔매는 보잘것없어 보였다. 그러나 그것이 거인을 쓰러뜨렸다. 스마트폰, AI, 내 채널, 내 이야기. 보잘것없어 보이는 것들이 지금 당신의 손에 있다. 골리앗의 규칙으로 싸우지 마라. 그 싸움은 지게 되어 있다. 규칙을 바꿔라. 당신의 돌팔매를 던져라.

혼자이되 혼자가 아닌

종속의 얼굴을 보았다. 조직에서 벗어나 가게를 차렸지만, 플랫폼이라는 새로운 지주 아래 종속되어 있었다. 이것이 현상이다. 기술이 바꾼 것이다. 해방의 역사를 따라갔다. 인쇄기는 사제의 손에서 성경을 빼앗았고, 오픈 소스 모델들은 빅테크의 서버실에서 AI를 해방시켰다. 이것도 현상이다. 도구가 민주화되고 있다. 1,000명의 팬을 만났다. 100만 명의 구경꾼보다 300명의 단골이 전주 양조장을 먹여 살렸다. 현상이 만들어낸 가능성이다. 새 도구를 손에 쥐었다. 데이터 이동권, AI, 이야기, 그리고 팬. 여기서 의지가 등장한다. 데이터 이동권은 법이 만들어야 하고, AI 공공재화는 정책이 추진해야 한다. 현상만으로는 모두에게 기회가 되지 않는다.

여기서 멈춰서는 안 된다. 다윗이 골리앗을 쓰러뜨린 것은 사실이다. 그렇지만 그것은 전쟁의 끝이 아니라 시작이었다. 성경의 다음 장면을 보라. 다윗의 승리를 본 이스라엘 군대가 함성을 지르며 블레셋 진영으로 돌격한다. 한 사람의 승리가 전체의 움직임으로 번진 것이다. 만약 다윗 혼자만 싸우고 나머지 군대가 구경만 했다면 블레셋은 다른 전사를 내보냈을 것이고, 전쟁의 결과는 달라졌을 것이다. 개인의 승리는 불씨다. 불씨가 들불이 되려면 바람이 필요하고 숲이 필요하다. 연결이 없으면 불씨는 불씨로 끝난다.

전주 막걸리 양조장의 성공은 아름다운 이야기다. 하지만 한 양조장의 성공이 전국 양조장의 성공을 보장하지는 않는다. 이천 쌀엿 장인의 반전도 감동적이다. 그런데 한 장인의 틱톡 영상이 전국 재래시장을 살리지는 못한다. 광주에서 소상공인들이 배달앱 독립선언을 외쳤다. 용감한 선택이었다. 그렇건만 대다수 입점 소상공인은 여전히 기존 배달앱에 갇혀 있다. 왜일까? 개인의 각성만으로는 구조가 바뀌지 않기 때문이다. 도구를 쥔 다윗이 아무리 많아도 전쟁터의 규칙 자체가 골리앗에게 유리하게 짜여 있다면 승리는 예외로 남는다. 점들이 선으로 연결되지 못하고, 선이 면으로 확장되지 못한 탓이다.

지금 대한민국에는 600만 명의 소상공인이 있다. 그들 각자가 디지털 무기를 쥐고 자기만의 싸움을 하고 있다. 누군가는 성공하고 누군가는 실패한다. 성공한 사람은 유튜브에 나오고, 실패한 사람은 조용히 가게 문을 닫는다. 우리는 성공 사례만 보고 누구나 할 수 있다고 말한다. 그러나 통계는 냉정하다. 자영업 5년 생존율은 30%가 채 되지 않는다. 10명이 시작하면 7명이 사라진다. 이것이 개인의 노력 부족 탓인가? 아니다. 열심히 하지 않아서가 아니라 발견되지 않아서다. 게임의 규칙이 기울어져 있기 때문이다.

현상은 바뀌고 있다. 도구는 대중화되고 있다. 크리에이터 이코노미가 터졌고, AI가 전문성의 장벽을 낮추고 있다. 그래도 현상만으로는 충분하지 않다. 현상은 강자에게 먼저 유리하게 작동한다. 플랫폼에서 팬을 모아도 그 데이터는 플랫폼의 것이다. 기술이 해방을 약속해도 규칙이 기울어져 있으면 해방은 수수의 것이 된다.

여기서 질문이 바뀌어야 한다. '어떻게 하면 개인이 더 강해질 수 있을까'

에서 '어떻게 하면 개인의 강함이 서로 연결될 수 있을까'로. 과연 어떻게 하면 한 사람의 성공이 옆 사람의 가능성이 될 수 있을까? 예외를 미담으로 소비하지 않고 규칙으로 만들 수 있을까? 이 질문에 답하려면 개인의 영역을 넘어서야 한다. 사회의 규칙을 바꿔야 한다. 현상이 기회를 열었다면, 의지가 그 기회를 모두의 것으로 만들어야 한다.

3장은 여기서 끝난다. 우리는 개인의 규칙을 보았다. 종속에서 벗어나 연결로 나아가는 길, 돌팔매를 쥐고 자기만의 게임을 하는 법을 확인했다.

혼자서는 세상을 바꿀 수 없다. 개인의 각성이 사회의 변화로 이어져야 한다. 개인이 강해진 시대에 사회는 어떻게 바뀌어야 하는가. 누가 발견해주지 않으면 보이지 않는 사람들을 어떻게 찾아낼 것인가. 4장의 질문이다.

돌아보기

조직을 떠났지만 플랫폼에 묶였다. 종속의 형태만 바뀌었다. 그러나 균열이 시작되고 있다. 캔바가, GPT가 거인의 무기고를 열었다. 돌팔매를 쥐었다.

→ 개인이 강해졌다. 그렇지만 혼자서는 세상을 바꿀 수 없다.

　4장에서 사회의 규칙을 본다.

4 | 사회의 규칙 : 신청에서 발견으로

와서 증명하라

개인은 돌팔매를 쥐었다. 캔바가, GPT가 거인들의 무기고를 열었다. 그러나 무기만으로 전쟁에서 이기지 못한다. 무기를 쓸 수 있는 환경이 필요하다. 이제 사회가 눈을 뜨는 장면을 본다. 신청하지 않아도 발견되는 세상. 손을 들지 않아도 시스템이 먼저 찾아오는 세상. 그 세상으로 가는 길목에서 우리는 먼저 낡은 규칙과 마주해야 한다.

골목형상점가라는 제도가 있다. 정부가 골목 상권을 지원하기 위해 만든 제도다. 전통시장으로 한정된 온누리 상품권 활용처를 넓히려고 만든 고육책이다. 간판을 바꿔주고, 공동 시설을 설치해주며, 마케팅을 도와주다 좋은 제도다. 그런데 지원을 받으려면 조건이 있다. 첫째, 2,000㎡ 이내의 면적이어야 한다. 둘째, 소상공인 점포가 30개 이상 밀집하여 있는 구역이어야 한다. 다만 지역여건 및 구역 내 점포의 특성을 고려하여 조례로 별도 정할 수 있다. 셋째, 상인조직이 있어야 한다. 상인회나 번영회 같은 조직이 구성되어 있어야 한다. 이 세 가지 조건을 충족하면 지원을 받을 수 있다. 문제는 신청 방식이다. 상인들이 직접 서류를 꾸며서 제출해야 한다. 면적을 증명하는 서류, 점포 수를 증명하는 서류, 상인조직을 증명하는 서류. 이 모든 것을 상인들이 준비해야 한다.

여기서 질문이 생긴다. 국세청에는 사업자등록정보가 있다. 어느 주소에 어떤 가게가 있는지 다 알고 있다. 건축물대장에는 면적정보가 있다. 어느 건물이 몇 제곱미터인지 다 기록되어 있다. 두 데이터를 겹치면 어디가 골목형상점가 조건을 충족하는지 1초 만에 알 수 있다. 그런데 왜 상인들에게 증명하라고 할까. 정부가 이미 알고 있는 정보를 왜 상인들이 다시 모아서 제출해야 할까.

서울 어느 지역에 점포가 35개 있다. 면적도 충분하다. 그러나 이 골목은 골목형상점가로 지정되지 않았다. 상인회가 없었기 때문이다. 점포 수도, 면적도 조건을 충족했지만 상인들이 조직을 만들지 않았다는 이유로 지원 대상에서 제외되었다.

이것이 신청주의다. 우는 아이에게 젖을 주는 방식이다. 아픈 사람이 증명해야 약을 준다. 배고픈 사람이 신청해야 밥을 준다. 모른다는 것이 죄가 된다. 서류를 쓸 줄 모르면 지원받지 못한다. 기간을 놓치면 다음 해를 기다려야 한다. 행정의 관점에서는 합리적이다. 신청을 받으면 예산을 예측할 수 있다. 서류를 검토하면 부정 수급을 막을 수 있다. 효율적이다. 이 효율은 누구를 위한 효율인가? 행정을 위한 효율이다. 정책을 만드는 사람, 집행하는 사람의 편의를 위한 효율이다. 정책을 받는 사람, 정책의 수요자는 고려되지 않는다. 이것이 공급자 중심 정책이다.

공급자 중심 정책에서는 정책 수요자의 경험이 고려되지 않는다. 홈페이지에 접속하라. 공인인증서를 설치하라. 서류를 업로드하라. 기간 내에 신청하라. 이 모든 과정을 수요자가 감당해야 한다. 할 줄 아는 사람은 지원받고, 모르는 사람은 배제된다. 서류 쓸 줄 아는 상인은 골목형상점가로 지정되고, 모르는 상인은 탈락한다. 정보를 아는 상인은 지원금을 받고, 모르는 상인은 놓친다. 이것이 공정한가? 규칙은 공정하다. 그러나 결과는 공정하지 않다. 규칙 자체가 특정한 사람에게 유리하게 설계되어 있기 때문이다. 규칙이 정해져 있으니 공정하다고 말하지만, 그 규칙이 누구에게 유리하게 짜여 있는지를 묻지 않으면 결과는 언제나 기울어진다.

기술은 누구를 위한 것인가

20세기 초 오스트리아의 경제학자 조지프 슘페터는 '창조적 파괴'라는 개념을 제시했다. '마차를 잇는다고 기차가 되지 않는다'는 말로 유명하다. 낡은 것을 부수고 새로운 것을 만드는 것이 혁신이다. 마차가 사라지고 자동차가 등장한다. 필름 카메라가 사라지고 디지털 카메라가 등장한다. 파괴는 고통스럽지만 그 끝에 성장이 있다. 이 논리는 100년 동안 기술을 바라보는 기본 관점이 되었다.

기술은 성장의 도구다. 기술이 발전하면 생산성이 높아지고, 생산성이 높아지면 경제가 성장하며, 경제가 성장하면 모두가 잘살게 된다. 이것이 지난 세기의 믿음이었다. 그런데 균열이 생겼다. 기술은 발전했다. 인터넷이 왔고, 스마트폰이 왔고, AI가 왔다. 생산성은 높아졌다. 경제는 성장했다. 그 결과 모두가 잘살게 되었는가?

2008년 금융위기는 그 질문에 답을 던졌다. 금융 기술은 정교해졌지만, 그 기술은 소수의 배를 불리고 다수의 집을 빼앗는 데 쓰였다. 기술이 발전해도 불평등은 줄어들지 않았다. 오히려 심해졌다. 시장도 답이 아니었고, 정부도 답이 아니었다. 새로운 길이 필요했다.

2010년 팀 오라일리가 선언했다. 정부는 자판기가 아니라 플랫폼이어야 한다. 자판기는 동전을 넣으면 정해진 물건이 나온다. 플랫폼은 참여자들이 스스로 가치를 만들어낸다. 정부가 모든 것을 제공하려 하지 마라. 정부는 도로를 깔고 GPS 위성을 쏘아 올려라. 그 위에서 민간과 시민이 내비게이션을 만들고 새로운 서비스를 개발하게 하라. 정부의 역할은 답을 주는 것이 아니라 질문을 던지는 것이다.

대만의 디지털 장관 오드리 탕은 여기서 한 걸음 더 나갔다. IT를 사람에게 가져가야지, 사람에게 IT가 있는 곳으로 오라고 하면 안 된다. 정부가 시스템을 만들었으니 와서 쓰라고 하는 것은 폭력이다. 바쁜 상인들에게, 디지털이 낯선 어르신들에게 홈페이지에 접속해서 공인인증서를 깔고 서류를 올리라고 강요하는 것은 폭력이다. 기술이 사람에게 가야 한다. 사람이 있는 곳으로, 사람이 쓰는 방식으로.

이것을 정책 UX라고 부른다. 사용자 경험. 앱을 만들 때 사용자가 어떻게 느끼는지를 고려하는 것처럼 정책을 만들 때 정책 수요자가 어떻게 경험하는지를 고려해야 한다. 지금까지 정책은 공급자 관점에서 설계되었다. 얼마나 많은 예산을 투입했는가, 몇 건을 처리했는가. 이제는 수요자 관점에서 봐야 한다. 정책을 받는 사람이 얼마나 쉽게 접근했는가, 얼마나 편하게 혜택을 누렸는가. 라면도 스프와 면을 넣는 순서에 따라서 맛이 달라지듯 정책도 그 순서 프로토콜에 따라서 결과가 달라진다.

EU는 2010년대 중반 '디지털 사회 혁신'이라는 개념을 내놓았다. 기술을 성장의 도구가 아니라 문제 해결의 도구로 쓰자. 앱이나 가젯Gadget을 만드는 것이 아니라 복지를 재구상하고 민주주의를 업그레이드하는 데 쓰자. 이것이 정책 수요자 중심 UX의 철학적 기반이다. 600만 소상공인에게 이 전환은 무엇을 의미하는가. 서류를 쓸 줄 모르는 상인도 지원받을 수 있다는 뜻이다. 소상공인 사업을 지원할 때 복잡한 과정을 거쳐서 소상공인임을 증명할 필요가 없다는 이야기다. 홈페이지에 접속할 줄 모르는 어르신도 혜택을 누릴 수 있다는 것이다. 기술은 골리앗뿐만 아니라 다윗도 돕는다.

이것이 현상이다. 기술이 바꾸고 있다. 정책의 방향이 공급자에서 수요자로 이동 중이다. 데이터가 결합되면 발견이 가능해지고, 발견이 가능해지면 신청 없이도 지원을 시작할 수 있다. 그러나 현상만으로는 부족하다. 기술이 있어도 쓰지 않으면 소용없다. 데이터가 있어도 열지 않으면 안 보인다. 현상을 현실로 만드는 것은 의지다.

신청 0명, 수혜 전원

북유럽의 복지국가들은 오래전에 한 가지 사실을 인정했다. 가장 도움이 필요한 사람일수록 도움을 요청하지 못한다는 사실이다. 그래서 그들은 복지의 출발점을 '신청'에서 '발견'으로 옮겼다. 덴마크와 핀란드에서는 실직하거나 소득이 급격히 줄어들면 주민이 직접 관청을 찾아가지 않아도 지원이 시작된다. 세무 기록과 고용 데이터가 연동되어 시스템이 먼저 신호를 보낸다. 당신의 소득이 줄어들었으니, 이 급여를 받을 권리가 있습니다. 서류를 내지 않아도, 창구 앞에서 설명하지 않아도, 손을 들지 않아도 된다. 국가가 먼저 묻는다. 괜찮습니까?

이 제도의 핵심은 예산이 아니다. 속도다. 그리고 시선의 방향이다. 과거의 복지는 이렇게 말해왔다. "필요하면 와서 증명하라." 그러나 발견주의 복지는 이렇게 바꿔 말한다. "이미 데이터로 알고 있으니, 우리가 먼저 움직이겠다." 그 결과는 분명했다. 복지 사각지대가 눈에 띄게 줄어들었고, 지원을 받지 못해 더 깊은 위기로 빠지는 사람의 수가 감소했다.

이 시스템은 선의의 산물이 아니다. 냉정한 행정 효율의 결과다. 신청서를 받기 위해 창구를 늘리고, 탈락자를 가려내기 위해 심사 비용을 쓰는 것보다 위험 신호를 조기에 포착해 개입하는 편이 사회 전체의 비용을 낮춘다는 계산이었다. 늦게 도착한 소방차가 잿더미를 정리하는 것보다 화재경보기를 먼저 울리는 편이 싸게 먹힌다는 판단이다.

지금 우리의 정책은 여전히 묻는다. 왜 신청하지 않았느냐고.

진짜 물어야 할 질문은 이것이다. 왜 우리는 이미 알고 있으면서도 기다리기만 했는가. 불은 이미 시작되었는데, 신고 전화가 오지 않았다는 이유로 소방차를 세워두는 사회. 발견주의는 그 관성을 뒤집는 질문이다. 지원은 손을 든 사람보다도 타들어 가고 있는 사람에게 먼저 가야 한다.

2020년 2월, 코로나19가 터졌을 때 마스크 대란이 벌어졌다. 어디에 마스크가 있는지 아무도 몰랐다. 정부는 약국별 재고 데이터를 열었다. 72시간 만에 수십 개의 마스크맵이 등장했다. 학생, 교사, 디자이너, 공무원, 비영리 활동가. 그들이 자발적으로 만들었다. 정부가 앱을 만든 게 아니다. 정부는 데이터만 열었다. 시민이 문제를 풀었다. 정부가 플랫폼이 되고, 시민이 문제 해결의 주체가 된 것이다.

'눈을 떠 보니 선진국이 되어 있었다'라는 것은 표준을 따르는 차원을 넘어 표준을 만드는 단계여야 가능하다. 남이 정한 정의를 따르는 것이 아니라 스스로 정의를 내리는 것이다. 심야버스도 마찬가지다. 데이터가 밤의 시민들을 발견했다. 신청주의가 유일한 길이 아님을 증명했다. 데이터로 필요를 발견하고, 발견한 필요에 먼저 손을 내미는 것. 이것이 새로운 정의다. 수원시 새빛돌봄은 한 걸음 더 나갔다. 45종의 데이터를 결합했다. 단전, 단수, 건강보험료 체납, 국민연금 미납. 이 데이터들이 겹치면 위기 가구가 보인다. 2024년 한 해 동안 1,794가구를 발견했다. 그들은 신청하지 않았다. 신청할 줄 몰랐거나 신청할 힘이 없었다. 시스템이 먼저 손을 내밀었다.

이것이 현상이다. 기술이 만들어낸 가능성이다. 데이터를 결합하면 발견이 가능하다. 마스크맵, 심야버스, 새빛돌봄. 이미 작동하고 있다. 그러나 이것은 아직 예외다. 대부분의 정책은 여전히 신청주의다. 현상이 규칙이 되려면 의지가 필요하다. 데이터를 열겠다는 의지, 발견에 투자하겠다는 의지, 신청 없이도 지원하겠다는 의지. 2024년 금융위원회는 마이데이터 2.0을 발표했다. 디지털 취약계층이 은행 등 대면점포에서도 마이데이터 서비스에 가입할 수 있게 되었다. 14세 이상 청소년도 법정대리인 동의 없이 가입할 수 있다. 발견주의가 조금씩 제도로 들어오고 있다.

무영등을 켜라

다방향 조명. 여러 개의 전구가 여러 각도에서 빛을 비추면 그림자가 사라진다. 수술실은 의사의 손이 어디로 움직여도 어두운 곳이 없다. 수술 부위의 미세한 혈관까지 보인다. 하나의 전구로 비추면 그림자가 생긴다. 하지만 여러 전구가 여러 각도에서 비추면 그림자가 사라진다.

발견행정은 이 원리와 같다. 국세청 데이터 하나만 보면 매출만 보인다. 건강보험 데이터 하나만 보면 병원 방문 횟수만 보인다. 전기 사용량 데이터 하나만 보면 에너지 소비만 보인다. 그런데 이 데이터들을 겹쳐놓으면 보이지 않던 것이 보인다. 매출은 잡히지만 건강보험료를 체납하고 있다면 그 사람은 아프면서도 병원을 못 가는 경우일 수 있다. 전기 사용량이 갑자기 줄었다면 에어컨도 못 틀 만큼 형편이 어려워졌을 수 있다. 데이터 하나하나는 숫자에 불과하다. 데이터가 겹쳐지면 이야기가 된다.

돌팔매를 말했다. 개인이 쥐는 무기. 데이터 이동권, AI, 내 채널, 이야기. 이제 무영등을 말한다. 사회가 켜는 눈. 여러 데이터가 여러 각도에서 비추어 그림자 속의 사람을 발견하는 것. 돌팔매는 개인이 던진다. 무영등은 사회가 켠다. 둘이 함께 있어야 골목의 불을 끌 수 있다.

이 빛은 정부만 켜야 하는가. 플랫폼은 왜 안 켜는가. 대형 이커머스는 수천만 명의 거래 데이터를 가지고 있다. 배달앱은 수십만 가게의 매출 데이터를 가지고 있다. 포털은 검색과 결제 데이터를 가지고 있다. 그들은 누가 위기에 처해 있는지 정부보다 먼저 알 수 있다. 무슨 가게의 매출이 3개월 연속 하락하고 있는지, 어떤 사장이 새벽 3시에도 앱에 접속해 있는지, 어느 지역의 폐업률이 급증하고 있는지. 데이터는 이미 있다. 문제는 그 데이터를 발견에 쓰느냐, 이익에만 쓰느냐다.

카카오데이터센터 화재 후 공지가 떴다. "피해를 입은 분은 신청해 주세요. 피해 사실을 증명해 주세요." 그러나 해당 플랫폼은 누가 피해자인지 이미 알고 있다. 피해신고센터를 만들어 왜 피해자에게 증명하라고 할까? 왜 플랫폼이 먼저 피해자를 발견해서 손을 내밀지 않는가? 플랫폼도 발견주의를 적용해야 한다. 데이터를 가진 자가 먼저 발견할 책임이 있다.

배달앱이 소상공인의 매출 하락을 먼저 감지하고 지원책을 제안할 수 있다. 결제 플랫폼이 자영업자의 현금흐름 악화를 먼저 발견하고 금융 상담을 연결할 수 있다. 이것은 선의가 아니다. 책임이다. 60일 정산 주기를 활용해 대출상품을 만든 것도 데이터가 만든 것이다. 데이터로 돈을 벌었다면 데이터로 위기도 발견해야 한다. 5G로 벌었으면 5G로 책임져야 한다. 왜 넷플릭스는 취향을 발견해주면서 배달 플랫폼은 위기를 발견해주지 않는가? 알고리즘이 취향은 분석하면서 왜 위기는 외면하는가?

플랫폼들이 이런 데이터를 이용해 디지털 전환을 고민하는 소상공인을 돕는 역할을 하는 플랫폼을 만들어야 한다. 상품화 지원도 하고 어떤 커머스 플랫폼에 입점할 것인지도 가이드해줘야 한다. 소상공인진흥공단이 운영하는 상권분석플랫폼의 디지털 시장 버전이라고 생각하면 된다. 각각의 플랫폼이 데이터를 독점하고 그것을 다시 되팔아서 수익을 낼 것이 아니라 정부를 중심으로 비식별데이터를 활용해서 지역과 소상공인의 상품화와 디지털 입점을 돕는 플랫폼을 만들어야 한다.

이것이 의지의 영역이다. 기술은 있다. 데이터도 있다. 결합하면 발견할 수 있다. 하지만 아직까지 플랫폼은 발견에 의지를 보이지 않는다. 이익에만 쓴다. 그래서 정부가 의지를 갖고 규칙을 만들어야 한다. 데이터를 가진 자에게 발견의 책임을 부여해야 한다. 현상이 가능성을 열었다면 의지가 그것을 의무로 만들어야 한다.

발견되는 사람들

40년 된 국밥집이 있다. 주인은 70대 할머니다. 새벽 4시에 일어나 사골을 우려내고, 점심 장사가 끝나면 오후 3시에 문을 닫는다. 스마트폰은 있지만 카카오톡 외에는 쓸 줄 모른다. 배달앱 입점이 뭔지, 소상공인 지원금이 뭔지 들어본 적 없다. 손님이 줄어도 어디에 하소연해야 하는지 모른다. 그냥 그런가 보다 하고 산다.

QR코드 결제 데이터를 분석했다. 매출이 급락한 가게들이 보였다. 그중 하나가 이 국밥집이었다. 구청 직원이 찾아갔다. "할머니, 요즘 장사 어떠세요?" 할머니는 눈물을 글썽였다. 누군가 그걸 물어본 게 처음이어서다. 직원은 말했다. "디지털 교육 프로그램이 있습니다. 원하시면 배달앱 입점도 도와드릴 수 있어요. 무료입니다." 할머니는 몰랐다. 그런 게 있는 줄. 신청하지 않았다. 신청할 줄 몰랐다. 그러던 중에 발견되었다.

전통시장에 30년 된 반찬가게가 있다. 주인 아주머니는 새벽마다 직접 나물을 다듬는다. 장사는 예전 같지 않다. 대형마트 반찬 코너에 손님을 뺏겼다. 그래도 버틴다. 어느 날 시장상인회에서 연락이 왔다. 아주머니 가게가 로컬푸드 납품 대상으로 선정됐다고. 학교 급식에 반찬을 납품할 수 있다고. 아주머니는 놀랐다. 나는 아무것도 안 했는데. 시에서 전통시장 데이터와 로컬푸드 수요를 겹쳐 봤단다. 아주머니 가게가 조건에 맞았다. 신청서를 쓴 적 없다. 컴퓨터 앞에 앉은 적 없다. 그래도 시스템이 먼저 찾아냈다. 이것이 발견 행정이다.

무영등은 수술대 위의 환자를 비추는 조명이다. 의사가 환자를 찾아가는 것이 아니라 이미 누워 있는 환자를 빠짐없이 비추는 것이다. 골목의 소상공인은 수술대 위의 환자와 같다. 아프다고 소리 지를 힘도 없다. 어디가 아픈지 설명할 수도 없다. 그래서 여러 빛이 필요하다. 여러 데이터가 여러 각도에서 비추면 그림자 속에 숨어 있던 사람이 보인다.

발견된다는 것은 존재를 인정받는 것과 같다. 40년 국밥집 할머니는 그날 처음으로 느꼈을 것이다. 누군가 나를 보고 있구나. 나는 혼자가 아니구나. 30년 반찬가게 아주머니는 그날 처음으로 알았을 것이다. 내가 반찬을 맛있게 열심히 만들면 시스템이 나를 찾아올 수도 있구나.

불이 났다. 키오스크 앞에서 돌아선 사람들. 수수료에 허덕이는 사장님들. 플랫폼에 휘둘리는 골목 상인들. 불평등의 불이었다. 그 불을 끄는 방법을 찾았다. 규칙을 바꾸면 된다. 눈에 보이는 불은 물로 끄고, 불평등의 불은 규칙으로 끈다. 개인에게 디지털 무기를 쥐여줬다. 대중기술이 무기가 되었다. 혼자서도 거인과 싸울 수 있게 되었다. 그러나 현상만으로는 모두에게 기회가 되지 않았다. 의지가 필요했다. 사회가 무영등을 켰다. 여러 데이터가 여러 각도에서 비추니 그림자가 사라졌다. 신청하지 않아도 발견되는 세상이 열렸다. 이것도 현상이다. 기술이 가능하게 한 것이다. 플랫폼에는 발견의 책임을 부여하는 규칙이 필요하다.

그 도구와 무영등만으로도 부족하다. 발견해도 실현할 힘이 없으면 소용없다. 소상공인의 존재를 발견했는데 지원할 예산이 없으면 어쩔 것인가. 위기 가구를 찾아냈는데 연결할 서비스가 없으면 어쩔 것인가. 발견은 시작일 뿐이다. 발견한 것을 현실로 만드는 힘이 필요하다. 그 힘은 어디서 오는가. 예산이다. 자원이다. 경제다. 이제 경제의 규칙을 본다. 낙수가 아니라 분수. 공급이 아니라 수요. 위에서 흘러내리기를 기다리지 않고, 아래에서 솟구쳐 오르는 힘. 정부가 디딤돌을 놓는 방법이다.

돌아보기

와서 증명하라는 낡은 규칙. 모르면 배제되는 신청주의. 하지만 데이터를 겹치면 1초 만에 발견할 수 있다. 무영등을 켜면 그림자가 사라진다. 발견되는 것, 그것이 존재를 인정받는 것이다.

→ 발견했다. 그러나 실현할 힘이 없으면 소용없다.
5장에서 국가의 규칙을 본다.

5 │ 국가의 규칙 : 공급에서 수요로

아이폰을 만든 것은
스티브 잡스인가, 정부인가.

아이폰의 진짜 아버지

2007년 1월, 샌프란시스코 맥월드 컨퍼런스. 검은 터틀넥을 입은 남자가
무대에 올랐다. 스티브 잡스였다. 그는 주머니에서 작은 기계를 꺼냈다.
"오늘 애플은 세 가지 제품을 발표합니다." 터치스크린 아이팟, 혁신적인
휴대전화, 그리고 인터넷 기기. 청중은 환호했다. 잡스가 웃었다. "이 세 가
지가 별개의 제품이 아닙니다. 하나의 제품입니다. 우리는 이것을 아이폰
이라고 부릅니다." 세상이 뒤집어졌다. 그날 이후 스마트폰 시대가 열렸고,
잡스는 21세기 최고의 혁신가로 불리게 되었다.

여기서 질문이 있다. 아이폰을 만든 건 정말 애플인가, 스티브 잡스인가.

아이폰 안에는 열두 가지 핵심 기술이 들어 있다. 그중 열한 가지의 출생
지를 추적해보면 이상한 곳이 나온다. 인터넷은 미국 국방부 산하 방위고
등연구계획국, 약칭 DARPA에서 태어났다. 1969년 아파넷이라는 이름으

로 시작된 이 네트워크가 오늘날 인터넷의 원형이다. GPS는 해군연구소에서 개발했다. 원래는 핵잠수함의 위치를 추적하기 위한 군사 기술이었다. 터치스크린은 CIA와 국립과학재단의 지원을 받아 연구되었다. 음성인식 기술 시리는 국방부 프로젝트에서 시작되었다. 리튬이온 배터리는 에너지부의 연구비로 개발되었다.

영국의 경제학자 마리아나 마추카토는 이 사실을 추적한 뒤 물었다. 혁신의 진짜 아버지는 누구인가. 잡스가 한 일은 무엇인가. 그녀의 답은 이랬다. "잡스는 천재적인 조립자였다. 정부가 수십 년간 막대한 세금을 들여 개발한 기술들을 아름답게 조합한 것이다."

씨앗을 뿌린 건 정부였다. 가장 큰 위험을 감수한 것도 정부였다. 아무도 가지 않는 길을 먼저 간 것도 정부였다. 마추카토는 이것을 기업가형 국가라고 불렀다. 정부는 뒤치다꺼리하는 청소부가 아니다. '국가가 곧 투자자'라는 이재명 정부의 기조처럼 시장이 형성되지 않은 골목의 디지털 인프라에 과감히 씨앗을 뿌려야 한다. 시장이 아직 존재하지 않는 곳에 먼저 가서 길을 내는 개척자다.

이 이야기가 600만 소상공인과 무슨 상관인가?

민간 기업은 돈이 되는 곳에만 간다. 골목상권의 디지털 전환, 전통시장의 데이터 구축, 영세 자영업자를 위한 AI 도구. 이런 곳에는 투자 수익이 보이지 않는다. 그래서 아무도 가지 않는다. 누군가 먼저 가야 한다. 길이 있어야 사람들이 따라온다 길이 없으면 아무리 좋은 기술도 골목까지 닿지 못한다 아이폰이 세상을 바꿨다고 말한다. 맞는 말이다. 그렇지만 아이폰을 가능하게 한 것은 수십 년간 묵묵히 씨앗을 뿌린 정부였다. 아무도 알아주지 않는 기초연구에 예산을 쏟아부은 정부였다. 실패해도 포기하지 않고 다시 투자한 정부였다. 잡스는 열매를 땄다. 그러나 나무를 심은 건 정부였다. 소상공인에게도 그런 정부가 필요하다. 골목에 씨앗을 뿌리는 정부. 아무도 가지 않는 길을 먼저 가는 정부. 시장을 만들어주는 정부.

공급에서 수요로

1803년, 프랑스의 경제학자 장바티스트 세이가 한 문장을 썼다. "공급은 스스로 수요를 창출한다." 물건을 만들면 팔린다는 뜻이다. 생산자가 물건을 만들면 그 과정에서 노동자에게 임금이 지급되며 임금을 받은 노동자가 물건을 사고, 그렇게 경제가 돌아간다. 단순하고 명쾌한 논리였다. 이것을 '세이의 법칙'이라 부른다.

이 법칙은 100년 넘게 경제학의 상식이 되었다. 정부가 할 일은 없었다. 생산만 늘리면 된다. 공장을 세우고, 기계를 돌려 물건을 찍어내면 경제는 알아서 성장한다.

1929년 10월 24일, 뉴욕 증권거래소가 무너졌다. '검은 목요일'이라 불리는 날이다. 주가가 폭락하고, 은행이 파산했으며, 공장이 문을 닫았다. 미국 실업률이 25%를 넘었다. 4명 중 1명이 일자리를 잃었다. 물건은 창고에 쌓여 있었다. 공장은 돌아갈 준비가 되어 있었다. 그런데 아무도 사지 않았다. 공급은 넘쳐났지만 수요가 없었다. 세이의 법칙이 틀렸다. 공급이 수요를 만들지 못했다. 대공황이었다.

1936년, 영국의 경제학자 존 메이너드 케인즈는 고용, 이자 및 화폐의 일반이론에서 세이의 법칙을 정면으로 반박했다. 공급이 수요를 만드는 것이 아니라 수요가 공급을 이끈다. 사람들이 물건을 사야 공장이 돌아간다. 그렇지만 불황기에는 아무도 사지 않는다. 불안하니까 지갑을 닫는다.

지갑을 닫으니 물건이 안 팔린다. 물건이 안 팔리니 공장이 멈춘다. 공장이 멈추니 실업자가 늘어난다. 실업자가 늘어나니 더 불안해진다. 악순환이다. 누군가 이 고리를 끊어야 한다. 케인즈는 말했다. "정부가 나서야 한다." 아무도 돈을 쓰지 않을 때 정부가 돈을 써야 한다. 도로를 만들고, 다리를 놓고, 학교를 짓고, 사람을 고용해야 한다. 정부가 수요를 만들어야 한다. 이것을 '유효수요 이론'이라 부른다.

케인즈의 처방은 효과가 있었다. 미국의 루스벨트 대통령은 뉴딜 정책을 펼쳤다. 정부가 대규모 토목 사업을 벌이고, 실업자를 고용하고, 경제를 살렸다. 2차 세계대전 이후 서방 국가들은 케인즈주의를 채택했다. 정부가 적극적으로 경제에 개입하고, 복지를 확대하며 완전고용을 추구했다. 30년간 황금기가 이어졌다.

1980년대에 바람이 바뀌었다. 미국의 레이건, 영국의 대처가 등장했다. 그들은 말했다. "정부가 문제다." 정부가 너무 커졌다. 세금이 너무 높다. 규제가 너무 많다. 시장에 맡겨라. 기업에 자유를 줘라. 부자에게 세금을 깎아주면 그 돈이 투자가 되고, 투자가 일자리를 만들고, 일자리가 소득을 창출하며 소득이 소비를 일으킨다. 위에서 아래로 물이 흐르듯 부가 흘러내린다. 낙수효과라 불렀다. 신자유주의 시대가 열렸다. 세이의 법칙이 부활한 것이다. 공급을 늘리면 수요가 따라온다. 대기업을 키우면 중소기업이 살고, 중소기업이 살면 골목이 산다.

40년이 지났다. 낙수는 흘러내렸는가. 2015년 IMF국제통화기금가 전 세계 데이터를 분석했다. 결과는 충격적이었다. 상위 20%의 소득이 1% 늘어나면 경제성장률이 0.08% 떨어졌다. 반대로 하위 20%의 소득이 1% 늘어나면 경제성장률이 0.38% 올라갔다. 부자에게 돈을 줘도 경제가 성장하지 않는다. 서민에게 돈을 줘야 경제가 성장한다. 효과의 차이가 4.75배였다. 미국의 경제학자 존 케네스 갤브레이스는 일찌감치 비꼬았다. 낙수효과란 '말에게 귀리를 왕창 먹이면 길바닥에 떨어진 것을 참새가 주워 먹을 수 있다'는 이론이다. 우리는 40년간 말에게 귀리를 먹였다. 참새에게 돌아온 것은 귀리가 아니었다. 말똥이었다.

분수효과라는 말이 있다. 낙수의 반대다. 물을 위에서 떨어뜨리는 것이 아니라 아래에서 솟구치게 하는 것이다. 분수는 가장 낮은 곳에서 시작해서 위로 솟는다. 솟아오른 물이 사방으로 퍼지며 주변을 적신다. 서민의 소득이 늘면 그들은 저축하지 않는다. 바로 쓴다. 밀린 월세를 내고, 아이 학원비를 내고, 오랜만에 외식을 한다. 그 돈이 집주인에게, 학원 선생에게, 식당 주인에게 간다. 골목에서 돈이 돌기 시작한다. 경제학자들은 이것을 한계소비성향이라 부른다. 1억 원을 버는 사람에게 100만 원을 더 주면 그는 저축한다. 200만 원을 버는 사람에게 100만 원을 더 주면 그는 쓴다. 같은 돈이 다른 효과를 낸다.

이것이 현상이다. 낙수효과가 작동하지 않는다는 것은 데이터로 증명되었다. 분수효과가 더 효과적이라는 것도 확인되었다. IMF가 인정했다. 세계은행도 인정했다. 그러나 현상만으로는 정책이 바뀌지 않는다. 40년간 굳어진 관성이 있다. 대기업 중심, 공급 중심, 낙수 중심의 관성. 현상이 바뀌었음에도 정책은 여전히 옛 규칙을 따른다. 의지가 필요하다. 규칙을 바꾸겠다는 의지.

세 나라의 실험

미국 캘리포니아주 샌디에이고에 퀄컴이라는 회사가 있다. 스마트폰 반도체의 강자다. 이 회사의 시작이 어디인지 아는 사람은 많지 않다. 1985년 MIT 교수 출신 어윈 제이콥스가 창업했을 때 퀄컴은 직원 7명의 작은 회사였다.

아무도 거들떠보지 않았다. 그런데 미국 정부가 손을 내밀었다. SBIR이라는 프로그램이었다. 중소기업 혁신연구, 영어로 Small Business Innovation Research. 연방정부가 중소기업에 연구개발비를 주는 제도다. 조건이 있다. 정부가 필요로 하는 기술을 개발하면 정부가 사준다. 퀄컴은 SBIR 자금을 받아 무선통신 기술을 개발했다. 정부가 첫 번째 고객이 되어준 것이다. 그 기술이 CDMA가 되었고, 퀄컴은 세계적 기업이 되었다.

미국 연방정부가 1980년대 초 도입한 SBIR 프로그램은 정부가 정답을 아는 존재라는 오만을 내려놓는 데서 출발했다는 점에서 전형적인 발견주의 정책이다. 중소기업과 스타트업에게 소액의 연구개발 자금을 널리 뿌리고, 결과를 미리 가늠하지 않은 채 실패를 전제한 실험을 제도화했다는 점이 핵심이다. 이재명 정부의 창업중심국가도 이런 방향을 지향한다.

미국은 연방정부 조달의 23%를 중소기업에 의무 할당한다. 1953년 제정된 중소기업법에 따른 것이다. 70년 된 법이다. 2022년 바이든 행정부는 바이 아메리칸 정책을 강화했다. 연방정부가 구매하는 제품의 미국산 비율을 75%까지 높이겠다고 선언했다. 인플레이션감축법IRA을 통해 전기차 배터리, 태양광 패널 같은 친환경 제품에 막대한 보조금을 쏟아부었다. 조건이 있다. 미국에서 만들어야 한다, 미국 기업에서 사야 한다. 정부가 시장을 만들고 있다.

중국은 더 노골적이다. 2020년 시진핑 주석이 쌍순환 전략을 발표했다. 수출에 의존하던 경제를 내수 중심으로 바꾸겠다는 것이다. 14억 인구가 곧

시장이다. 중국정부는 농촌 지역에 전자상거래 인프라를 깔았다. 물류 창고를 짓고, 배송망을 구축하고, 농민들이 온라인으로 물건을 팔 수 있게 했다. 타오바오 촌이라 불리는 전자상거래 특화 마을이 전국에 7,000개가 넘는다. 정부가 판을 깔아준 것이다. 시장이 없던 곳에 시장을 만들었다.

영국 북서부에 프레스턴이라는 도시가 있다. 인구 14만 명의 작은 도시다. 한때 면직물 산업으로 번성했지만 공장이 떠나고 일자리가 사라졌다. 2011년, 영국에서 가장 가난한 도시 중 하나로 꼽혔다. 이 도시가 실험을 시작했다. 시의회가 결정했다. 공공조달의 방향을 바꾸자. 지금까지는 가장 싼 곳에서 샀다. 런던 대기업, 중국 공장. 값은 쌌지만 돈이 도시 밖으로 빠져나갔다. 이제는 다르게 하자. 조금 비싸더라도 프레스턴 안에서 사자. 지역 농장에서 식재료를 사고, 지역 업체에서 청소 용역을 맡기고, 지역 건설사에 공사를 주자. 2013년 프레스턴 시의회와 지역 공공기관들은 조달 예산의 5%만 지역에서 썼다. 2017년에는 18%로 늘었다. 목표는 70%였다. 결과가 나타났다. 지역 내 일자리가 늘었다. 상점가에 활기가 돌았다. 2018년 프레스턴은 영국에서 가장 살기 좋은 도시 중 하나로 선정되었다. 프레스턴 모델이라 불리며 전 세계의 주목을 받았다.

영국은 2012년 사회적가치법을 제정했다. 공공조달에서 가격만 보지 말고 사회적 가치를 함께 보라는 법이다. 지역 고용을 얼마나 창출하는가. 환경에 얼마나 기여하는가. 소수자 기업을 얼마나 지원하는가. 이런 것들이 입찰평가에 반영된다. 가장 싸게 파는 곳이 아니라 가장 큰 가치를 만드는 곳이 낙찰을 받는다.

이것이 의지다. 미국, 중국, 영국. 세 나라가 서로 다른 방식으로 같은 방향을 향하고 있다. 정부가 첫 번째 고객이 되어주는 것. 시장이 없는 곳에 시장을 만들어주는 것. 낙수를 기다리지 않고 분수를 트는 것. 현상은 낙수효과가 작동하지 않는다고 말한다. 의지는 분수효과를 선택한다. 규칙을 바꾸는 것이다.

규칙을 바꾼 자

다윗과 골리앗 이야기를 다시 읽어보자. 골리앗은 블레셋 군대의 챔피언이었다. 키가 6규빗 한 뼘, 약 2미터 90센티미터. 청동 투구를 쓰고, 비늘 갑옷을 입고, 청동 각반을 찼다. 손에는 창이 들려 있었다. 창대가 베틀 채만 했다고 성경은 기록한다. 골리앗은 이스라엘 진영을 향해 외쳤다. "너희 중에 한 명을 보내라. 나와 싸워서 이기면 우리가 너희 종이 되겠다. 지면 너희가 우리 종이 된다." 40일 동안 아무도 나서지 않았다.

다윗은 양치기 소년이었다. 형들에게 음식을 가져다주러 전장에 왔다가 골리앗의 외침을 들었다. 그가 나서겠다고 했을 때 사울 왕은 말렸다. "너는 어리고, 그는 어릴 때부터 전쟁터에서 자란 자다." 다윗은 대답했다. "제가 양을 칠 때 사자와 곰이 양을 물어가면 쫓아가서 쳐죽였습니다." 사울 왕은 자신의 갑옷을 다윗에게 입혔다. 다윗은 입어보고는 벗었다. 익숙하지 않아 걸을 수가 없었다. 그는 개울에서 매끈한 돌 다섯 개를 주웠다. 돌팔매와 막대기만 들고 골리앗 앞에 섰다.

골리앗은 웃었다. "내가 개냐, 막대기를 들고 오느냐?" 그는 다윗을 저주하며 다가왔다. 가까이 와서 칼로 베려 했을 것이다. 그것이 골리앗이 아는 싸움이었다. 근접전. 칼과 창으로 맞붙는 싸움. 그 규칙대로라면 다윗은 죽었다. 그러나 다윗은 달려가면서 돌팔매를 돌렸다. 돌이 날아가 골리앗의 이마에 박혔다. 거인이 쓰러졌다.

다윗은 왜 이겼는가? 힘이 세서가 아니다. 용감해서도 아니다. 규칙을 바꿨기 때문이다. 골리앗의 규칙은 근접전이었다. 갑옷을 입고, 칼을 들고, 힘으로 밀어붙이는 싸움. 그 규칙 안에서는 다윗이 이길 방법이 없었다. 다윗은 규칙을 바꿨다. 원거리전을 선택했다. 돌팔매는 골리앗의 규칙에 없는 무기였다. 규칙을 바꾼 자가 이겼다.

2024년 3월 7일, EU가 규칙을 바꿨다. 디지털시장법DMA이 전면 시행되었다. 게이트키퍼로 지정된 기업은 6개. 알파벳구글, 아마존, 애플, 메타, 마이크로소프트, 바이트댄스. 이들에게 새로운 규칙이 적용되었다. 자사 서비스를 우대하면 안 된다. 외부 앱스토어를 허용해야 한다. 이용자 동의 없이 개인정보를 광고에 활용하면 안 된다. 위반하면 전 세계 연 매출의 10%가 과징금으로 부과된다. 반복 위반 시 20%까지 올라간다.

구글이 변했다. DMA 시행 전, 구글에서 항공편을 검색하면 구글 플라이트가 가장 위에 떴다. 자사 서비스 우대였다. DMA 시행 후, 구글은 구글 플라이트 우선 노출을 폐지했다. 대신 항공편 검색 사이트 목록을 보여준다. 스카이스캐너, 카약, 트립어드바이저가 구글 플라이트와 동등하게 노출된다. 규칙이 바뀌자 거인의 행동이 바뀌었다.

이것이 의지다. EU는 현상을 인정했다. 플랫폼이 시장을 지배하고 있다. 자사 서비스를 우대하고 있다. 데이터를 독점하고 있다. 현상만으로는 바뀌지 않는다. 규칙을 만들어야 한다. EU는 DMA를 만들었다. 위반하면 매출의 10%를 물린다. 구글이 움직였다. 의지가 규칙을 만들고, 규칙이 현상을 바꿨다.

한국에서도 논쟁이 진행 중이다. 플랫폼 공정경쟁촉진법. EU의 DMA를 참고한 법안이다. 찬성 측은 말한다. 플랫폼의 횡포를 막아야 한다. 자사 우대, 데이터 독점, 불공정 계약. 규칙이 없으면 골리앗만 이긴다. 반대 측은 말한다. 한국 상황은 EU와 다르다. EU는 미국 빅테크를 규제하는 것이지만, 한국은 네이버와 카카오를 규제하게 된다. 자국 기업을 옥죄면 글로벌 경쟁에서 뒤처진다.

규칙을 누구를 위해 만들 것인가. 대기업을 위해서인가, 소상공인을 위해서인가. 플랫폼을 위해서인가, 플랫폼 위에서 장사하는 사람들을 위해서인가. 골리앗의 규칙을 유지할 것인가, 다윗의 규칙을 만들 것인가. 이것이 의지의 문제다.

누가 규칙을 정하는가. 골목에서 벌어지는 싸움에서 규칙을 정하는 자는 누구인가.

스마트오더를 보자. 요즘 식당에 가면 테이블에 태블릿이 놓여 있다. 키오스크가 입구에 서 있다. 손님이 직접 주문하고 결제한다. 인건비를 줄이는 방법이라고 한다. 그런데 이 태블릿 한 대에 월 2만 원에서 5만 원의 임대료가 나간다. 키오스크는 설치비만 수백만 원이다. 대형 프랜차이즈는 감당할 수 있다. 골목 식당은 버겁다. 정부 보조금이 있지만 일시적이다.

QR코드 방식이 있다. 테이블에 QR코드 스티커 하나만 붙이면 된다. 손님이 자기 스마트폰으로 찍고 주문한다. 초기 비용이 거의 없다. 한 달에 몇천 원이면 된다. 태블릿의 10분의 1도 안 되는 비용이다. 중국이나 동남아는 QR이 표준이다. 주문에서 결제까지 QR로 한다. 불편함이 없다.

이 방식은 왜 널리 알려지지 않았는가. 왜 정부와 지자체의 스마트상점 지원사업은 태블릿과 키오스크 중심으로 설계되어 있는가. 왜 QR 방식은 선택지에서 빠져 있는가.

규칙이 골리앗에게 유리하게 짜여 있기 때문이다. 태블릿 제조사, 키오스크 공급업체, 대형 결제 플랫폼. 그들이 규칙을 만드는 테이블에 앉아 있다. 골목 식당 사장님은 앉아 있지 않다. 그래서 자본이 많은 쪽에 유리한 표준이 만들어진다. 기울어진 운동장이다.

정부가 이 기울어진 운동장을 바로잡아야 한다. QR 방식도 표준으로 인정하고, 소상공인에게 안내해서 선택할 수 있게 해줘야 한다. 그것을 하지 않는 것은 직무유기다.

경쟁의 규칙은 공공이 설계한다. 어떤 기술을 표준으로 삼을 것인가. 어떤 방식을 인정할 것인가. 어떤 조건을 붙일 것인가. 이 결정을 내리는 것이 정부의 역할이다. 규칙을 정할 때 누구의 눈높이에서 정할 것인가. 골리앗의 키에 맞출 것인가, 다윗의 키에 맞출 것인가. 대기업이 감당할 수 있는 수준에 맞출 것인가, 골목 상인이 감당할 수 있는 수준에 맞출 것인가. 정부가 다윗 편에 서야 한다. 다윗이 싸울 수 있는 규칙을 만들어야 한다. 그래야 골목이 산다.

다윗의 디딤돌

야구장에 세 사람이 서 있다. 담장 너머로 경기를 보려 한다. 키 큰 사람, 중간인 사람, 키 작은 사람. 담장 높이는 똑같다. 키 큰 사람은 잘 보인다. 중간인 사람은 까치발을 들면 보인다. 키 작은 사람은 아무리 뛰어도 안 보인다.

누군가 상자 세 개를 가져왔다. 공정하게 나누자. 한 사람에게 하나씩. 키 큰 사람은 상자 위에 올라서니 더 잘 보인다. 중간인 사람도 이제 편하게 본다. 키 작은 사람은 상자 위에 올라서도 여전히 안 보인다. 담장은 아직도 높다.

똑같이 나눠줬는데 왜 결과가 다른가.

공평하게 나눠보자. 키 큰 사람에게는 상자가 필요 없다. 중간인 사람에게 하나, 키 작은 사람에게 두 개를 준다. 이제 세 사람 모두 경기를 본다. 받은 것은 다르다. 그러나 결과는 같다. 모두가 볼 수 있다.

공정과 공평은 다르다. 공정은 똑같이 주는 것이다. 공평은 결과가 같아지도록 주는 것이다. 공정은 출발선을 맞춘다. 공평은 도착선을 맞춘다. 우리는 오랫동안 공정을 외쳐왔다. 기회의 평등. 같은 조건. 같은 규칙. 그러나 출발선이 같아도 다리 길이가 다르면 도착 시간이 다르다. 출발선의 공정만으로는 부족하다. 도착선의 공평이 필요하다.

소상공인에게 정부는 어떤 존재여야 하는가. 똑같은 지원금을 주는 존재인가. 똑같은 교육을 제공하는 존재인가. 그것이 공정이다. 하지만 공정만으로는 담장 너머를 볼 수 없는 사람이 생긴다. 키오스크를 살 돈이 없는 사장님. 스마트폰 앱을 다룰 줄 모르는 어르신. 서류 쓰는 법을 모르는 상인. 그들에게는 상자가 두 개 필요하다. 아니, 어쩌면 세 개가 필요하다. 그들이 담장 너머를 볼 수 있을 때까지.

2025년 정부는 데이터 바우처 사업에 207억 원을 투입했다. 460건을 지원했다. 소상공인 전용 데이터 트랙도 신설되었다. 데이터를 살 돈이 없는 소상공인에게 바우처를 주어 데이터를 활용할 수 있게 한 것이다. 작은 시작이지만 방향은 맞다. 현상이 만들어낸 도구를 모두가 쓸 수 있도록 의지가 디딤돌을 놓은 것이다.

디딤돌. 개울을 건널 때 놓는 돌이다. 물이 깊은 곳에는 큰 돌을 놓는다. 물이 얕은 곳에는 작은 돌을 놓는다. 건너는 사람의 상황에 맞게 놓는다. 디딤돌이 없으면 헤엄을 쳐야 한다. 헤엄을 칠 줄 아는 사람은 건넌다. 헤엄을 칠 줄 모르면 건너갈 수 없다. 디딤돌이 있으면 누구나 건넌다. 헤엄을 못 쳐도 건넌다. 아이도, 노인도, 짐을 진 사람도 건넌다. 정부가 놓아야 할 것이 이 디딤돌이다.

불이 났다. 키오스크 앞에서 돌아선 사람들. 수수료에 허덕이는 사장님들. 플랫폼에 휘둘리는 골목 상인들. 불평등의 불이었다. 그 불을 끄는 방법을 찾았다. 규칙을 바꾸면 된다. 눈에 보이는 불은 물로 끄고, 불평등의 불은 규칙으로 끈다.

돌팔매는 개인이 던진다. 무영등은 사회가 켠다. 디딤돌은 정부가 놓는다. 세 개의 도구가 모였다. 현상은 도구를 민주화했다. 데이터는 결합 가능해졌다.

그러나 현상만으로는 모두에게 기회가 되지 않는다. 현상은 강자에게 먼저 유리하게 작동한다. 의지가 필요하다. 데이터 이동권을 법으로 만드는 의지. 플랫폼에 발견 책임을 부여하는 의지. 다윗 편에 서는 규칙을 설계하는 의지.

600만 소상공인이 담장 너머를 볼 수 있게 되었다. 개울을 건널 수 있게 되었다. 거인 앞에 설 수 있게 되었다. 이것이 1부에서 세운 뜻이다. 현상이 가능성을 열었다. 의지가 그것을 모두의 것으로 만든다.

2부에서는 그 뜻이 땀이 되는 현장으로 간다.

돌아보기

아이폰의 진짜 아버지는 정부였다. 씨앗을 뿌리고, 위험을 감수하고, 길을 낸 것은 정부였다. 돌팔매는 개인이 던지고, 무영등은 사회가 켜고, 디딤돌은 정부가 놓는다. 세 도구가 모였다.

→ 뜻을 세웠다. 이제 땀의 현장으로 간다. 2부에서 15년의 시간을 따라간다.

제2부 : 땀汗

'했다'는 것으로 '하겠다'는 것을 증거하겠습니다

서울의 심야버스, 소상공인 디지털 경제 백신 '하이파이브', 광주의 수요 혁신 '지산D소'까지. 저자가 현장에서 실천한 행정의 기록이다. 기술을 약자의 무기로 삼으려 했던 치열한 시도와 성과를 다루되 제도적 한계로 인한 미완의 과제와 플랫폼 독점의 그늘을 '징비록'으로 냉철히 회고하며, AI 시대의 골목 주권을 위한 새로운 대안을 모색한다.

6 | 서울(특별시) :
새로운 연결, 다른 경험

2011~2017, 디지털보좌관

디지털은 서울을 위해 무엇을 할 수 있을까.

미생의 시대, 을의 목소리

2014년 가을, 금요일 밤마다 거리가 조용해졌다.

tvN 드라마 〈미생〉. 장그래. 고졸 인턴. 바둑밖에 모르는 스물여섯 살. 종합상사 영업3팀에 던져져서 복사기 앞에서 쩔쩔매고, 회의실 문 앞에서 머뭇거리고, 엘리베이터에서 눈을 피한다. 아무도 그의 이름을 부르지 않는다. 그저 '인턴'이다.

시청률보다 뜨거웠던 것은 퇴근길 지하철 풍경이었다. 스마트폰으로 〈미생〉을 보다가 우는 사람들이 있었다. "저게 나야." 맥주집에 모인 직장인들이 말했다. "저거 우리 회사 이야기 아니야?" 트위터에 자신의 '미생'未生 경험담이 쏟아졌다. 드라마가 아니라 다큐멘터리처럼 보였던 것이다. 10년이 지난 지금, JTBC 드라마 〈김부장 이야기〉가 다시 공감을 얻는 것을 보면 그 시대는 아직 끝나지 않았다.

왜 그랬을까. 그해 봄, 세월호. 304명의 목숨. "가만히 있으라"는 방송을 끝까지 믿었던 아이들. 구조의 손길은 미치지 않았다. 시스템은 작동하지 않았다. 아무도 책임지지 않았다. 그해 여름, 청년 실업률이 사상 최고치를 찍었다. 그해 가을, 비정규직 비율이 전체 노동자의 3분의 1을 넘었다. '을'. 그 한 글자가 시대를 설명했다.

장그래는 그 시대의 초상이었다. 대기업이라는 거대한 기계 앞에서 버둥거리는 개인. 시스템 앞에서 무력한 을. 사람들은 장그래에게서 자기 자신을 보았다.

그해 나는 서울시 보좌관 4년 차였다.

현장을 돌았다. 경로당에서 만난 70대 할머니가 말했다. "기초연금 신청하러 구청 갔다가 서류 빠져서 돌아왔어. 버스 두 번 갈아타야 하는데 무릎이 아파서 다시 갈 엄두가 안 나." 자영업자 김 사장이 말했다. "불법 주정차 신고했는데 어떻게 처리됐는지 알 수가 없어요. 전화하면 담당자가 바뀌어 있어요." 대학생 박 군이 말했다. "청년 주거 지원이 있다는데, 제가 해당되는지 안 되는지 모르겠어요. 물어볼 데가 없어요."

시민과 행정 사이에도 보이지 않는 벽이 있었다. 전자정부 세계 1위. 화려한 정부 홈페이지. 완벽해 보이는 민원 시스템. 하지만 할머니는 여전히 버스를 두 번 갈아타야 했고, 김 사장은 여전히 답을 듣지 못했고, 박 군은 여전히 혼자였다.

장그래에게는 적어도 오 과장이 있었다. "장그래, 괜찮아?" 한마디 건네는 사람이 있었다. 행정 앞에 선 시민들에게는 그마저도 없었다.

미생未生, 바둑 용어다. 아직 살지도 죽지도 않은 돌. 완생完生이 되려면 한 수가 더 필요하다. 그 한 수를 누가 둘 것인가. 장그래는 스스로 한 수를 찾아야 했다.

그렇다면 행정 앞에 선 시민의 한 수는 누가 돼야 하는가.

나는 그해 겨울, 질문을 품었다. 기술은 누구의 편인가. 시스템 앞에서 무력한 사람들을 기술이 구해낼 수 있는가. 전자정부 1위라는 타이틀 뒤에 남겨진 사람들에게 디지털은 서울을 위해 무엇을 할 수 있을까?

성장의 도구인가, 문제 해결의 도구인가

그 무렵, 한국은 자신감에 차 있었다.

UN 전자정부 발전지수 세계 1위. 2010년부터 정상을 놓치지 않았다. 해외 공무원들이 한국을 배우러 왔다. "어떻게 이렇게 빨리 전산화했습니까?" 우리는 어깨를 펴며 대답했다. 인터넷 강국. IT 코리아. 세계 최초 CDMA 상용화. 세계 최초 DMB 서비스. 우리는 늘 세계 최초였고, 세계 1위였다.

싸이의 '강남스타일'이 유튜브를 뒤집던 2012년, 한국은 디지털의 정점에 서 있는 것처럼 보였다. 삼성 스마트폰이 세계를 석권했다. 카카오톡이 문자를 대신했다. 4G LTE 속도 경쟁이 치열했다. 더 빠르게. 더 많이. 더 크게. 모든 지표가 성장을 향해 치솟았다.

나는 스스로에게 물었다. 시스템은 1등인데, 시민의 삶도 1등으로 달라졌는가.

2014년, 대서양 건너편에서 낯선 보고서가 도착했다. EU의 혁신재단 네스타Nesta가 발표한 '디지털 사회 혁신'. 서문의 첫 문장이 인상적이었다. "막대한 공적 자금이 기업의 디지털 혁신을 지원했습니다. 군사와 정보 분야에도 마찬가지였습니다. 하지만 사회문제를 해결하기 위해 디지털 기술을 활용하는 혁신에 대한 체계적 지원은 훨씬 적었습니다."

우리가 묻지 않았던 질문이었다. 구글, 아마존, 삼성, 네이버. 디지털 혁신이라 하면 으레 이런 이름들이 떠올랐다. 시가총액. 사용자 수. 다운로드 횟수. 기술은 성장의 도구였다. 그런데 EU는 전혀 다른 곳을 보고 있었다. 건강, 교육, 민주주의, 환경, 고령화. 시장이 풀지 못하고 정부조차 버거워하는 문제들. 기술이 그 문제를 풀 수 있지 않을까. 돈을 버는 기술이 아니라, 사람의 삶을 바꾸는 기술.

나는 그 질문을 들고 현장으로 갔다.

행정은 '신청주의'로 작동하고 있었다. 민원을 넣어야 처리하고, 지원을 신청해야 복지를 준다. 신청하지 않으면 존재하지 않는 것으로 간주됐다. 종이 서류가 PDF가 됐을 뿐 방식은 그대로였다.

문제는 정작 도움이 필요한 사람들에게는 신청할 여유조차 없다는 데 있었다. 새벽까지 일하는 편의점 알바생이 구청 업무 시간에 서류를 내러 갈 수 있을까. 하루 벌어 하루 사는 일용직 노동자가 복지포털 회원 가입을 할 수 있을까. 가장 절박한 사람들이 가장 먼저 그물 밖으로 빠졌다.

골목도 흔들리고 있었다. 2010년, 배달통이 등장했다. 2011년, 배달의민족이 생겼다. 스마트폰으로 음식을 주문하는 시대가 열렸다. 처음엔 신기해했다. "앱으로 짜장면을 시켜?"

3년 뒤, 웃던 사람들이 불안해하기 시작했다. 손님들은 가게 앞을 그냥 지나쳤다. 스마트폰만 들여다보며 걸어갔다. 검색하고, 비교하고, 리뷰를 읽고, 최저가를 찾았다. 동네 가게는 대형 플랫폼의 쇼룸이 되어 갔다.

연결의 격차도 벌어지고 있었다. 스마트폰은 있어도 데이터 요금이 부담이었다. 월 3만 원짜리 요금제를 써도 월말이면 바닥났다. 카페에 들어가면 제일 먼저 하는 말이 "와이파이 비밀번호가 뭐예요?"였다. 청년에게 데이터는 이력서를 보내는 생명줄이었다. 노인에게 인터넷은 병원 예약의 유일한 창구였다.

연결은 돈이 있어야 가능한 것이었다. 연결되지 못하면 세상에서 떨어져 나갔다. 접속의 격차가 현실의 불평등을 만들고 있었다.

우리는 IT 강국이었다. 초고속 인터넷 세계 1위. 스마트폰 보급률 세계 1위. 전자정부 세계 1위. 하지만 그 화려한 숫자들 뒤에서 할머니는 여전히 구청까지 버스를 두 번 갈아타야 했고, 골목 사장님은 스마트폰이 두려웠고, 고시원 청년은 월말마다 데이터가 끊겼다.

기술은 성장의 도구였다. 문제 해결의 도구는 아니었다.

EU의 질문이 머릿속을 떠나지 않았다. 디지털이 시가총액을 높이기보다 버스를 두 번 갈아타는 할머니의 무릎을 쉽게 할 수는 없을까. 스마트폰이 골목 사장님의 무기가 될 수는 없을까. 연결이 돈 있는 사람만의 특권을 벗어나 모든 사람의 권리가 될 수는 없을까.

질문을 바꿔야 했다. '디지털로 행정을 얼마나 효율화할 것인가'가 아니라 '디지털로 시민의 삶을 어떻게 바꿀 것인가'를 물어야 했다.

10만 명의 목소리: 디지로그의 역설

2011년, 세상이 들끓고 있었다.

튀니지의 한 청년이 분신했다. 그 불꽃이 이집트를 태웠고, 리비아를 태웠고, 시리아를 태웠다. 아랍의 봄. 수십 년 독재자들이 무너졌다. 탱크가 아니었다. 총이 아니었다. 트위터였다. 사람들은 140자로 광장에 모였고, 140자로 혁명을 만들었다. CNN보다 트위터가 빨랐다. 기자들이 트위터를 보고 기사를 썼다. 세상이 뒤집어지고 있었다.

같은 해, 한국에서는 〈나는 꼼수다〉가 터졌다. 4명의 남자가 마이크 앞에 앉아 떠드는 팟캐스트. 방송국도 아니고, 신문사도 아니고, 그냥 인터넷 오디오였다. 그런데 다운로드 수가 수백만을 찍었다. 출퇴근 지하철에서 이어폰을 꽂은 사람들이 웃다가, 화내다가, 고개를 끄덕였다. 사람들이 묻기 시작했다.

"왜 우리는 이런 이야기를 방송에서 듣지 못했을까?"

"왜 아무도 우리에게 묻지 않았을까?"

소통. 그 단어가 시대를 뒤덮었다. 정치인들이 트위터 계정을 만들었다. 기업들이 SNS 팀을 꾸렸다. 소통 전문가, 소통 컨설턴트, 소통 교육. 모두가 소통을 말했다. 그런데 정작 묻는 사람은 드물었다. 말하는 사람은 넘쳤지만, 듣는 사람은 없었다.

나는 '청책'聽策이라는 말을 만들었다. 정책政策의 '정'을 '청'으로 바꿨다. 듣는 것이 정책이다. 소통의 핵심은 말하기가 아니라 경청이다. 트위터에서 140자를 쏟아내는 것이 소통이 아니다. 먼저 귀를 여는 것이 소통이다.

질문을 바꾸면 방법도 바뀌어야 했다. 가장 디지털적인 계획을 세우기 위해 가장 아날로그적인 방법을 틱했다. 직접 만나고, 직접 듣고, 직접 물었다. 180일 간의 여정이 시작됐다.

설문조사. 온라인 투표. 민원 데이터 분석. 아이디어 공모전. 시민 공청회. 전문가 워크숍. 온라인과 오프라인을 가리지 않았다. 키보드를 두드리는 손도 의견이었고, 회의실에서 마주 앉은 얼굴도 의견이었고, 전통시장 골목에서 붙잡은 손도 의견이있다.

이어령 선생은 이런 융합을 '디지로그'라 불렀다. 디지털과 아날로그의 결합. 0과 1의 차가운 세계와 손끝의 온기가 느껴지는 따뜻한 세계가 만나는 지점. 가장 첨단의 계획을 가장 원초적인 방식으로 만든다는 역설.

10만 명의 시민을 만났다. 흩어져 있던 목소리들이 네 개의 질문으로 모였다.

시민과 어떻게 소통할 것인가. 시청이 너무 멀다, 내 민원이 어디로 갔는지 모르겠다, 정책이 왜 이렇게 됐는지 아무도 설명해주지 않는다. 닫힌 문을 열어달라는 요청이었다.

보이지 않는 사람들을 어떻게 발견할 것인가. 심야에 일하는데 버스가 없다, 혼자 사는데 아무도 찾아오지 않는다, 도움이 필요한데 어디에 말해야 하는지 모르겠다. 신청하지 못하는 사람들을 먼저 찾아달라는 호소였다.

골목을 어떻게 살릴 것인가. 대형마트에 밀린다, 인터넷에 치인다, 디지털이 밥그릇을 뺏어간다. 기술이 공포가 아니라 무기가 되게 해달라는 바람이었다.

모든 시민이 연결될 수 있는가. 데이터 요금이 부담이다, 스마트폰은 있는데 쓸 줄 모르겠다, 나만 뒤처지는 것 같다. 연결에서 소외되지 않게 해달라는 목소리였다.

네 개의 질문이 네 개의 기둥이 됐다. 소셜특별시. 디지털 사회 혁신. 디지노믹스. 글로벌 디지털 리더. 이름은 거창했지만 뿌리는 단순했다. 시민의 입에서 나온 말들이었다. 회의실에서 짜낸 전략이 아니었다.

계획의 주인공도 바꿨다. 시장도, 공무원도 아닌 가상의 시민 '서울 씨'를 만들었다. 종암동에 사는 45세 워킹맘. 아침에 스마트폰으로 아이 등교 알림을 받고, 출근길에 모바일로 시 정책에 투표하고, 퇴근길에 빅데이터가 알려주는 버스를 타고, 저녁에 동네시장에서 카톡으로 예약한 반찬을 찾는다. 딱딱한 시스템 구축 계획서 대신 서울 씨의 하루를 그렸다. 기술이 아니라 경험을 설계했다.

기본계획의 핵심 문장을 정할 때 '디지털로 행복한 서울'이 유력했다. 우리는 그것을 선택하지 않았다. 행복은 시민이 느끼는 것이지, 행정이 선언하는 것이 아니다. '새로운 연결, 다른 경험'. 행정은 연결할 뿐 그 위에서 무엇을 느낄지는 시민의 몫이다.

'아랍의 봄'이 트위터로 혁명을 만들 때 우리는 서울에서 더 조용한 질문을 던지고 있었다. 기술이 독재자를 무너뜨릴 수 있다면 시민과 행정 사이의 벽도 무너뜨릴 수 있지 않을까. 140자가 광장을 만들 수 있다면 10만 명의 목소리가 정책을 만들 수 있지 않을까.

네 개의 기둥을 세우기로 했다.

소셜특별시: 투명함이 신뢰다

첫 번째 기둥은 '소셜특별시'였다.

2012년 대선은 이전과 달랐다. TV 토론보다 트위터가 뜨거웠다. 후보들의 말 한마디가 실시간으로 퍼졌고, 실시간으로 검증됐다. 실시간으로 조롱당하거나 칭송받았다.

개표 방송을 보면서 사람들은 TV와 스마트폰을 번갈아 봤다. 방송보다 트위터 타임라인이 빨랐다. SNS 대선. 언론은 그렇게 불렀다. 트위터가 광장이 되고, 광장이 정치가 되는 시대가 열리고 있었다.

그 열기 속에서 시민이 묻기 시작했다. 왜 행정은 여전히 닫혀 있는가. 정치인은 트위터로 말하는데, 왜 관료들은 여전히 침묵하는가. 민원을 넣으면 어디로 가는지 알 수 없고, 예산이 어떻게 쓰이는지 볼 수 없고, 정책이 왜 그렇게 결정됐는지 설명을 들을 수 없다. 시청은 거대한 블랙박스였다.

안이 보이지 않으니 믿을 수가 없었다.

청책토론회를 열었다. 시민이 와서 말하고, 공무원이 듣는 자리. 150회. 주제는 시민이 정했다. 교통, 복지, 환경, 일자리. 무엇이든 올라왔다. 어떤 날은 고성이 오갔다. 어떤 날은 눈물이 흘렀다. 공무원들이 당황했다. "이렇게까지 해야 합니까?" 그래야 했다. 말하는 것이 아니라 듣는 것. 그것이 청책이었다.

광화문 광장에 시민발언대를 세웠다. 누구나 올라와서 마이크를 잡을 수 있었다. 주제 제한 없음. 시간 제한 3분. 어떤 사람은 버스 노선이 너무 돌아간다고 했다. 어떤 사람은 놀이터가 낡았다고 했다. 어떤 사람은 청년 일자리를 달라고 했다. 투박한 말들이었다. 정제되지 않은 문장들이었다. 하지만 그 안에 삶이 있었다. 광장이 회의실이 됐다. 시민이 정책 설계자가 됐다.

현장시장실도 열었다. 119일 동안 시장 집무실을 비웠다. 서울 25개 자치구를 순회하며 현장에서 일했다. 강북구의 한 재래시장에서 상인회장이 다가왔다. "시장님, 여기 비가 오면 물이 차요. 배수구가 막혀서요. 민원 넣은 지 3년째인데 답이 없어요." 옆에 있던 국장에게 물었다. "왜 안 됐어요?" "예산 문제로⋯⋯." "얼마 필요해요?" "2억 정도면⋯⋯." "다음 달까지 해결하세요." 그 자리에서 결정이 났다. 두 달 뒤, 상인회장에게서 문자가 왔다. "시장님, 어제 비 왔는데 물 안 찼어요. 3년 만입니다."

3년 동안 서류로 안 되던 일이 현장에서 5분 만에 해결됐다.

무엇이 문제였을까. 서류가 문제였을까, 시스템이 문제였을까, 아니면 현장에 가지 않는 관성이 문제였을까.

재정시계를 만들었다. 시민이 늘 궁금해 했다. 내가 낸 세금이 오늘 어디에 쓰였을까. 과거라면 두꺼운 예산 보고서를 던져주며 "여기서 찾아보라"고

했을 것이다. 하지만 시민이 이해할 수 없는 정보는 정보가 아니다. 암호일 뿐이다. 이미 매일 매일 엑셀로 만드는 수입과 지출 데이터를 시민이 보기 좋게 인포그래픽화해서 서울시 홈페이지에 시계 모양으로 띄웠다. 오늘 하루 집행된 예산이 실시간으로 돌아갔다. 복지에 얼마, 교통에 얼마, 환경에 얼마. 숫자가 아니라 그림으로 보여줬다. "우리는 숨길 것이 없습니다." 투명함이 선언됐다.

트위터도 창구가 됐다. "시장님 잡상인이란 말 좀 바꿔주세요. 그분들도 누군가의 아버지고 남편이잖아요." 어찌보면 그냥 넘어갈 수 있는 멘션이었다. 그러나 우리는 응답했다. "서울에 잡상인은 없습니다. 이동상인만 있습니다. 잡상인이라 불리던 그 누군가는 어떤 이의 남편이고 아버지였습니다." "시장님, 고맙습니다. 잡상인이라 불리던 아버지의 딸입니다." 잡상인을 이동상인으로 바꾼것은 그해 시민이 뽑은 우수 정책으로 뽑혔다. 시민이 말하면 행정이 듣는다는 것. 듣고 나서 움직인다는 것. 그 경험이 쌓이면 신뢰가 된다. 타요버스도 트위터로 들어온 어느 어머니의 제안이었다. 아이들이 타요를 좋아한다며 실제 타요버스를 만들어 달라고 했다.

팀 오라일리는 말했다.

"정부는 자판기가 아니라 플랫폼이어야 한다."

자판기는 버튼을 누르면 정해진 물건만 나온다. 플랫폼은 운동장이다. 무대를 깔아주고, 시민이라는 선수들이 자유롭게 뛰어놀게 한다. 블랙박스가 아니라 유리 집. 속이 훤히 들여다보여야 시민이 그 위에서 뛸 수 있다. 닫혀 있던 시청의 문이 열렸다. 적어도 그렇게 느껴지기 시작했다. 부넝함이 신뢰를 만들고, 신뢰가 참여를 만들고, 참여가 변화를 만든다.

하지만 그것만으로는 부족했다. 문을 열어도 찾아오지 못하는 사람들이 있었다. 말할 수 없는 사람들, 신청할 수 없는 사람들, 존재조차 알려지지 않은 사람들. 그들을 어떻게 찾을 것인가.

열린 문 너머에서 다른 질문이 기다리고 있었다.

디지털 사회 혁신: 30억 건의 구조 신호 - 올빼미버스

두 번째 기둥은 '디지털 사회 혁신'이었다.

2013년, 새로운 단어가 유행처럼 번졌다. 빅데이터. 정부 보고서마다 빅데이터. 언론 기사마다 빅데이터. 컨퍼런스마다 빅데이터. 미래를 바꿀 석유라고 했다. 4차 산업혁명의 핵심이라고 했다. 모두가 빅데이터를 말했다. 그런데 정작 빅데이터로 뭘 했느냐고 물으면 대답하지 못했다. 개념은 넘쳐났고, 실행은 없었다. 파워포인트 속의 빅데이터. 세미나장 안의 빅데이터. 현실에는 없는 빅데이터.

그해 가을, 콜센터에 접수된 민원 하나가 눈에 들어왔다. SNS에 올라온 짧은 글도 함께. '밤 12시가 넘으면 집에 갈 방법이 없습니다. 택시비가 시급보다 비쌉니다.'

서울의 심야. 화려한 네온사인이 꺼지고 나면 다른 세상이 열렸다. 강남역 뒷골목에서 술 취한 손님을 태운 대리운전 기사가 새벽 2시에 일을 마쳤다. 집은 구로구. 택시를 타면 3만 원. 오늘 번 돈의 절반이었다. 편의점 알바생이 새벽 1시에 퇴근했다. 집은 관악구. 버스는 끊겼다. 24시간 맥도날드에 앉아 첫차를 기다렸다. 빌딩 청소 노동자가 새벽 3시에 걸레를 놓았다. 집은 노원구. 찜질방에서 눈을 붙이다가 아침에 집으로 갔다. 어떤 사람은 그냥 걸었다. 한 시간, 두 시간씩.

그들은 왜 민원을 넣지 않았을까. 넣을 수 없었다. 하루 벌어 하루 사는 사람이 구청을 찾아가 서류를 쓸 여유가 어디 있는가. 야간 노동자가 주간에 운영하는 민원실에 어떻게 가는가. 그들은 신청하지 않는 것이 아니라 신청할 수 없는 사람들이었다.

기존의 행정이라면 어떻게 했을까. "법령이 없다, 예산이 없다, 선례가 없다." 3불不 타령을 했을 것이다. 혹은 "정식으로 민원을 접수하고 수요 조사를 하겠다"며 몇 달을 흘려보냈을 것이다. 신청이 들어와야 처리한다. 신청이 없으면 문제도 없다. 그것이 신청주의였다.

우리는 다르게 가기로 했다. 그들이 말하지 못한다면 그들이 남긴 흔적을 찾으면 되지 않을까.

KT와 손을 잡았다. 30억 건의 통화량 데이터를 분석했다. 개인정보를 지운 비식별 데이터였다. 심야시간 어디서 전화가 걸려왔고, 어디로 전화가 갔는지. 새벽 1시에 강남역 근처에서 전화를 건 사람이 새벽 3시에 구로구에서 전화를 받았다면 그 사이 그는 강남에서 구로까지 이동한 것이다. 수만 명의 이동 경로가 지도 위에 선으로 그려졌다.

그 지도를 펼쳤을 때, 숨이 멎었다. 자정이 넘은 시각, 강남역, 홍대입구, 종로에 붉은 점들이 타오르고 있었다. 수만 개의 점들. 민원 한 줄 넣지 못했지만 그들은 거기 있었다. 손끝에서 걸어온 전화가 절박한 신호였다. 강남역에서 관악구로, 홍대에서 은평구로, 종로에서 노원구로. 새벽마다 수만 명이 집을 향해 움직이고 있었다. 그러나 그 시간, 그들을 태워줄 버스는 없었다.

데이터가 말하고 있었다. 우리만 듣지 못했던 것이다.

공무원의 책상이 아니라 시민의 발자국을 따라 노선을 그렸다. 직선이 아니라 곡선이었다. 강남역에서 신림, 구로를 거쳐 인천 방면으로. 홍대에서 마포, 상암을 거쳐 일산 방면으로. 9개의 노선이 그렇게 태어났다.

2013년 9월, 심야버스 '올빼미버스'가 첫 운행을 시작했다. 버스를 만들어 달라고 정식으로 신청한 사람은 0명이었다. 첫날 밤 탑승객은 1,200명이었다. 버스가 오니까 탄 것이다. 요청한 적 없지만, 필요는 이미 거기 있었다.

운행 1년 뒤 설문조사를 했다. "올빼미버스가 없었다면 어떻게 귀가했겠습니까?" "택시요." "걸어서요." "찜질방에서 새벽까지 버텼을 거예요." 버스가 생기기 전에는 정말 그렇게 살고 있었던 것이다. 우리만 몰랐다.

올빼미버스 첫해에 한 통의 편지가 왔다. 강남 빌딩을 청소하는 사람이었다. '새벽 2시에 일이 끝나면 집에 갈 방법이 없어서 늘 걸어 다녔어요. 관악구까지 두 시간. 비 오는 날은 울면서 걸었어요. 올빼미버스 타고 집에 가는 첫날, 버스 안에서 울었습니다. 이번엔 기뻐서요.'

30억 건의 데이터 속에서 우리가 발견한 것은 숫자가 아니었다. 비 오는 새벽, 두 시간을 걸어야 했던 사람들의 눈물이었다.

그 빛을 떠올렸다. 수술실의 조명은 사방에서 빛을 비춰 그늘을 없앤다. 의사의 손이 어디로 움직여도 그림자가 지지 않는다. 데이터는 행정의 여러 빛이 될 수 있었다. 신청서 한 장 쓸 수 없는 사람들, 민원실을 찾아갈 수 없는 사람들, 존재조차 드러나지 않는 사람들. 그들의 그늘을 비출 수 있었다. 신청을 기다리는 것이 아니라 먼저 찾아내는 것. 신청주의에서 발견주의로. 그 전환이 서울의 밤거리에서 증명됐다. 빅데이터는 더 이상 파워포인트 속의 단어가 아니었다. 새벽 버스가 됐다.

올빼미버스는 빅데이터 행정의 상징이 됐다. 30억 건의 데이터가 길을 열었다. 그렇다면 다른 영역은 어떤가. 민생경제, 복지, 의료, 인진, 신청하지 못하는 사람들이 거기에도 있지 않을까. 데이터로 그들을 찾을 수 있지 않을까. 발견행정은 버스에서 끝나는 것이 아니었다. 시작이었다.

디지노믹스: 골목에 기술을 입히다

세 번째 기둥은 '디지노믹스'였다.

2014년, 골목에 오토바이들이 돌아다니기 시작했다. 등에 커다란 박스를 짊어진 라이더들. 민트색, 하늘색, 빨간색. 처음엔 무슨 택배인가 했다. 아니었다. 음식이었다. 배달의민족, 요기요, 배달통. 앱으로 음식을 시키는 시대가 열리고 있었다.

처음엔 웃었다. "앱으로 짜장면을 시켜? 전화하면 되지." 중국집 사장님들이 말했다. "그런 거 없어도 잘만 했어." 족발집 사장님이 말했다.

1년이 지났다. 웃음이 사라졌다. 전화 주문이 줄었다. 손님들이 가게 앞을 그냥 지나쳤다. 고개를 숙이고 스마트폰만 들여다보며 걸어갔다. 검색하고, 비교하고, 리뷰를 읽고, 별점을 확인했다. 전화벨이 울리길 기다리던 시절이 끝나가고 있었다.

"디지털이 우리 밥그릇을 뺏어간다."

전통시장 상인들 사이에 불안이 퍼졌다. 대형마트에 치이더니, 이번엔 스마트폰에 치인다. 인터넷 쇼핑몰이 등장했을 때도 그랬다. 손님들은 가게에서 구경만 하고 스마트폰으로 최저가를 검색해 주문했다. 동네 가게가 온라인 쇼핑몰의 쇼룸이 됐다.

기술은 늘 그랬다. 젊은 사람들, 큰 회사들, 자본 있는 사람들의 무기였다. 골목 사장님들에게 '앱'은 아들딸이나 쓰는 것이었고, '데이터'는 외계어였다.

우리는 질문을 던졌다. 정말 그래야만 하는가. 기술이 골목의 적이 아니라 무기가 될 수는 없는가.

'열린 데이터 광장'을 만들었다. 서울시가 가진 데이터를 민간에 공개했다. 지하철 도착정보, 버스 운행 데이터, 유동인구, 상권정보. 과거라면 공무원들이 꽁꽁 싸쥐고 있었을 것들이었다. "이거 공개하면 문제 생기는 거 아니에요?" "민간이 악용하면 어쩌려고요?" 걱정도 있었다. 하지만 데이터를 열었다. 누구나 가져다 쓸 수 있게.

놀라운 일이 벌어졌다. 어느 고등학생이 앱을 만들었다. 버스가 지금 어디쯤 오고 있는지 실시간으로 보여주는 앱. 서울시가 공개한 버스 위치 데이터를 가져다 썼다. 기능은 단순했다. 그런데 수백만 다운로드를 찍었다. 사람들이 열광했다. 정류장에서 막연히 기다리지 않아도 됐다. 5분 뒤에 온다는 걸 알면 카페에서 커피를 마저 마실 수 있었다.

정부가 직접 만든 게 아니었다. 정부는 데이터만 열어줬고, 민간이 뛰어와 서비스를 만들었다. 지금 돌이켜보면 코로나19 마스크맵의 원조라고도 할 수 있다.

이때 깨달았다. 정부가 모든 것을 다 만들 필요가 없다. 운동장만 깔아주면 된다. 선수들이 알아서 뛴다. '정부는 선수가 아니라 심판'이라는 원칙의 씨앗이 여기서 싹텄다.

데이터는 골목으로도 흘러갔다. 서울 도심의 한 카페 사장님이 있었다. 3년째 장사를 했지만 늘 불안했다. "손님이 언제 올지 모르겠어요. 어떤 날은 바글바글한데 어떤 날은 파리만 날려요. 감으로 하는 장사가 한계예요." 누군가 알려줬다. 열린 데이터 광장에 유동인구 데이터가 있다고. 반신반의하며 내려받았다. 자기 가게 주변, 시간대별로 몇 명이 지나가는지. 그래프로 그려 보니 패턴이 보였다. 평일 점심은 직장인, 주말 오후는 네이트족, 화요일 저녁은 유독 한산했다.

"화요일 저녁에 '아메리카노 반값' 이벤트를 해봤어요. 그랬더니 손님이 오더라고요." 감으로 하던 장사를 데이터로 하기 시작했다. 한산한 시간에는 일찍 닫고 붐비는 시간에 집중했다. 인건비가 줄고 매출이 늘었다. "데이터가 이렇게 쓸모 있는 줄 몰랐어요. 대기업만 쓰는 건 줄 알았는데."

대한민국 최초의 상권분석 플랫폼도 서울시가 만들었다. 카드사와 개폐업 데이터 등을 엮어서 자영업을 준비하는 사람들을 위한 상권분석 플랫폼을 통해서 데이터에 기반한 창업을 할 수 있도록 도왔다. 서울시가 가장 먼저 시도했고, 이후 중앙정부_{소상공인진흥공단}도 전국 단위 플랫폼을 만들었다.

AI 시대에는 눈에 보이지 않는 디지털 시장에 대한 입점분석 플랫폼이 있었으면 한다. 디지털 커머스를 준비하는 소상공인들에게는 눈에 보이지 않는 시장이기에 더 막막하다. 어느 커머스 플랫폼에 입점을 해야 하는지, 가격이나 패키징 등은 어떻게 해야 하는지. 디지털은 오프라인의 단순한 반영이 아니라 전혀 다른 맥락으로 돌아가는 새로운 세계다.

개포동에 디지털혁신파크를 만들었다. 스타트업 청년들과 전통시장 상인들이 만나는 공간이었다. 처음엔 서로 어색했다. 청년들은 시장이 낯설었고, 상인들은 "컴퓨터 하는 애들이 뭘 안다고"라며 경계했다. 그런데 함께 시간을 보내니 달라졌다.

족발집 사장이 청년에게 물었다. "요즘 젊은 사람들은 뭘로 주문해? 전화? 문자?" "사장님, 요즘은 앱으로 해요. 배달앱이요." "앱? 그거 어떻게 하는 건데?" 청년이 옆에 앉았다. 배달앱 입점하는 법, 메뉴 사진 찍는 법, 리뷰 관리하는 법을 알려줬다. 한 달 뒤 족발집 사장이 말했디. "아, 손님이 여기 있었구나. 전화기 앞에서 기다릴 게 아니라 앱 안에 있었어."

스타트업 청년도 배웠다. "사장님들이 원하는 건 복잡한 기술이 아니더라고요. 그냥 '주문 들어왔다'는 알림 소리가 크게 울렸으면 좋겠대요. 바쁠 때 놓치니까." 현장의 목소리가 기술을 다듬었다. 실리콘밸리에서는 배울 수 없는 것들이었다.

기술이 대기업의 전유물에서 골목의 무기가 될 수 있다는 것. 그 가능성을 서울에서 실험했다. 가능성이었다. 아직 증명은 아니었다. 배달앱에 입점한 족발집 사장은 웃었지만, 입점하지 못한 더 많은 사장은 전화기 앞에서 기다리고 있었다. 데이터로 장사하는 카페 사장은 희망이었지만, 데이터가 뭔지도 모르는 더 많은 사장은 감으로 버티고 있었다.

골목에 기술을 입히는 일. 그것은 한두 번의 실험으로 끝나는 것이 아니었다. 씨앗을 뿌렸을 뿐이었다. 그 씨앗이 자라려면 시간이 필요했다. 그리고 예상치 못한 방식으로, 그 시간이 왔다. 몇 년 뒤, 코로나19라는 폭풍이 골목을 덮쳤을 때.

글로벌 디지털 리더: 연결은 기본권이다 - 까치온

네 번째 기둥은 '글로벌 디지털 리더'였다.

2015년, 국회 앞에서 피켓이 흔들렸다. "통신비 인하하라." 대학생들이었다. 청년유니온이었다. 시민단체들이었다. 한국의 통신비는 OECD 국가 중 최상위권이었다. 월급은 적은데 스마트폰 요금은 비쌌다. 월 5만 원, 7만 원, 10만 원. 데이터 1GB를 쓰면 추가 요금이 붙었다. 월말이 되면 속도가 느려졌다. '데이터 소진'이라는 문자가 왔다. 스마트폰이 벽돌이 됐다. 카페에 들어가면 제일 먼저 하는 말이 있었다. "와이파이 비밀번호가 뭐예요?" 커피 한 잔 시키고 두 시간 앉아 있는 사람들이 있었다. 공부하러 온 게 아니었다. 와이파이 쓰러 온 것이었다. 도서관에도 와이파이기 터지는 자리는 늘 먼저 찼다. 연결은 돈이 있어야 가능한 것이었다.

어떤 사람에게 와이파이는 유튜브 보는 사치였다. 하지만 어떤 사람에게는 생존이었다. 관악구 고시원에 사는 취업 준비생에게 데이터는 이력서를 보내는 유일한 방법이었다. 독거노인에게 인터넷은 병원 예약을 하는 창구였다. 저소득층 아이에게 와이파이는 온라인 학습에 접속하는 통로였다. 연결되지 못하면 세상에서 떨어져 나갔다. 불편함이 아니었다. 단절이었다.

'까치온'. '서울 공공 와이파이' 프로젝트를 구상했다. 공원, 복지관, 마을버스, 전통시장. 사람들이 모이는 공공장소에 무료 와이파이를 깔겠다는 것이었다. 비밀번호 없음. 요금 없음. 누구나 접속.

통신사들과 간담회 과정에서 "이건 안 됩니다. 무료 와이파이가 깔리면 저희 데이터 요금제가 무력화됩니다. 우리 망합니다." 저항이 있을 것이란 생각은 했지만 더 거셌다. '서울시가 시장 질서를 어지럽힌다'는 기사가 나왔다. "시장님, 저희 업계가 죽습니다."

나는 물었다. "카카오가 어떻게 돈을 벌죠?" 카카오톡은 무료다. 누구나 쓴다. 하지만 카카오는 망하지 않았다. 그 연결 위에서 이모티콘을 팔고, 선물하기를 팔고, 택시 호출 서비스를 만들었다. 구글 검색도 무료다. 그런데도 구글은 세계 최대 기업이 됐다. 연결에 돈을 받지 않는다. 연결을 쉽게 하고, 그 위에서 비즈니스를 한다. 통신사들은 파이프라인을 팔고 있었다. 세상은 이미 플랫폼으로 움직이고 있었다.

회의에서 설득했다. "디지털 시대에 인터넷 접속은 수돗물과 같습니다. 돈이 없다고 해서 마실 물을 끊을 수는 없듯이 가난하다고 해서 세상과 연결될 권리를 박탈당해선 안 됩니다. 유럽에서는 접속될 권리를 중요한 권리로 선언하고 그 실행을 위해 노력하고 있습니다."

결국 와이파이 프리 정책은 기본계획으로 발표됐다. 예상대로 미디어의 관심이 가장 뜨거웠다. 지금 우리가 누리고 있는 서울시의 무료 와이파이는 그때 시작된 것이다. 관악구 고시원의 청년. 월세 25만 원짜리 방. 가장 싼 데이터 요금제를 썼다. 월 1GB. 이력서 몇 번 보내면 바닥났다. 그는 매일 아침 관악산 입구로 갔다. 까치온이 터지는 벤치가 있었다. 거기 앉아서 채용 공고를 뒤지고, 이력서를 고치고, 자기소개서를 썼다. 그 벤치가 그의 사무실이었다. 6개월 뒤, 그는 중소기업에 취직했다.

전통시장의 생선가게 사장이 있었다. 60대. 스마트폰은 있는데 데이터 요금이 아까워서 카카오톡도 잘 안 썼다. 시장에 와이파이가 깔리고 나서 달라졌다. 단골손님에게 카톡을 보내기 시작했다. "사장님, 오늘 고등어 좋은 거 들어왔어요. 예약해 드릴까요?" 예전에는 상상도 못했다. "연결이 되니까 세상이 달라 보여요."

통신사들이 우려했던 시장 붕괴는 일어나지 않았다. 오히려 스마트폰 보급이 늘면서 통신시장 전체가 커졌다. 문턱을 낮추니 시장이 커진 것이다. 파이프라인을 지키려다 플랫폼을 놓칠 뻔했다.

물을 마실 권리가 있다. 전기를 쓸 권리가 있다. 그렇다면 인터넷에 접속할 권리는 없는가. 21세기에 연결되지 못한다는 것은 무엇을 의미하는가. 취업 공고를 볼 수 없다는 것이고, 병원 예약을 할 수 없다는 것이고, 아이의 학교 알림장을 확인할 수 없다는 것이다. 연결은 사치가 아니다. 복지이자 생존이다.

네 개의 기둥, 그리고 꺼진 불

2016년 겨울, 광화문이 촛불로 물들었다.

토요일마다 수십만 명이 모였다. 어떤 날은 100만 명이 넘었다. 추웠다. 손이 시렸다. 그래도 촛불은 꺼지지 않았다. 사람들은 걸었다. 광화문에서 청와대까지. "이게 나라냐"는 구호가 울려 퍼졌다. 시스템이 무너졌다는 분노였다. 국정을 농단한 사람들, 그것을 방치한 사람들, 아무도 책임지지 않는 구조. 세월호 이후 2년 반, 사람들의 가슴속에 쌓여 있던 것들이 터져 나왔다.

광장에 서서 촛불을 들고 있는 사람들을 바라봤다. 저들이 원하는 것은 무엇일까. 대통령 탄핵? 그것만은 아닐 것이다. 작동하는 시스템. 신뢰할 수 있는 국가. 내가 낸 세금이 제대로 쓰이고, 내 목소리가 정책에 닿고, 위험할 때 누군가 나를 구하러 올 것이라는 믿음. 그것을 원하는 것이다.

서울에서 6년을 보냈다. 네 개의 기둥을 세웠다.

소셜특별시. 시민의 목소리를 듣고, 행정의 속살을 보여줬다. 청책토론회에서 시민이 말하면 공무원이 들었다. 재정시계에서 세금이 어디로 가는지 보여줬다. 블랙박스를 유리 집으로 바꾸려 했다.

디지털 사회 혁신. 앞서 본 것처럼 데이터에서 침묵하는 시민의 신호를 찾았다. 심야버스가 새벽 거리를 달렸다. 신청하지 못하는 사람들을 먼저 발견하려 했다. 신청주의에서 발견주의로 가려 했다.

디지노믹스. 데이터를 열어 민간의 혁신을 끌어냈다. 고등학생이 앱을 만들고, 골목 점포 사장이 데이터로 장사했다. 기술이 대기업만의 것이 아니라 골목의 무기가 될 수 있다는 가능성을 봤다.

글로벌 디지털 리더. 까치온을 깔아 연결의 문턱을 낮췄다. 공원 벤치에서 취업 준비생이 이력서를 보냈다. 접속이 기본권이 될 수 있다는 질문을 던졌다.

그 빛을 켜려 했다. 수술실의 조명처럼 사방에서 빛을 비춰 그늘을 없애려 했다. 신청서를 낼 수 없는 사람들, 시청을 찾아올 수 없는 사람들, 존재조차 드러나지 않는 사람들. 그 그늘을 비추려 했다.

얼마나 성공했을까. 촛불 광장을 바라보며 물었다. 저 사람들에게 서울시가 유리 집으로 보였을까. 저 사람들은 행정을 신뢰하게 됐을까. 저 사람들의 삶이 달라졌을까.

확신할 수 없었다. 심야버스는 달렸지만, 여전히 새벽에 걷는 사람들이 있었다. 까치온은 터졌지만, 여전히 연결되지 못한 사람들이 있었다. 배달앱에 입점한 족발집 사장은 웃었지만, 입점하지 못한 더 많은 사장은 여전히 전화기 앞에 앉아 있었다. 불을 켰지만, 모든 그늘이 사라진 것은 아니었다. 더 큰 문제가 있었다. 우리가 켠 불은 언제까지 켜져 있을까. 시장이 바뀌면? 담당자가 바뀌면? 정권이 바뀌면?

정책은 사람을 따라 떠날 수 있다. 그러나 시스템은 사람이 떠나도 작동해야 한다. 그러려면 법이 필요하다. 제도가 필요하다. 대못이 필요하다. 우리는 대못을 박지 못했다.

2021년 4월, 새로운 서울시장이 뽑혔다. 새로운 팀이 꾸려졌다. 디지털 시장실이 해체됐다. 발견행정을 위해 구축한 데이터 분석 시스템이 멈췄다. 담당자가 바뀌고, 우선순위가 바뀌고, 관심이 바뀌었다. 불이 꺼지기 시작했다.

2022년 10월 29일, 이태원. 159명이 죽었다.

그날 밤, 경찰청 데이터 시스템에는 이상 징후가 감지됐다. 특정 지역에 인파가 급격히 몰리고 있다는 신호. 심야버스를 만들 때 썼던 그 방식이었나. 데이터로 흐름을 읽고, 위험을 감지하고, 미리 대응하는 것.

시스템은 살아 있었다. 하지만 아무도 그 신호를 읽지 않았다. 시스템을 운영할 사람이 없었다. 작동시킬 의지가 없었다. 명령할 권한이 사라져 있었다.

그 빛이 꺼진 것이다.

네 개의 질문은 여전히 살아 있다. 디지털은 서울을 위해 무엇을 할 수 있을까? 질문의 답으로 나온 소통, 사회 혁신, 민생경제, 글로벌 리더십. 시대가 바뀌고 사람이 바뀌어도 이 범주는 바뀌지 않았다. 'AI가 서울을 위해서 무엇을 할 수 있을까?'에 대한 답변의 큰 범주는 이 네 가지 기둥이 될 것이다.

2011년 서울에서 던진 질문이 2025년 K-이니셔티브에서 다시 던져지고 있다. 연결의 평등, 디지털 기본권, 소상공인 디지털 전환. 이름만 바뀌었을 뿐 본질은 같다. 기술은 누구의 편인가. 시스템 앞에서 무력한 사람들을 기술이 구해낼 수 있는가.

서울에서의 경험은 끝났다. 그렇지만 질문은 끝나지 않았다.

2011년부터 2017년까지. 우리가 심야버스를 달리고 까치온을 깔던 그 시간 동안 다른 곳에서는 다른 일이 벌어지고 있었다. 배달앱이 성장하고, 플랫폼이 팽창하고, 규칙 없는 시장이 굳어지고 있었다. 혁신의 역설이 뿌리를 내리던 시기다. 혁신이 문제를 해결한 것이 아니라 이동시키는 구조가 자리 잡던 때. 소비자의 편리함이 커질수록 생산자의 부담도 커지는 폭탄 돌리기가 시작되던 때. 우리는 데이터로 사각지대를 발견했지만, 플랫폼이 만들어낼 새로운 그늘은 예견하지 못했다. 그때 규칙을 세웠어야 했다. 골든타임이었다.

3년 뒤, 예상치 못한 방식으로 그 질문이 다시 돌아왔다. 코로나19. 바이러스가 세상을 멈췄을 때 골목은 다시 한 번 벼랑 끝에 섰다. 그때, 나는 다른 자리에 있었다.

돌아보기

미생의 시대, 을의 목소리를 들었다. 심야버스가 달렸고, 까치온이 깔렸고, 디지노믹스가 골목에 기술을 입혔다. 데이터로 사각지대를 발견했다. 그러나 플랫폼이 만들 새로운 그늘은 예견하지 못했다.

→ 골든타임을 놓쳤다. 3년 뒤, 바이러스가 세상을 멈췄다.
　7장에서 팬데믹의 현장으로 간다.

7 | 중소기업유통센터현 한국중소벤처유통원 :
하이파이브-디지털 경제백신을 맞다

2020~2023, 소상공인디지털본부장

소상공인 디지털 전환, 무엇을 어떻게 해야 하는가.

이태원 클라쓰, 그리고 현실

2020년 1월 31일, 금요일 밤 10시 50분.

JTBC에서 새 드라마가 시작됐다. 〈이태원 클라쓰〉. 박새로이. 전과자. 고졸. 스물에 아버지를 잃었다. 이태원 뒷골목에 7평짜리 포차를 열고, 대기업 회장의 아들에게 복수하겠다고 선언한다.

시청자들은 숨을 죽이고 지켜봤다. 박새로이는 SNS로 입소문을 탔다. 유튜브 먹방에 출연했다. 블로거들이 찾아왔다. 작은 포차 '단밤'이 온라인에서 화제가 됐다. 손님이 몰렸다. 매출이 뛰었다. 2호점을 냈다. 프랜차이즈 기업을 세웠다. 마침내 대기업을 인수했다.

드라마는 매주 금요일 밤, 대한민국을 달궜다. 시청률 16%. 화제성 1위. SNS에는 박새로이 짤이 넘쳐났고, 이태원 골목에는 '단밤 성지순례' 인파가 몰렸다. 600만 자영업자들의 마음이 그 드라마 안에 있었다. 작은 가게도 디지털로 무장하면 대기업을 이길 수 있다는 이야기. 혼자서도 세상을 바꿀 수 있다는 이야기.

드라마가 한창이던 2020년 3월 11일, 세계보건기구WHO가 팬데믹을 선언했다.

세상이 멈췄다. 이태원 골목도 멈췄다. 박새로이의 '단밤'이 있던 그 거리에서 현실의 포차들이 하나둘 문을 닫기 시작했다. 손님이 끊겼다. 매출이 증발했다. 40년 세월을 지켜온 전통시장의 셔터가 속절없이 내려갔다.

박새로이에게는 조이서가 있었다. SNS 전략을 짜고, 영상을 편집하고, 바이럴을 만들어주는 천재 마케터. 현실의 사장들에게는 그런 사람이 없었다. 스마트폰은 있지만 인스타그램 계정 만드는 법을 모른다. 배달앱에 입점은 했지만 사진 찍는 법을 모른다. 라이브커머스가 뜬다는데 카메라 앞에 서 본 적이 없다.

그해 한 해, 폐업 신청이 30만 건을 넘어섰다.

이 숫자를 어떻게 읽어야 할까. 평생 육수를 끓여 자녀를 키운 국밥집이 문을 닫았다. 30년 단골들에게 마지막 인사를 하고 셔터를 내렸다. 골목 어귀를 지키던 미용실 원장이 보증금을 빼고 짐을 쌌다. 단골 할머니들이 "이젠 머리 어디서 해?"라며 울었다. 숫자 뒤에는 삶이 있었다. 30만이라는 숫자 뒤에 30만 개의 인생이 무너지고 있었다.

반면 길 건너 다른 세상에서는 전례 없는 호황이 일어났다. 대형 이커머스 물류센터는 24시간 불이 꺼지지 않았다. 배달앱의 주문 알림은 쉴 새 없이 울렸다. 집에 갇힌 사람들이 손가락으로 주문을 넣었다. 플랫폼은 폭발적으로 성장했다. 같은 하늘 아래 어떤 가게는 망하고, 어떤 플랫폼은 번창했다.

디지털 전환을 했다고 하는 소상공인은 10%를 겨우 넘었다. 나머지 약

90%의 소상공인은 여전히 오프라인에 갇혀 있었다. 드라마 속에서는 슈퍼개인의 시대가 열렸다고 했다. 현실의 골목에서는 대부분이 그 시대에 초대받지 못했다.

드라마는 끝났다. 박새로이는 해피엔딩을 맞았다. 시청자들은 TV를 끄고 각자의 자리로 돌아갔다. 이태원 골목의 사장들은 여전히 텅 빈 가게를 지키고 있었다. 성지순례 인파는 사라졌다. 거리두기가 시작됐다. 포차의 불이 꺼졌다.

박새로이에게 조이서가 있었던 것처럼 골목 가게 사장들에게도 누군가가 필요했다. 디지털이라는 무기를 쥐여줄 누군가가. 그것은 정부가 해야 했다. 라이브 커머스도 지원하고, 찾아가는 현장 교육도 강화했다. 모두 필요한 조치였다. 당장 숨이 넘어가는 환자에게는 산소호흡기가 필요하니까.

과연 그것만으로 될까. 진통제를 맞으면 통증이 가라앉는다. 하지만 병이 낫는 건 아니다. 약기운이 떨어지면 고통은 다시 찾아온다. 지원금이 끊기면 재차 위기가 온다. 대출 만기가 돌아오면 거듭 막막해진다. 손님이 돌아오지 않으면 결국 문을 닫아야 한다.

무엇이 필요했을까. 진통제보다 백신이 필요했다. 한 번 접종하면 면역력이 생겨 코로나19가 아니라 더한 것이 와도 버틸 수 있는 힘. 그것이 절실했다.

전염병이 문명을 바꾼다

전염병은 언제나 대전환의 계기였다.

14세기, 흑사병이 유럽을 휩쓸었다. 인구의 3분의 1이 사망했다. 도시가 텅 비었고, 경제가 멈췄다. 인구가 줄자 노동의 가치가 올랐다. 농노의 임금이 급등했다. 영주에게 매여 있던 농민들이 더 나은 조건을 찾아 떠나기 시작했다. 봉건제가 흔들렸다. 그 폐허 위에서 르네상스가 싹텄다.

1918년, 스페인독감이 전 세계를 강타했다. 5000만 명이 죽었다. 1차 세계대전 사망자보다 많았다. 그 충격 속에서 공중보건 시스템이 탄생했다. 국가가 국민 건강을 책임지기 시작했다. 전기 시대가 본격적으로 열렸고, 미국이 세계 패권을 쥐었다.

2020년, 코로나19. 이번에는 무엇이 바뀔까.

그해 가을, 중소기업유통센터의 소상공인디지털본부 초대 본부장으로 임명됐다. 당시 중소벤처기업부를 이끌던 박영선 장관의 강력한 의지로 탄생한 조직이었다. 나는 그녀를 '소牛 장관'이라 불렀다. 소는 박 장관의 소처럼 우직한 인내심과 근성을 이야기 함과 동시에 디지털 전환 과정에서 소외될 수 있는 소상공인을 위한 장관이 되어 달라는 이중적 의미였다. 서울시 디지털 보좌관으로서 발견행정을 기획했던 경험이 이제 소상공인 현장과 만나게 됐다.

정부는 급했다. 재난지원금을 풀었다. 대출 만기를 연장했다. 착한 임대인 운동이 벌어졌다. 꼭 필요한 조치였다. 당장 숨이 넘어가는 환자에게는 산소호흡기가 필요하니까. 그러나 그것은 어디까지나 '진통제'였다. 약기운이 떨어지면 고통은 다시 찾아온다. 지원금이 끊기면 또 막막해진다. 대출 만기가 돌아오면 절벽 앞에 선다.

오프라인 장사가 막혔다면 온라인으로 길을 뚫어야 했다. 누군가 물고기를 잡아다 주는 것이 아니라 거친 파도 속에서보 스스로 물고기를 잡는 법. 자생력이 필요했다.

우리는 한 가지 개념에 동의했다. 바이러스를 이기려면 백신이 필요하듯 디지털 대전환을 위한 '디지털 경제백신'이 필요하다는 것이다. 이것은 단순한 기술 보급이 아니었다. 팀 오라일리와 EU 네스타가 주창한 '사회문제를 해결하기 위해 기술을 활용하는 혁신', 그 연장선이었다.

흑사병 뒤에 르네상스가 왔다. 스페인독감 뒤에 공중보건이 왔다. 코로나19 뒤에는 무엇이 와야 할까. 디지털이 대기업만의 무기가 아니라 골목 가게 사장들의 무기가 되는 시대. 플랫폼에 종속되지 않고, 플랫폼을 활용하는 시대. 그런 시대가 올 수 있을까.

백신은 한 번 맞는다고 끝이 아니다. 바이러스가 변이하면 백신도 업그레이드해야 한다. 2020년의 코로나19가 2025년의 AI로 바뀌어도 질문의 구조는 같다. 기술이 누구의 무기가 될 것인가. 진통제를 맞을 것인가, 백신을 맞을 것인가.

하이파이브: 다섯 손가락을 펴다

직원들 앞에 섰다. "전염병이 대전환을 만듭니다. 코로나19도 마찬가지입니다. 이건 위기이면서 동시에 기회입니다. 기회는 저절로 오지 않습니다."

서울시에서 배운 것이 있었다. 청책聽策. 듣는 것이 정책이다. 10만 명의 시민 의견을 모아 디지털 기본계획을 세웠듯이 소상공인의 목소리를 모아 전략을 세우기로 했다.

현장을 돌았다. 소상공인을 만났다. 협회를 만났다. 플랫폼 관계자를 만났다. 듣고 또 들었다. 서울, 부산, 대구, 광주, 전주. 전통시장과 상가, 온라인 셀러와 오프라인 사장들을 만났다. 동시에 데이터를 모았다. KT와 협력해 주요 포털과 SNS상에서 언급되는 13억 건의 키워드를 분석했다. 서울에서 발견행정을 했던 것처럼 이번에는 13억 건의 키워드에서 소상공인들의 목소리를 읽어냈다. 빅데이터 분석 자료를 백서로 엮어서 소상공인과 함께 나눴다.

데이터가 가리키는 방향은 명확했다. 소상공인에게 디지털은 기회가 아니라 공포였다. "디지털이 우리 밥그릇을 뺏어간다"는 두려움. "대기업 출신이 마케팅을 가르치는데 우리 현실이랑 달라요"라는 단절감. 현장의 목소리와 데이터의 신호가 같은 곳을 가리키고 있었다.

현장의 목소리는 크게 다섯 가지 질문이었다. 그리고 각각의 질문이 하나의 원칙을 낳았다.

"누가 우리 말을 알아듣나요?" 대기업 출신 전문가가 와서 마케팅 이론을 설명하면 사장들은 고개를 저었다. "우리하고는 다른 나라 이야기예요." 첫 번째 원칙은 소상공인 중심성을 높여야 했다.

"정부가 대형 플랫폼 같은 걸 만들어줄 수 있나요?" 불가능한 요청이었다. 정부가 민간 플랫폼과 경쟁할 수는 없다. 서울시에서 열린 데이터 광장을 만들 때 배운 것이 있다. 정부는 선수가 아니라 심판이다. 두 번째 원칙은 민간 플랫폼과 연계해야 했다.

"왜 다 똑같은 교육만 하나요?" 카페 사장과 정육점 사장의 고민은 다르다. 온라인 초보와 중급자의 필요도 다르다. 세 번째 원칙은 맞춤형 지원을 해야 했다.

"교육받으러 오라는데, 가게는 누가 봐요?" 소상공인의 44%는 1인 사업자다. 가게를 비우고 교육장에 갈 수 없다. 네 번째 원칙은 찾아가는 현장형 지원이 필요했다.

"혼자서는 못 버텨요." 온라인만으로, 오프라인만으로는 한계가 있다. 다섯 번째 원칙은 다양한 자원과의 연결을 강화해야 했다.

다섯 가지 질문이 다섯 가지 원칙이 됐다. 그간의 정부 지원이 미흡했던 영역이었다. 그 다섯 가지를 높여야 했다. 우리는 이것을 '하이파이브'High Five라 불렀다. 손바닥을 마주치는 인사다. 위에서 아래로 내려주는 시혜적 지원이 아니라 눈높이를 맞춰 함께 부딪치며 위기를 넘자는 약속이었다. 코로나19를 극복한 백신처럼 디지털 전환이라는 공포를 치료할 백신이라 명명했다.

다섯 손가락을 펴서 마주치는 그 제스처처럼 소상공인과 정책이 손바닥을 맞대는 순간을 만들고 싶었다. 하이파이브는 디지털 경제백신의 다섯 가지 성분이었다. 이것이 원칙이었다. 원칙은 현장에서 증명되어야 했다.

떡볶이집 사장님이 강사가 되다

하이파이브의 첫 번째 손가락은 '소상공인 중심성'이다.

그동안의 교육은 공급자 중심이었다. 대기업 출신 전문가의 화려한 마케팅 이론은 골목의 현실 앞에서 무기력했다. 소상공인들에게 필요한 것은 교과서가 아니라 생존기였다. 먼저 그 길을 걸어본 동료의 땀 냄새 나는 조언, "나도 했으니 당신도 할 수 있다"는 공감. 그것이 가장 강력한 교재였다. 소상공인은 소상공인의 이야기로 설명하고 설득해야 한다.

서울의 한 떡볶이집. 사장은 쉰둘이었다. 서른둘에 가게를 열어 스무 해를 떡볶이와 함께 보냈다. 코로나19 이전에는 방학이면 학생들로, 주말이면 가족 손님으로 가게가 북적였다. 거리두기가 시작되자 매출이 반 토막 났다. 테이블을 떼어냈지만 손님은 돌아오지 않았다.

"라이브커머스 한번 해보시겠어요?" "라이브커머스요? 제가요? 저는 말도 잘 못하는데요. 카메라 앞에 서본 적도 없어요." 사장은 손사래를 쳤다.

스마트폰으로 하는 것도 카카오톡과 인터넷 검색이 전부였다. 화면에 자기 얼굴이 비치는 것만으로도 민망했다.

첫 방송 날, 가게 주방은 스튜디오가 됐다. 스마트폰을 설치하고 지원받은 약간의 조명, 마이크. 모든 것이 낯설었다. 3, 2, 1. 방송 시작 신호가 떨어졌다. "안녕하세요…… 저는…… 어……", 입이 떨어지지 않았다. 머릿속이 하얘졌다.

그때 화면 오른쪽, 채팅창에 댓글이 올라오기 시작했다. "화이팅!" "사장님 떨리시죠? 괜찮아요, 천천히 하세요." "20년 떡볶이면 믿고 먹죠." 익명의 시청자들이 화면 너머에서 응원하고 있었다. 떡볶이집 사장은 숨을 한 번 고르고 다시 입을 열었다. 새벽 네 시에 일어나 끓인 멸치 다시마 육수, 20년 동안 간을 조금씩 조정해 온 양념장, 단골 학생이 결혼해서 아이를 데리고 찾아왔던 이야기. 그는 자신이 할 수 있는 유일한 이야기, 자신의 삶 이야기를 풀어놓기 시작했다.

띠링. 띠링, 띠링. 띠링, 띠링, 띠링.

주문 알림이 울렸다. 스마트폰 화면에 숫자가 하나둘 늘어났다. 처음엔 스태프가 테스트를 하는 줄 알았다. "지금 들어오는 게 전부 주문이에요." 옆에서 방송을 돕던 직원이 말해줬다. 30분 방송이 끝났을 때, 판매 수량은 50세트였다. "진짜…… 팔린 거예요? 제가 방송한 걸 보고 주문하신 건가요?" 사장님 눈가가 붉어졌다.

3개월 후, 그는 '강사'로 불려 나갔다.

소상공인 교육장, 플라스틱 의자 50개가 빽빽하게 놓인 공간에 50대 이상의 사장들이 모여 있었다. 호프집, 정육점, 문구점, 분식집, 동네 카페에서 온 사장들. 누군가는 막걸리를 배달하고 돌아오는 길에, 누군가는 가게 문을 일찍 닫고 교육장을 찾았다.

"저도 여러분처럼 디지털이 무서웠어요." 그가 입을 열자 여기저기서 웃음이 새어 나왔다. 고개를 끄덕이는 사람이 많았다. "이게 제 첫 방송이에요." 화면에 그의 첫 라이브커머스 영상이 재생됐다. 카메라를 똑바로 보지 못하고 자꾸 아래를 보는 눈동자, 굳어 있는 어깨, 어색한 손짓. "완전 망한 것 같죠? 저도 그날 집에 가면서 '아, 다시는 하지 말아야겠다'고 생각했어요. 그런데도 50세트가 팔렸어요." 순간 교육장에 웅성거림이 돌더니, 곧 박수가 터져 나왔다.

교육이 끝난 뒤 한 수강생이 강의평에 이렇게 남겼다. "대기업 강사들이 와서 하는 이야기는 어려운 말뿐이라 잘 안 들어와요. 우리 가게랑 상관없는 얘기 같고요. 그런데 사장님 이야기는 다 이해가 돼요. 우리랑 똑같은 사람이니까요."

이 한 줄에 소상공인 교육의 본질이 담겨 있었다. '저분도 했는데, 나라고 못할까'라는 용기. '우리랑 똑같은 사람이니까 이해가 된다'는 공감. 이 두 가지가 모일 때 비로소 배움은 시작된다. 만만한 디지털 전환이 되어야 한다. 디지털에 대한 두려움을 용기로 바꿔야 했다.

기존의 정부 교육은 공급자 중심이었다. 대기업 출신 전문가가 와서 최신 마케팅 이론과 플랫폼 알고리즘을 설명하면 시장 상인들은 '우리하고는 다른 나라 이야기'라며 고개를 저었다. 슬라이드는 화려했지만, 그 안에는 자신들의 삶이 없었다. 그래서 '소상공인 없는 소상공인 사업'이라는 비판이 반복됐다.

우리는 원칙을 바꿨다. 전문가의 지식 대신 선배의 경험이 먼저라는 전제를 세웠다. 성공한 소상공인을 강사의 자리에 세워 소상공인이 묻고 소상공인이 답하는 구조를 설계했다. 교육장은 일방향 강의실이 아니라 각자의 실패담과 시행착오, 작은 성공을 서로 주고받는 커뮤니티가 되기 시작했다. 소상공인 교육은 소상공인 이야기가 강사다.

처음에는 "저는 못해요"라고 손사래 치던 사장들이 3개월 후에는 "다음 방송은 언제예요?"라고 물었다. 교육장에서 배우던 사람이 6개월 후에는 강단에 서서 후배들을 가르쳤다. 정책이 만든 것은 매출이 아니라 자신감이었다. 디지털 전환 소상공인 이야기를 모아 사례집도 만들고, 이 사례를 세바시세상을 바꾸는 시간의 특집 프로그램으로 엮었으며, 우리 자체적으로 만든 소바시소상공인을 바꾸는 시간 소담콘서트도 열어서 콘텐츠화했다.

'가치삽시다'의 대전환

하이파이브의 두 번째 손가락은 '민간 플랫폼 연계'다.

정부의 역할은 거대 플랫폼과의 경쟁은 배제하고 소상공인이 그 거대한 파도에 휩쓸리지 않고 올라탈 수 있도록 튼튼한 다리를 놓아주는 것이었다. 경쟁이 아니라 연결, 직접 판매가 아니라 마중물. 그것이 정부가 해야 할 일이었다.

정부가 대형 플랫폼을 이길 수 있을까. 2020년 가을, 소상공인들이 요구했다. "정부가 대형 이커머스 같은 공공 플랫폼을 만들어 주세요."

수수료 없이, 광고비 없이, 소상공인만을 위한 플랫폼. 우리도 고민했다. 정부 예산으로 거대한 쇼핑몰을 만들면 어떨까. 결론은 '불가능'이었다. 대형 이커머스는 연간 수조 원을 물류와 마케팅에 쏟아붓는다. 대형 포털은 수천 명의 개발자가 알고리즘을 다듬는다. 정부가 그 경쟁에 뛰어들어 이길 수 있을까.

'가치삽시다'라는 온라인 쇼핑몰을 이미 운영하고 있었다. 취지는 좋았다. 하지만 솔직히 말하면 잘되지 않았다. 이유는 간단했다. 손님이 안 왔다. 수수료가 싸긴 했지만 판매가 없었다. 대형 포털, 대형 이커머스. 사람들은 거기서 물건을 샀다. '가치삽시다'는 몰랐다.

서울시에서 배운 것이 있었다. 열린 데이터 광장을 만들 때 정부가 직접 앱을 만들지 않았다. 데이터를 열어줬을 뿐이다. 고등학생이 버스 앱을 만들었다. 민간이 뛰어와서 서비스를 만들었다. 정부는 운동장만 깔아줬다. 정부가 선수로 뛰면 심판이 없어진다.

방향을 바꿨다. 가치삽시다의 정체성을 재정의했다. '판매 플랫폼'이 아니라 '연결 플랫폼'. 단순한 쇼핑몰이 아니라 소상공인 디지털 전환의 네비게이터. 민간시장으로 나가기 전 거쳐 가는 인큐베이터. '소상공인의 디지털 전환이 시작되는 곳'을 만들고자 했다.

한 번 등록하면 14개 민간 채널에 자동 연계되는 시스템을 만들었다. 네이버, 11번가, G마켓, 위메프, 롯데ON. 소상공인은 가치삽시다 하나만 신경 쓰면 됐다. 나머지는 시스템이 알아서 했다.

경기도 안산의 40년 전통 수제 돈까스 장인은 40년째 돈까스를 튀겼다. 가게 앞을 지나는 손님들에게만 팔던 돈까스를 전국에 팔고 싶었다. 2019년 말, 가치삽시다에 입점했다. "대형 이커머스도 있고 포털도 있는데, 정부 쇼핑몰에 누가 와요?" 맞는 말이었다. 가치삽시다 자체 방문자는 많지 않았다. 그런데 이상한 일이 벌어졌다.

"사장님, 네이버에서 주문 들어왔어요." "네이버요? 지 네이버에 입점 안 했는데요?" "11번가에서도요. G마켓에서도요." 가치삽시다에 한 번 등록했을 뿐인데, 14개 민간 쇼핑몰에 동시에 상품이 올라갔다. 사진 한 번, 설명 한 번 쓰면 끝이었다. 각 플랫폼마다 따로 가입하고, 따로 등록하고, 따로 관리할 필요가 없었다.

"처음엔 연습이라고 생각했어요. 가치삽시다에서 경험 쌓고, 나중에 대형 플랫폼 들어가야지. 근데 여기서 이미 전국 판매가 되고 있더라고요." 이 돈까스가게는 가치삽시다를 베이스캠프로 삼았다. 민간시장의 거친 파도에 바로 뛰어들지 않고, 이곳에서 소비자 반응을 살피고 판매 경험을 쌓았다. 어떤 사진이 클릭을 부르는지, 어떤 가격대가 먹히는지. 시행착오의 비용을 최소화하며 자생력을 키웠다. 1년 후, 그녀는 자신감을 갖고 대형 이커머스에 단독 입점했다. 이미 검증된 상품, 검증된 운영 노하우를 가지고.

전남의 김아무개 대표는 지역 농산물로 만든 건강식품을 팔았다. 문제는 인지도였다. "품질은 자신 있어요. 근데 아무도 몰라요. 광고비가 없으니까." 포털 스마트스토어를 열었다. 대형 이커머스에도 입점했다. 결과는 처참했다. 한 달에 주문 3건. 검색해도 안 나왔다. 뒤로 밀려서. 광고비를 쓰지 않으면 노출이 안 됐다. 광고비를 쓰면 남는 게 없었다.

가치삽시다 담당자가 찾아왔다. "명절 기획전에 참여해 보시겠어요? 메인 페이지에 노출해 드릴게요." "비용은요?" "없어요." 반신반의했다. 설 기획전에 참여했다. '전남 친환경 선물세트'. 메인 배너에 올랐다. 일주일 매출이 다른 온라인 채널 매출 다 합친 것보다 많았다. 그 매출보다 더 중요한 것이 있었다. 인지도였다. 기획전을 통해 브랜드가 알려졌다. 포털에서 검색하는 사람이 생겼다. 대형 이커머스에서 찾는 사람이 생겼다. 가치삽시다가 마중물이 된 것이다.

정부가 대형 플랫폼과 경쟁하면 거대한 시장에서 N분의 1이 될 뿐이다. 우리는 N분의 1이 되려 하지 않았다. N을 키우고, 그 운동장 안에서의 규칙을 만드는 것. 플랫폼에 맞서 부족한 소상공인의 협상력을 보완하는 것. 그것이 정부의 역할이었다.

이 돈까스가게는 말했다. "처음부터 대형 플랫폼 갔으면 포기했을 거예요. 너무 복잡하고, 경쟁이 너무 치열하니까. 가치삽시다에서 연습하고 갔으니까 버틸 수 있었어요." 전남의 김 대표도 말했다. "정부에 대형 플랫폼을 만들어달라고 했던 게 부끄러워요. 그게 필요한 게 아니었어요. 대형 플랫폼으로 가는 다리가 필요했던 거예요."

가치삽시다는 그 다리가 됐다. 골목에서 전국으로, 오프라인에서 온라인으로 건너가는 다리. 정부는 그 다리를 놓는 역할을 했다. 직접 물건을 나르지 않았다. 다리 위를 걷는 것은 소상공인 자신의 몫이었다.

디지털 커머스 닥터

하이파이브의 세 번째 손가락은 '맞춤형 지원'이다.

감기 환자와 골절 환자에게 같은 약을 줄 수는 없다. 소상공인도 마찬가지다. 업종도, 나이도, 디지털 역량도 모두 다른 그들을 한 교실에 몰아넣고 똑같은 교육을 하는 것은 행정 편의주의이자 폭력이다. 먼저 묻고, 진단해서 그에 맞는 처방을 내리는 것. 우리는 그것을 '디지털 커머스 닥터'라 불렀다. 병원에 가면 의사가 먼저 묻는다. "어디가 아프세요?" 진단을 한다. 진단이 끝나야 처방이 나온다. 감기인 사람에게 항암제를 주지는 않는다. 골절인 사람에게 소화제를 주지는 않는다.

그동안 우리는 어떻게 하고 있었나. 100명을 한 교실에 모아놓고 같은 강의를 했다. 카페 사장도, 정육점 사장도, 온라인 초보도, 중급자도 같은 강의를 들었다. 진단 없이 처방을 내린 셈이었다.

강원도 양봉 농가. 30년 경력의 양봉 전문가가 운영하는 곳이다. 꿀 품질은 누가 봐도 A급이었다. 포장과 마케팅이 문제였다. 플라스틱 통에 손글씨 라벨. 상세 페이지는 상품 사진 한 장과 '100% 국산 꿀입니다' 한 줄이 전부였다. 디지털 커머스 닥터가 방문했다. 진단 결과는 명확했다. "상품은 명품인데 옷이 헌옷이에요."

처방이 시작됐다. 포장 디자인 컨설팅. 플라스틱 통 대신 유리병. 손글씨 라벨 대신 깔끔한 타이포그래피. '홍천 청정지역 30년 장인의 꿀.' 상세 페이지도 바꿨다. 양봉장 전경 사진, 벌통 관리 과정, 채밀 장면. 30년 경력이 스토리가 됐다.

3개월 후, 매출이 150% 늘었다. 같은 꿀이었다. 맛도, 품질도 변한 게 없었다. 옷만 바꿨다. 사장님이 말했다. "30년 동안 꿀 품질에만 신경 썼어요. 포장은 어차피 버리는 거라고 생각했거든요. 근데 온라인에서는 포장이 첫인상이더라고요."

서울 마포의 디저트 카페. 20대 후반 사장이 마카롱을 만들었다. 맛은 좋았다. 오프라인 단골은 있었다. 문제는 온라인이었다. "배달앱에 올렸는데 주문이 안 들어와요." 디지털 커머스 닥터가 배달앱 페이지를 분석했다. 마카롱 사진이 어두웠다. 형광등 아래서 스마트폰으로 찍은 사진. 색감이 탁했다.

"마카롱은 눈으로 먼저 먹어요. 사진이 맛없어 보이면 클릭을 안 해요." 사진 촬영 워크숍에 참여시켰다. 자연광 활용법, 배경 세팅, 스마트폰 카메라 설정. 일주일 후 새 사진으로 교체했다. 같은 마카롱이었다. 레시피도, 재료도 바뀐 게 없었다. 사진만 바꿨다. 한 달 후 주문이 세 배로 늘었다.

30대 초반의 온라인 셀러. 의류, 액세서리, 생활용품. 세 번 창업하고 세 번 실패했다. "뭘 팔아도 안 돼요. 저는 장사 체질이 아닌 것 같아요." 디지털 커머스 닥터가 진단했다. 상품 선정, 가격 책정, 마케팅. 세 가지 모두 문제가 있었다. 하지만 가장 큰 문제는 '단계'였다.

"사장님, 뛰기 전에 걷는 법부터 배워야 해요."

3단계 교육 프로그램에 등록시켰다. 1단계 기초 과정, 플랫폼 이해와 상품 등록. 2단계 심화 과정, 상세 페이지 최적화와 키워드 광고. 3단계 고급 과정, 데이터 분석과 브랜딩. 6개월 과정. 매주 과제와 피드백.

교육 수료 후 1년. 월 매출이 500만 원에서 1500만 원으로 늘었다. 순이익은 세 배 이상. "예전엔 '왜 안 팔리지?' 했어요. 지금은 '어떻게 하면 더 잘 팔릴까?' 해요." 막연한 불안에서 구체적인 고민으로. 그것이 성장의 시작이었다.

소상공인은 하나가 아니다. 처한 상황이 다르고, 가진 역량이 다르고, 필요한 도움이 다르다. 익산의 50대 반찬가게 사장은 스마트폰으로 카카오톡까지는 했지만 앱을 새로 깔아본 적이 없었다. 마포의 30대 카페 사장은 인스타그램 팔로워가 500명이었다. 같은 '반찬가게', 같은 '카페'여도 출발선이 달랐다. 같은 교육을 시키면 전혀 다른 결과가 나왔다.

"플랫폼 이름을 외우게 하지 말고, 플랫폼을 다루는 손을 만들어라." 그것이 맞춤형 지원의 핵심이었다. 기침을 한다고 다 감기가 아니다. 기침은 증상일 뿐이다.

소담스퀘어: 홍천 할머니의 눈물

하이파이브의 네 번째 손가락은 '찾아가는 현장'이다.

하루 벌어 하루 사는 분들에게 "가게 문 닫고 센터로 와서 교육받으라"는 말은 하지 말라는 뜻과 같았다. 기술이 사람을 오라 가라 해서는 안 된다. 기술이 사람에게 가야 한다. 신청을 기다리는 책상 행정을 버리고, 골목으로, 시장통으로, 할머니의 좌판 앞으로 우리가 먼저 찾아가야 했다.

"교육받으러 오세요." 정부는 늘 그렇게 말했다. 우리는 물었다. 가게 비우고 어떻게 오라는 거냐고.

소상공인의 44%는 1인 사업자다. 가게가 곧 삶이다. "교육받으러 센터로 오세요." 그 말은 "가게 문 닫고 오세요"와 같다. 하루 장사를 쉬면 하루 수입이 없다. 일주일 교육을 받으면 일주일 생계가 막막하다.

'우문현답'. 우리의 문제는 현장에 있고, 그 답은 현장에서 찾아야 한다. 센터로 오라고 하지 않고, 골목으로 찾아갔다.

강원도 5일장의 70대 할머니가 좌판을 펼치고 있었다. 수수부꾸미. 30년째 같은 자리에서 같은 음식을 팔았다. 소담스퀘어 직원이 다가갔다. "할머니, 수수부꾸미 맛있네요. 온라인으로 팔아보시겠어요?" "온라인? 그게 뭐여?" "인터넷으로 전국에 파는 거예요. 서울 사람들도 사 먹을 수 있어요." 할머니가 손을 내저었다. "나는 컴퓨터도 모르는데. 스마트폰도 전화 받는 것밖에 몰라." "괜찮아요. 저희가 다 해드릴게요." 할머니는 반신반의했다. 하지만 손해 볼 것도 없었다. 해보기로 했다.

직원들이 움직였다. 할머니가 수수부꾸미 만드는 모습을 촬영했다. 새벽에 반죽하고, 팥소를 넣고, 기름에 지지는 과정. 30년 내공이 담긴 손놀림. "할머니, 이 반죽 비법이 뭐예요?" "비법? 그냥 어머니한테 배운 대로 하는 거여. 찹쌀하고 수수 비율이 중요해. 7대 3." 그 말을 그대로 상세 페이지에 넣었다. '3대째 내려오는 7:3 황금비율'. 투박한 손으로 반죽하는 사진. 시골 부엌의 정겨운 풍경. 포장도 바꿨다. 비닐봉지에 담던 수수부꾸미를 예쁜 종이 상자에 넣었다.

일주일 후. "할머니, 주문 들어왔어요." "주문? 얼마나?" "서른두 개요." 시장에서는 하루에 열 개 팔기도 힘들었다. 한 달이 지났다. "할머니, 이번 달 매출이요……." "얼마여?" "1000만 원이요." 할머니가 멍해졌다. 한참을 말이 없었다. 30년 동안 시장에서 팔 때는 월 200만 원도 힘들었다. "서울에서도 주문 오고, 부산에서도 오고, 제주도에서도 왔어요." 할머니 눈에 눈물이 고였다. "제주도에서? 우리 수수부꾸미를?"

소문이 퍼졌다. "정순이 엄마가 인터넷으로 1000만 원 벌었대." 이웃집 할머니가 찾아왔다. "나도 해볼 수 있어? 나는 메밀전 부치는데……." 그 옆집 할머니도 왔다. "나는 된장 담그는데. 40년 됐어." 소담스퀘어 직원들이 한 명씩 도왔다. 메밀전 할머니, 된장 할머니, 고추장 할머니. 하나둘 온라인에 입점했다. 6개월 후, 홍천에 '온라인 반찬 기업촌'이 생겼다. 지역 소멸을 걱정하던 마을에 새로운 활력이 돌았다.

할머니들이 라이브커머스를 시작했다. 어눌한 말투. 투박한 손놀림. 그런데 그게 먹혔다. "이거 오늘 아침에 텃밭에서 딴 거여. 농약 안 쳤어. 내가 먹을 거니까." 도시의 세련된 방송과는 달랐다. 하지만 진심이 전해졌다. 시청자들이 댓글을 달았다. "할머니 너무 귀여우세요ㅠㅠ" "우리 외할머니 생각나요. 바로 주문합니다." "첨가물 없는 거 맞죠? 아이 간식으로 주려고요." "첨가물? 그게 뭐여? 나는 그런 거 넣을 줄도 몰라." 그 말 한마디가 수십 개의 주문을 만들었다.

소담스퀘어는 서울 세 곳, 지방 세 곳에 열렸다. 단순한 매장이 아니었다. 온라인과 오프라인의 경계를 허무는 공간이었다. 이후 소담상회로, 상품을 가진 소상공인의 공유가게로 이어졌다. 소상공인 제품을 오프라인에서 전시하고, 소비자가 직접 보고, 만지고, 맛보고, QR코드로 바로 온라인 주문. 소비자 입장에서는 '보고 사는' 안심이 있었다. 소상공인 입장에서는 '전국 판매'의 기회가 열렸다. 라이브커머스 스튜디오도 겸했다. 공유 오피스로도 썼다. 팝업스토어도 열었다. 공간 하나가 여러 기능을 했다. 소담스퀘어, 소담상회는 아직도 같은 이름으로 존재한다. 소상공인들에게는 중소기업유통센터보다 소담상회, 소담스퀘어가 더 친숙하고 유명해졌다. 그 시절 반대를 무릅쓰고 단일 브랜드를 만든 것에 대한 보람이 있다.

찾아가는 지원. 말은 쉽다. 실행은 어렵다. 센터에 앉아서 오라고 하는 게 훨씬 편하다. 하지만 편한 방식으로는 변화를 만들 수 없다. 골목으로 들어가야 한다. 시장통으로 찾아가야 한다. 할머니 옆에 앉아서 스마트폰 켜는 법부터 알려줘야 한다. 6장에서 본 발견행정처럼, 소담스퀘어는 골목의 할머니를 먼저 찾아갔다. 신청을 기다리지 않고 발견하러 갔다.

연결이 곧 매출이다

하이파이브의 마지막 다섯 번째 손가락은 '자원의 연결'이다.

지금까지의 지원은 각자도생이었다. 온라인 지원 따로, 오프라인 지원 따로였다. 만드는 사람과 사는 사람이 단절되어 있었다. 그러나 진짜 힘은 섞일 때 나온다. 온라인과 오프라인을 섞고, 소상공인의 실력과 공공의 구매력을 잇는 것이다. 따로 있을 때는 약하지만 연결되면 강해진다.

소상공인에게 부족한 것은 실력이 아니었다. 연결이었다. 좋은 제품을 만들어도 살 사람을 못 만나면 소용없다.

경기도 유아완구업체 박 대표는 원목 장난감을 만들었다. 친환경 소재, 안전한 마감. 엄마들 사이에서 입소문이 났다. "품질은 자신 있어요. 근데 대기업 장난감이랑 경쟁이 안 돼요. 광고비가……."

2021년 겨울, 중소벤처기업부에서 연락이 왔다. "K-MAS 라이브 마켓에 참여해 보시겠어요?" "라이브 마켓이요?" "네. 오프라인 행사장에서 판매하면서 동시에 네이버 라이브로 송출하는 거예요."

박 대표는 고민했다. 라이브커머스는 해본 적이 없었다. "저는 말주변이 없는데……." "괜찮아요. 진행자가 따로 있어요. 사장님은 제품 설명만 하시면 돼요."

행사 당일. 코엑스 전시장. 오프라인 부스에 원목 장난감을 진열했다. 옆에서 카메라가 돌아갔다. 네이버 라이브 동시 송출. 오프라인 부스에서 엄마들이 장난감을 만져봤다. "와, 진짜 부드럽다." 그 반응이 라이브 화면에 잡혔다. 온라인 시청자들이 댓글을 달았다. "실물 보니까 진짜 좋아 보여요." "저도 만져보고 싶은데ㅠㅠ 배송 얼마나 걸려요?" 주문이 쏟아졌다.

3일간의 행사가 끝났다. 매출을 집계했다. 오프라인에서 3000만 원, 온라인에서 1억 2000만 원. 온라인만 했으면 이 정도 반응이 나왔을까. 오프라인만 했으면? 3000만 원이 한계였을 것이다. 둘이 연결되니 시너지가 폭발했다. 연결이 신뢰를 만들었다. 신뢰가 매출을 만들었다.

충청도의 한 반찬가게 60대 사장님은 30년째 반찬을 만들었다. 동네 단골들이 찾는 작은 가게. 어느 날, 군부대에서 연락이 왔다. "밀키트 납품 가능하세요?" "밀키트요? 그게 뭐예요?"

군 급식 부실 문제가 터진 후였다. 대형업체의 싸구려 급식에 장병들이 고통받았다. 해결책을 찾던 중 누군가 제안했다. "지역 골목식당 반찬을 밀키트로 만들어 납품하면 안 되나요?" 지역 소상공인과 공적 수요처를 연결하는 실험이 시작됐다.

김 대표는 처음엔 망설였다. "나는 동네 장사만 했는데, 군부대에요?" 컨설팅이 시작됐다. 위생 기준 맞추기, 포장 방법 개선, 유통기한 설정. 쉽지 않았다. 하지만 김 대표는 해냈다. 첫 납품 날. 제육볶음 밀키트 500개.

일주일 후, 부대에서 연락이 왔다. "반응이 너무 좋아요. 추가 주문 가능해요?" 장병들 반응이 쏟아졌다. "드디어 맛있는 게 나왔다." "엄마가 해준 것 같아요." 김 대표 눈에 눈물이 맺혔다. "군대 가 있는 아들 생각이 났어요. 우리 아들도 이런 거 먹었으면 좋겠다 싶어서……" 동네 반찬가게 매출이 두 배가 됐다. 직원도 한 명 더 뽑았다.

정부는 거대한 수요처다. 군 급식, 복지 도시락, 격리자 식사, 저소득층 식품 지원, 지역아동센터 간식. 공적 수요처는 생각보다 많았다. 문제는 연결이 안 되어 있었다는 것. 대형 급식업체가 독점하던 시장. 우리는 그 틈을 열었다. 지역 소상공인이 지역의 공적 수요를 채우는 구조. 돈이 지역 안에서 돌았다.

소상공인에게 필요한 건 '더 열심히 하라'는 독려가 아니었다. 연결이었다. 온라인과 오프라인의 연결. 유아완구업체가 증명했다. 소상공인과 공적 수요의 연결. 엄마손반찬이 증명했다. 연결은 저절로 생기지 않는다. 누군가 다리를 놓아야 한다. 정부가 그 역할을 해야 했다.

박 대표가 말했다. "온라인이냐 오프라인이냐, 그게 중요한 게 아니었어요. 둘을 어떻게 연결하느냐가 중요했어요." 김 대표도 말했다. "정부 사업이라고 하면 복잡하고 어려울 줄 알았어요. 근데 해보니까 이게 제일 안정적이더라고요. 배달앱보다 훨씬."

5만 4,000명의 다윗들, 그리고 남은 물음

2022년 4월 18일.

2년 1개월 만에 거리두기가 해제됐다. 마스크를 벗은 사람들이 거리로 쏟아져 나왔다. 이태원에 다시 불이 켜졌다. 전통시장에 손님이 돌아왔다. 뉴스는 '일상 회복'을 외쳤다.

3년이었다. 2020년 팬데믹 선언부터 2022년 거리두기 해제까지. 그 3년 동안 우리는 무엇을 했는가.

다섯 가지 원칙을 세웠다. 소상공인 중심성, 민간 플랫폼 연계, 맞춤형 지원, 찾아가는 현장형, 자원 연결. 하이파이브. 손바닥을 마주치는 약속.

떡볶이집 사장이 강사가 됐다. 가치삽시다가 대형 플랫폼으로 가는 다리가 됐다. 디지털 커머스 닥터가 병원처럼 진단하고 처방했다. 홍천 할머니가 제주도에 수수부꾸미를 팔았다. 엄마손반찬이 군부대에 밀키트를 납품했다.

5만 4,000명. 3년간 하이파이브 프로그램에 참여한 소상공인의 숫자다. 슈퍼개인. 돌팔매를 쥔 다윗들. 그들이 5만 4,000명 태어났다. 라이브커머스를 배웠고, 플랫폼을 갈아탔고, 사진 찍는 법을 익혔고, 전국에 물건을 팔았다. '나도 할 수 있다'는 자신감을 얻었다. 정책이 만든 것은 매출이 아니라 자신감이었다.

5만 4,000명은 전체 소상공인 중 1%도 안 된다. 99%는 여전히 그 도구를 쥐지 못했다. 교육장에 오지 못한 사람들. 가게를 비울 수 없어서, 스마트폰이 두려워서, 정보를 몰라서, 신청 기간을 놓쳐서. 우리는 찾아가는 지원을 했다고 말했다. 그렇지만 솔직히 말하면 여전히 '신청'을 기다렸다. 그것도 소상공인이 소상공인임을 증명하게 하는 각종 서류를 요청해서 신청

과정에서 포기하는 소상공인마저 있었다.

서울시에서 발견행정을 했을 때는 달랐다. 신청한 사람이 0명이었다. 그래도 버스가 달렸다. 데이터에서 그들을 '발견'했기 때문이다. 그런데 하이파이브는 어땠나. 교육 신청을 받았다. 컨설팅 신청을 받았다. 라이브커머스 참여 신청을 받았다. 신청한 사람은 도왔다. 신청하지 못한 사람은 그대로 남았다.

발견주의를 말하면서 정작 우리는 신청주의 안에 머물러 있었다.

더 큰 문제가 있었다. 개인은 강해졌다. 5만 4,000명의 다윗들은 디지털 역량을 갖췄다. 그럼에도 판은 여전히 기울어져 있었다. 대형 플랫폼의 시장 점유율은 더 높아졌다. 배달앱 수수료는 여전했다. 플랫폼의 알고리즘은 더 정교해졌다. 개인이 아무리 강해져도 기울어진 운동장에서는 한계가 있었다.

솔직히 묻는다. 우리가 한 일은 무엇인가. 혁신의 역설 안에서 살아남는 법을 가르친 것이 아닌가. 폭탄이 이동하는 방향을 바꾼 것이 아니라 폭탄을 든 채 버티는 법을 가르친 것이 아닌가. 5만 4,000명에게 디지털 역량을 길러줬다. 필요했다. 그러나 충분하지 않았다.

디지털 역량을 길러줬다. 그것은 의미 있었다. 하지만 그것만으로 골리앗을 이길 수 있을까. 골리앗이 서 있는 운동장 자체가 기울어져 있다면 다윗은 언제까지 오르막을 뛰어야 하는가.

2026년 1월, 이 글을 쓰는 지금도 질문은 여전하다. AI가 새로운 골리앗으로 등장하고 있다. 챗GPT가 고객 상담을 대신하고, AI가 상품 설명을 쓰고, 알고리즘이 노출 순위를 결정한다. 기술은 한층 빠르게 변하고 있다. 2020년의 코로나19가 2025년의 AI로 바뀌었을 뿐 구조는 같다. 기술을 가진 자와 가지지 못한 자. 플랫폼을 지배하는 자와 플랫폼에 종속되는 자. 그 사이의 간극은 더 벌어지고 있다.

개인을 강하게 만드는 것만으로는 부족했다. 판 자체를 바꿔야 했다. 돈이 흘러가는 방향, 수요가 움직이는 구조, 플랫폼이 지배하는 질서. 그것을 바꾸는 실험이 필요했다. 나는 광주행 KTX를 탔다.

돌아보기

코로나19가 강제한 디지털 전환. 하이파이브가 다섯 손가락을 펼쳤다. 떡볶이집 사장님이 강사가 되었고, 홍천 할머니가 눈물을 흘렸다. 5만 4,000명의 다윗이 돌팔매를 쥐었다. 그러나 개인을 강하게 만드는 것만으로는 부족했다.

→ *판 자체를 바꿔야 했다. 그즈음 광주행 KTX를 탔다.*

8장에서 수요 혁신을 본다.

8 | 광주경제진흥상생일자리재단 : 지산D소-"바보야, 문제는 수요 혁신이야"

2023~2025, 대표이사

공공은 지역경제를 위해 무슨 역할을 해야 하는가.

나의 해방일지, 산포에서 서울로

2022년, 드라마 〈나의 해방일지〉가 화제가 됐다.

경기도 외곽의 가상 마을 '산포'. 거기서 태어난 삼남매. 큰오빠 기정, 둘째 오빠 창희, 막내 미정. 이들은 매일 새벽 서울로 출퇴근한다. 첫차를 타고 서울에 가서 일하고, 막차로 산포에 돌아온다. 전철 안에서 졸고, 버스 안에서 쪽잠을 자고, 집에 돌아오면 밤 열한 시다. 다음 날 새벽 또 첫차를 탄다. 돈은 서울에서 벌고, 짐은 산포에서 진다. 삶은 어디에도 없다.

막내 미정이 말한다. "여기서 태어난 게 원죄야."

그 한마디가 시청자들의 가슴을 후볐다. 서울이 아닌 곳에서 태어났다는 것. 그것만으로 매일 왕복 네 시간을 길에서 보내야 하고, 그것만으로 '덜 성공한 사람'이 된다. 산포 사람들은 서울에서 번 월급을 산포에 가져오지만, 그 돈은 물건을 사면 다시 서울로 간다. 대형 플랫폼에서 주문하고, 배달앱으로 시킨다. 산포의 가게들은 텅 비어 있다. 드라마는 달콤한 해결책을 주지 않았다. 삼남매는 끝까지 산포와 서울 사이를 오간다. 해방은 오지 않았다.

드라마가 끝난 후, 댓글창이 들끓었다. "나도 산포에서 왔다." "여기서 태어난 게 죄라니, 진짜 그래요." "우리 동네가 산포예요." 산포는 허구였다. 하지만 대한민국 곳곳에 산포가 있었다.

광주가 그랬다. 부산이 그랬다. 대구가 그랬다. 전주가 그랬고, 춘천이 그랬고, 목포가 그랬다. 지방에서 태어나 서울로 돈을 벌러 가고, 서울에서 번 돈은 다시 서울로 빠져나간다. 젊은이들은 대학 가면서 떠나고, 취직하면서 떠나고, 결혼하면서 떠난다.

남은 건 노인과 빈 가게다. 전통시장 셔터는 하나둘 내려가고, 골목 식당은 점심에도 손님이 없다. 그나마 남은 손님들도 스마트폰으로 주문한다. 대형 이커머스로, 배달앱으로.

물건은 서울 물류센터에서 온다. 결제 대금은 서울 본사로 간다. 수수료는 서울 플랫폼 기업이 가져간다. 지역에서 벌어서 서울로 보내는 구조. 경제학자들은 이것을 '경제 공동화'라고 불렀다.

공동화. 속이 텅 비어간다는 뜻이다.

2023년 7월, 나는 광주행 KTX를 탔다. 창밖으로 지나가는 풍경을 봤다. 논밭 사이로 솟은 아파트, 공장 지대를 알리는 표지판, 간간이 보이는 폐업한 주유소. 서울에서 멀어질수록 간판의 불빛이 줄어들었다. 광주송정역에 내렸다. 역사를 나서니 택시 기사가 물었다. "어디로 모실까요?" 나는 말했다. "양동시장이요."

택시 안에서 기사가 말했다. "요즘 시장 많이 힘들어요. 옛날에는 명절만 되면 길이 막혔는데, 지금은 명절에도 한산해요. 다들 택배로 시키니까."

시장 입구에 내렸다. 오후 두 시. 한산했다. 몇몇 가게만 불이 켜져 있었다. 좌판을 펼친 할머니가 배추를 다듬고 있었다. 손님은 보이지 않았다.

골목을 걸었다. 떡집, 순댓국집, 반찬가게. 오래된 간판들이 줄지어 있었다. 어떤 가게는 문이 닫혀 있었다. 먼지 쌓인 유리창 너머로 텅 빈 내부가 보였다.

분식집에 들어가 떡볶이를 시켰다. 사장님이 혼자였다. "요즘 어떠세요?" 물었다. 사장님이 고개를 저었다. "예전 같지 않아요. 배달앱에 올리라는데, 수수료가 얼마인지 알아요? 팔아봐야 남는 게 없어."

그날 저녁 뉴스는 '수도권 집중 현상 심화', '지방 소멸 위기 89개 시군', '청년 인구 유출 가속' 등 익숙한 헤드라인이었다. 몇 년째 반복되는 뉴스. 문제를 알면서도 해결하지 못하는 것. 그것이 더 답답했다.

'여기서 태어난 게 원죄'라는 말이 머릿속을 맴돌았다. 드라마 속 미정이 한 말. 그런데 그것이 비단 산포만의 이야기일까. 광주에서 태어난 청년도, 목포에서 장사하는 소상공인도, 같은 말을 하고 있었다. 서울이 아닌 곳에서 태어났다는 것. 그것만으로 불리한 게임을 해야 한다는 것.

나는 왜 광주에 왔는가.

디지털 역량을 길러줬다. 그것은 의미 있었다. 5만 4,000명의 소상공인이 라이브커머스를 배웠고, 플랫폼에 입점했고, 전국에 물건을 팔았다. 하지만 전체 소상공인의 1% 남짓이었다. 나머지는 여전히 맨손이었다. 그리고 더 큰 문제가 있었다. 개인이 아무리 강해져도 기울어진 운동장에서는 한계가 있었다. 배달앱 수수료는 여전했고, 플랫폼 독점은 더 심해졌고, 돈은 계속 서울로 빠져나갔다.

그것만으로 골리앗을 이길 수 있을까. 운동장 자체가 기울어져 있다면?

서울시는 데이터로 시민을 발견했다. 무영등처럼 사각지대를 비췄다. 유통센터에서는 소상공인에게 디지털 무기를 건넸다. 다윗들이 태어났다. 그렇다면 광주는 무엇을 해야 하는가. 개인도 강해졌고, 사회도 눈을 떴다. 남은 것은 무엇인가.

판이다. 경기장 자체를 바꾸는 것. 돈이 흘러가는 방향을 바꾸는 것. 서울로만 빨려 들어가던 소비의 물길을 돌리는 것. 그것이 국가의 역할이 아닐까. 정부가 할 수 있는 일, 공공이 해야 하는 일. 플레이어로 뛰는 것이 아니라 게임의 규칙을 바꾸는 것.

〈나의 해방일지〉 속 삼남매는 끝내 산포를 벗어나지 못했다. 드라마는 해방을 보여주지 않았다. 그래서 시청자들은 더 공감했는지 모른다. 현실이 그러니까. 나는 묻고 싶었다. 정말 답이 없는 걸까. 산포가 산포로 남아야만 하는 걸까. 광주가 광주로 남아야만 하는 걸까.

지금도 질문은 여전하다. 지방 소멸 위기 지역은 더 늘었다. 청년 유출은 가속됐다. 배달앱 수수료는 올랐다. 대형 플랫폼 회원 수는 더 늘었다. AI가 새로운 골리앗으로 등장하고 있다. 챗GPT가 고객 상담을 대신하고, 알고리즘이 노출 순위를 결정한다. 기술을 가진 자와 가지지 못한 자. 플랫폼을 지배하는 자와 플랫폼에 종속되는 자. 그 간극은 더 벌어지고 있다.

여기서 태어난 게 원죄라는 말. 그 말이 여전히 유효하다면 우리는 무엇을 한 것인가.

양동시장을 걸으며 생각했다. 이 시장에서 번 돈이 이 시장에서 돌게 할 수는 없을까. 광주에서 번 돈이 광주에 남게 할 수는 없을까. 서울로 빠져나가는 물길을 막는 것이 아니라 지역 안에서 순환하는 새로운 물길을 만드는 것. 그것이 가능할까.

질문을 품고 양동시장을 빠져나왔다. 해가 기울고 있었다. 저녁 장사를 준비하는 가게들이 보였다. 반찬가게 사장이 나물을 다듬고 있었다. 건어물을 손질하는 분들도 보인다. 이분들은 내일도 여기서 장사를 할 것이다. 모레도, 그다음 날도.

그렇다면 나는 무엇을 해야 하는가.

낙수효과의 종말, 분수효과의 시작

양동시장을 다시 찾았다. 대인시장도 갔다. 송정역시장도 갔다. 치킨집, 분식집, 미용실, 철물점. 사장님들을 만나고, 듣고, 또 들었다. 서울시 디지털 기본계획을 세울 때 10만 명의 시민 의견을 모았듯이, 유통센터에서 하이파이브를 만들 때 13억 건의 키워드를 분석했듯이 광주에서도 현장의 목소리를 먼저 들어야 했다. 여전히 청책. 듣는 것이 정책이다.

소상공인들이 하는 말은 비슷했다. "물건은 잘 만들어요. 근데 손님이 안 와요." 양동시장 떡집 사장이 말했다. "예전엔 명절만 되면 줄 섰어요. 지금은 명절에도 한산해요. 다들 대형 플랫폼에서 시키더라고요." 대인시장 반찬가게 사장도 같은 말을 했다. "젊은 사람들이 시장에 안 와요. 배달앱으로 디 시키니까." 송정역시장 국밥집 사장도 그랬다. "국밥 맛은 그대로예요. 손님만 없어요."

수백 번 들은 말이었다. 물건은 있다. 기술도 배웠다. 하이파이브 교육을 받은 분들도 있었다. 라이브커머스도 해봤고, 네이버 스마트스토어에도 입점했다. 그런데 왜 손님이 안 올까. 도구를 쥐었는데 왜 여전히 힘든 걸까.

어느 날 밤, 숙소에서 노트북을 켰다. 검색창에 '지역경제 활성화'를 쳤다.

익숙한 기사들이 떴다. 지역화폐, 전통시장 현대화, 청년 창업 지원. 다 해본 것들이다. 효과가 없었던 건 아니지만 근본적인 해결은 아니었다. 스크롤을 내리다가 낯선 이름이 눈에 들어왔다. 프레스턴.

영국 프레스턴. 인구 14만의 작은 도시. 한때 산업혁명의 영광을 누렸던 곳. 자동차 부품, 철강, 섬유. 모든 것이 대기업 공장 안에 있었다. 그러나 2010년, 모든 것이 변했다. 대기업들이 빠져나갔다. 동유럽으로, 인도로, 중국으로. 임금이 싼 곳으로 공장을 옮겼다. 남은 건 빈 공장과 실업자들이었다. 젊은이들은 런던으로 떠났다. 상점들은 문을 닫았다. 프레스턴은 버려진 도시가 됐다.

여기까지는 흔한 이야기였다. 우리나라의 수많은 지방 도시들도 비슷한 길을 걸었다. 구미, 울산, 거제. 대기업이 떠나면 도시가 죽는다. 그런데 프레스턴은 달랐다. 거기서 이야기가 끝나지 않았다.

2011년, 프레스턴 시정부가 질문을 던졌다. 우리는 대기업을 다시 불러올 수 없다. 새로운 공장을 유치할 힘도 없다. 공급을 늘릴 수 없다면 다른 방법은 없을까. 그들은 발상을 뒤집었다. 공급을 늘릴 수 없다면 수요를 만들자.

어떻게? 가장 단순한 방법으로. 시청, 대학, 병원 같은 공공기관이 1년에 쓰는 돈을 계산했다. 사무용품, 급식 재료, 청소 용역, IT 서비스. 공공기관도 물건을 사고 서비스를 구매한다. 그 돈이 어디로 가고 있었나. 런던의 대기업, 해외의 공급업체. 프레스턴을 빠져나가고 있었다. 프레스턴 시민의 세금으로 산 물건이 프레스턴 밖으로 가고 있었다.

시정부는 규칙을 바꿨다. 우리의 돈은 우리 지역의 중소기업에서 먼저 산다. 같은 품질이면 지역 업체를 우선한다. 대형 입찰을 작은 단위로 쪼개서 지역 소상공인도 참여할 수 있게 한다. 단순했다. 여태껏 아무도 해본 적 없는 일이었다.

5년이 지났다. 지역 내 구매 비율이 5%에서 18%로 뛰었다. 10년이 지났다. 인구 유출이 멈추고 유입이 시작됐다. BBC는 프레스턴을 '영국에서 가장 개선된 도시'로 선정했다. 사람들은 이것을 '프레스턴 모델'이라고 불렀다.

2020년대 중반, 우리나라에서도 프레스턴 모델은 '커뮤니티 웰스 빌딩'이라는 이름으로 본격 논의되기 시작했다. 영암군은 프레스턴을 직접 방문해 공공조달 구조와 앵커기관 전략을 살펴봤고, 사회연대경제와 지역순환경제를 결합한 보고서와 토론회들이 잇따랐다. 광주에서 품었던 질문과 실험은 나중에야 알게 되었지만, 이런 흐름보다 한두 발 앞서 있었던 셈이다.

노트북 화면을 보며 생각했다. 우리는 그동안 무엇을 했는가.

혁신의 역설. 혁신은 문제를 해결하지 않았다. 이동시켰다. 편리함은 소비자에게, 부담은 생산자에게. 배달앱이 주문을 쉽게 만든 만큼 수수료가 골목을 눌렀다. 플랫폼이 연결을 확장한 만큼 데이터는 서울로 빨려 들어갔다.

이것이 혁신의 역설이다. 경제학에서는 이 믿음에 다른 이름을 붙였다. 낙수효과.

정부는 공급을 늘리는 데 집중했다. 기업에 R&D 자금을 줬다. 공장을 지어줬다. 수출을 도왔다. 물건을 만들어라. 그러면 팔릴 것이다. 대기업이 잘 되면 중소기업도 잘된다. 중소기업이 잘 되면 소상공인도 잘 된다. 위에서 물을 부으면 아래로 흘러내린다. 이것이 지난 30년간 우리의 믿음이었다. 정말 그랬는가.

지난 30년간 대기업 영업이익은 열 배 늘었다. 소상공인 폐업률은 두 배 늘었다. 위에서 부은 물은 아래로 흘러내리지 않았다. 위에서 다 마셔버렸거나 고여버렸다. 골목까지 내려오지 않았다. 양동시장 떡집 사장에게, 대인시장 반찬가게 사장에게 물은 한 방울도 내려오지 않았다.

낙수효과는 없었다.

프레스턴은 다른 질문을 던졌다. 위에서 아래로 흘러내리기를 기다리지 말자. 아래에서 물을 뿜어 올리자. 소비가 일어나면 생산이 따라온다. 판로를 열어주면 물건이 팔린다. 순서를 바꾸는 것이다. 이것이 바로 '먹사니즘'의 디지털 버전이다. 거창한 낙수효과보다 당장 골목 상인의 주머니를 채워주는 실용적 수요 창출. 프레스턴이 생각한 분수효과다. 분수는 아래에서 물을 뿜어 올린다. 그 물이 사방으로 퍼진다.

양동시장 사장들이 한 말이 떠올랐다. "물건은 잘 만들어요. 근데 손님이 안 와요." 그렇다. 물건이 없어서 못 파는 시대가 아니다. 물건은 넘쳐난다. 사줄 사람이 없어서, 팔 곳이 없어서 망하는 시대다. 공급이 문제가 아니라 수요가 문제다. 생산을 도울 것이 아니라 소비를 만들어야 한다.

이 지점에서 정부는 무엇을 해야 하는가. 그것은 수요 창출자의 역할이다. 물건을 만들게 돕기보다 물건이 팔리게 판을 까는 것. 프레스턴이 영국에서 해냈다면 광주에서도 할 수 있지 않을까.

2023년 7월, 광주경제진흥상생일자리재단 대표로 부임했다. 나는 재단의 정체성을 '수요 혁신 기관'으로 정의했다. 생산 지원 기관과는 성격을 달리하는 판로를 여는 기관. 공급을 늘리는 기관이 아니라 수요를 만드는 기관. 광주 시민이 소비하는 돈의 상당 부분이 서울로 빠져나가고 있었다. 대형 이기미스로, 배딜엡으로. 광주에서 벌어서 서울도 보내는 구조. '경제 공동화'다. 프레스턴이 겪었던 일이 광주에서도 일어나고 있었다.

그 물길을 돌릴 수 있을까. 서울로 빠져나가는 돈을 광주 안에서 돌게 할 수 있을까. 광주 사람이 광주 물건을 사고, 그 돈이 광주 상인에게 가고, 광주 상인이 다시 광주에서 소비하는 순환. 프레스턴이 13년에 걸쳐 만든 그 순환을 광주에서도 만들 수 있을까.

2026년 1월, 플랫폼 경제는 더 커졌다. 대형 이커머스 회원 수는 더 늘었다. 배달앱 수수료는 더 올랐다. 돈은 더 빠르게 서울로, 플랫폼 본사로 빨려 들어가고 있다. AI가 등장하면서 그 속도는 더 빨라지고 있다. 낙수효과를 믿고 기다리기엔 골목 가게들이 버틸 시간이 없다.

프레스턴은 13년이 걸렸다. 우리에게 그만한 시간이 있을까. 아니, 시간이 없다면 어떻게 해야 할까.

양동시장 떡집 사장이 했던 말이 귓가에 맴돈다. "예전엔 명절만 되면 줄 섰어요." 그 줄을 다시 세울 수 있을까. 대형 플랫폼이 아니라 양동시장으로, 배달앱이 아니라 골목 가게로 손님이 돌아오게 할 수 있을까.

순서를 바꿔야 한다. 위에서 아래로 흘러내리기를 기다리지 말고, 아래에서 물을 뿜어 올려야 한다. 그것이 프레스턴이 보여준 길이었다. 그리고 그것이 광주에서 해보려는 실험이었다.

지산D소: 세 글자를 바꾸다

'지산지소'. 지역에서 생산된 것을 지역에서 소비하자. 오래된 구호다. 마을 만들기를 이야기하는 분들이 빠뜨리지 않고 언급하는 말. 글로벌 대량 생산 시스템에 맞서 커뮤니티 단위에서 지속가능한 발전을 추구하자는 정신. 나도 그 정신에 동의했다. 광주에서 만든 것을 광주에서 사면 돈이 광주에 남는다. 프레스턴 모델도 결국 그 이야기 아닌가.

익숙한 구호와는 달리 현장에서 만난 사장들의 말은 그 취지에서 벗어나 있었다.

송정역시장 족발집 사장이 말했다. "광주 사람들한테만 팔아서는 안 돼요. 광주 인구가 얼마나 된다고. 전국에 팔아야지." 대인시장 김치가게 사장도 비슷한 말을 했다. "요즘 중국에서 김치 주문이 들어와요. 타오바오에 올렸거든요. 광주 안에만 있으면 죽어요." 양동시장 건어물가게 사장은 더욱 직설적이었다. "지산지소요? 그거 좋은 말인데, 현실은 아니에요. 광주 사람들도 전부 대형 플랫폼에서 사는데요."

지산지소의 '지'地가 흔들리고 있었다. 지역에서 생산된 것을 지역에서 소비하자. 그런데 디지털 경제 시대에 '지역'이란 무엇인가. 대형 이커머스는 광주에 없지만 광주 사람들이 산다. 배달앱 본사는 서울에 있지만 광주 골목 구석구석까지 들어와 있다. 공간의 경계가 무너졌다. 광주에서 만든 것을 광주에서만 사라고 하면 광주 소상공인들은 대형 플랫폼과 경쟁해야 한다. 전국 물류망을 가진 거대 플랫폼과 골목 가게가 같은 동네 손님을 두고 싸워야 한다. 이길 수 있을까.

지산지소는 '닫힌 순환'이다. 광주 안에서 돈다. 그 정신은 아름답지만, 현실에서는 작동하지 않았다. 광주 안에 가둬두면 시장이 너무 작다. 140만 광주 시민만을 대상으로 삼으면 대형 플랫폼이 빨아들이는 속도를 따라잡을 수 없다.

며칠을 고민했다. 지산지소의 정신을 살리면서 디지털 시대에 맞게 바꿀 수는 없을까. 닫힌 순환이 아니라 열린 순환. 광주 안에서만 도는 것이 아니라 광주에서 시작해서 전국으로, 세계로 뻗어나가되 그 과정에서 생기는 가치가 광주에 남는 구조.

어느 날 노트에 끄적거리다가 한 글자를 바꿔봤다. 지산지소. 지산D소. 가

운데 '지'地를 'D'로. Digital의 D.

지역에서 생산한 것을 디지털로 연결해 소비한다. 광주에서 만든 떡을 광주 사람만 사는 게 아니다. 광주에서 만든 떡을 전국에서 살 수 있게 하되 광주 사장님이 직접 라이브커머스를 하고, 광주 청년이 그 영상을 편집하며, 광주 물류업체가 배송한다. 생산도 광주, 마케팅도 광주, 배송도 광주. 소비자만 전국에 있다. 돈이 광주 안에서 돈다.

한 글자를 바꿨을 뿐인데, 방향이 달라졌다.

D는 Digital이면서 동시에 세 가지를 뜻했다. 첫째, District. 지역. 광주 안에서 돈이 순환하게 하는 것. 둘째, Digital. 지능. 데이터가 서울로 가지 않고 광주에 남게 하는 것. 셋째, 사실 D는 하나 더 있었다. 처음엔 생각하지 못했는데, 현장을 돌다 보니 보였다. Distant. 먼 곳. 골목에서 전국으로, 전국에서 세계로. 광주의 맛을 지구 반대편까지 보내는 것.

지역적 소비, 지능적 소비, 지구적 소비. 세 가지 축이 떠올랐다.

지역적 소비. 광주에서 번 돈이 광주에서 쓰이게 하는 것. 서울로 빠져나가는 물길을 돌려야 한다. 프레스턴이 공공기관 조달을 지역업체에서 하게 했듯이, 광주의 공적 수요를 광주 소상공인이 채우게 하는 것. 학교 급식, 복지 도시락, 격리 패키지. 공공이 첫 번째 손님이 될 필요가 있다.

지능적 소비. 데이터가 광주에 남게 하는 것. 배달앱을 쓰면 고객 데이터가 서울 본사로 간다. 10년간 쌓은 단골정보가 플랫폼 것이 된다. 앱을 바꾸면 그 데이터는 가져갈 수 없다. 우리의 데이터로 그들이 AI를 훈련시킨다. 서울의 알고리즘이 광주 사람의 쇼핑을 결정한다. 이 구조를 바꿔야 했다. 광주 소상공인이 데이터가 광주에 남고, 그 데이터로 광주를 위한 서비스가 만들어지는 것.

지구적 소비. 광주의 맛을 전국으로, 세계로 보내는 것. 지산지소가 '우리끼리'였다면 지산D소는 '우리 것을 세계에'다. 경상북도 영주 대장간의 낫과 호미가 아마존에서 팔린다. 진도 갓김치가 중국 타오바오에서 팔린다. 냉동 김밥이 미국에서 선풍적인 인기를 끈다. 가장 지역적인 것이 가장 세계적인 것이 되는 시대. 광주 골목 식당의 맛을 밀키트로 만들어 전국에, 세계에 보내는 것.

세 가지 축이 모두 연결되어 있었다. 출발점은 '상품화'였다.

양동시장 국밥집 사장이 물었다. "네이버에 입점해서 뭘 팔아요? 국밥을?" 그렇다. 국밥은 그 자리에서 먹어야 한다. 택배로 보낼 수 없다. 그러니 온라인에 팔 수 없다. 여기서 막힌다. 하지만 국밥을 밀키트로 만들면 어떨까. 그 자리에서 먹어야 하는 '제품'을, 택배로 보낼 수 있는 '상품'으로 바꾸면 어떨까.

상품이 있어야 지역 공공 수요처에 납품할 수 있다. 상품이 있어야 온라인에서 전국에 팔 수 있다. 상품이 있어야 해외로 보낼 수 있다. 상품화가 지역적 소비, 지능적 소비, 지구적 소비의 출발점이었다.

1소1상1소상공인 1상품화. 모든 소상공인이 자신만의 킬러 상품 하나를 갖는 것. 가게 앞을 지나가는 손님에게만 의존하면 한계가 있다. 그렇지만 온라인에 올릴 '상품' 하나만 있으면 전국이 시장이 된다. 세계가 시장이 된다.

서울시는 네 개의 기둥을 세웠다. 소셜특별시, 스마트시티, 디지노믹스, 연결도시. 유통센터는 다섯 손가락을 폈다. 하이파이브. 광주에서는 세 개의 축을 잡았다. 지역, 지능, 지구. 그리고 그 출발점에 상품화를 놓았다.

지산D소. 세 글자를 바꿨을 뿐이다. 그 안에는 15년간의 경험이 녹아 있다. 서울에서 배운 디지털 사회 혁신의 정신, 유통센터에서 실험한 하이파이브의 원칙, 그것을 광주라는 현장에 맞게 재구성한 것이다.

지금 돌아보면 지산D소는 완성된 답이 아니었다. 방향이었다. 나침반이었다. 현장에서 부딪히며 수정하고, 실패하며 배우고, 다시 시도하는 과정이었다. 완벽한 설계도가 있어서 그대로 실행한 것이 아니다. 사장님들의 목소리를 듣고, 프레스턴의 사례를 보고, 한 글자씩 바꿔가며 만들어간 것이다.

지산D소. 말은 만들었다. 이제 증명해야 한다. 광주 골목에서, 양동시장에서, 대인시장에서. 말이 아니라 현장에서 증명해야 한다.

지역적 수요 혁신: 상품화, 복지 수요와 만나다

하이파이브를 통해 소상공인들에게 디지털 역량을 가르쳤다. 라이브커머스, 스마트스토어, 사진 찍는 법. 디지털 도구를 건넸다.

막상 광주에 와서 보니, 한 가지를 놓치고 있었다. 팔 '상품'이 없는 분들이 있었다. 국밥집 사장, 순댓국집 사장, 백반집 사장. 음식은 그 자리에서 먹어야 한다. 택배로 보낼 수 없다. 네이버에 입점해도 팔 게 없다. 라이브커머스를 배워도 보여줄 게 없다. 돌팔매는 쥐었는데, 던질 돌이 없는 셈이었다.

제품과 상품은 다르다. 제품은 그 자리에서 소비된다. 국밥은 제품이다. 가게에 와서 먹어야 한다. 상품은 유통될 수 있다. 택배로 보내고, 디지털에서 팔 수 있다.

골목 가게들이 디지털 시대에 살아남으려면 제품을 상품으로 바꿔야 했다. 그런데 어떻게?

어느 날 코로나19 격리 패키지를 열어봤다. 확진자가 격리되면 10만 원 상당의 식품 패키지가 배달된다. 라면, 햇반, 통조림, 레토르트 카레. 열어 보니 대부분 대기업 제품이었다. CJ, 오뚜기, 농심. 익숙한 로고들이 눈에 들어왔다.

왜 지역 소상공인의 상품은 없는가. 밀키트와 간편식 기술이 대중화된 시대다. 격리 패키지를 굳이 대기업 제품으로만 채울 이유가 없지 않은가.

질문이 꼬리를 물었다. 독거노인 끼니복지 사업은 어떤가. 대기업 도시락이 배달된다. 지역아동센터 간식은? 학교 급식 식자재는? 군부대 밀키트는? 공공이 구매하는 식품들, 그 수요가 어디로 가고 있는가. 대형 급식업체, 수도권 식품 회사. 광주에서 쓰이는 예산이 광주 밖으로 빠져나가고 있었다.

여기서 실마리가 보였다. 공공이 첫 번째 손님이 되면 어떨까. 격리 패키지에 양동시장 순댓국 밀키트를 넣으면 어떨까. 독거노인 도시락에 대인시장 반찬가게 제품을 넣으면 어떨까. 공공 수요와 골목 상품을 연결하는 것. 프레스턴 모델의 핵심이 바로 그것 아니었나. 공공기관이 지역업체에서 먼저 산다.

솔직히 고백한다. 처음에는 더 큰 그림을 그렸다. 플러스10. 광주광역시 연간 공공조달 2조 7000억 원. 지역 내 구매 비율을 45%에서 55%로, 10%포인트만 올리자. 10%가 2700억 원이다. 승수효과를 고려하면 8000억 원의 지역경제 활력. 프레스턴이 해냈다면 우리도 할 수 있다고 생각했다.

프레스턴 이후 영국과 유럽 여러 도시에서 지역순환조달과 커뮤니티 웰스 빌딩 전략이 확산되었듯이, 한국에서도 '공공조달을 통한 지역경제 회복력 강화'가 점점 중요한 화두가 되기 시작했다. 광주가 고민한 것은 그 거대한 의제를 중앙정부 차원이 아니라 한 도시의 실험으로 어디까지 끌고 갈 수 있는가 하는 문제였다.

물론 공공조달 시스템 전체를 바꾸는 것은 우리 힘만으로는 어려웠다. 법과 제도, 중앙정부의 협조가 필요했다. 플러스10은 계획에 머물렀다.

곧장 다른 길을 찾았다. 전체를 바꿀 수 없다면 우리가 할 수 있는 곳부터. 상품화를 돕고, 복지 수요와 연결하는 것. 거창한 제도 개혁보다, 골목 가게 하나가 밀키트 하나를 만들 수 있게 돕는 것.

1소1상. 모든 소상공인이 자신만의 킬러 상품 하나를 갖는 것. 가게 앞을 지나가는 손님에게만 의존하면 한계가 있다. 하지만 온라인에 올릴 상품 하나만 있으면 전국이 시장이 된다. 세계가 시장이 된다.

2024년 5월, '소상공인 밀키트 상품화 지원사업'을 시작했다. 광주 대표 맛집 열한 곳을 선정했다. 청년창업가의 자연주스, 송정역 떡갈비, 광주김치, 흑백요리사 출연 명장의 곰탕 등.

각자의 시그니처 메뉴를 밀키트로 개발하도록 지원했다. 위생 기준 맞추기, 레시피 표준화, 포장 디자인, 유통기한 설정. 쉽지 않았다. 40년간 감으로 끓여온 국밥을 레시피로 만드는 것. "간은 눈대중이에요"라고 말하던 사장이 그램 단위로 재료를 재기 시작했다.

몇 달이 지났다. 11종의 밀키트가 탄생했다. 골목 식당의 맛이 '상품'이 되었다. 온라인에 올렸다. 반응이 왔다. "광주 맛 제대로 살렸군여." "고향 떠나서 고향의 맛이 그리웠는데……." 어르신들도 좋아했다. 대기업 도시락보다 입맛에 맞는다고 했다. 익숙한 맛. 동네 맛. 그리운 맛.

복지사업과도 연계해 공공이 첫 번째 손님이 된다면 소상공인에게 안정적인 수요가 생길 것이다. 엄마손반찬 김 대표가 군부대에 제육볶음 밀키트를 납품했듯이 광주에서도 같은 일이 일어날 수 있다. 공공은 거대한 수요처다. 문제는 그 수요와 골목 가게가 연결되어 있지 않았다는 것. 대형 급식업체가 독점하던 시장에 틈을 냈다. 지역 소상공인이 지역의 공적 수요를 채우는 구조. 돈이 지역 안에서 돌게 된다. 밀키트 기술이 대중화되면서 골목 맛집의 상품화가 어려운 숙제는 아니다.

송정역 떡갈비집 사장이 말했다. "처음엔 밀키트가 뭔지도 몰랐어요. 우리 가게 음식은 여기서 먹어야 맛있다고만 생각했죠. 근데 해보니까 되더라고요. 밀키트를 만들기만 했지 공공수요와 연계할 생각은 못했습니다. 서울에서 주문이 와요. 부산에서도 와요. 가게에 안 와도 우리 떡갈비를 먹을 수 있으니까." 그의 얼굴에 웃음이 번졌다. "40년 장사했는데, 이렇게 멀리 팔아본 건 처음이에요."

건강주스를 판매하는 청년 창업가도 말했다. "공공이 상품화를 함께 고민해 주시니 우리는 제품을 잘 만드는 것에 집중할 수 있어요. 더 적극적으로 수요와 연결해 주시면 좋겠어요."

상품화는 지역 내 수요에서 멈추지 않았다. 상품이 있어야 다음 단계로 갈 수 있다. 상품이 있어야 QR코드로 주문받을 수 있다. 상품이 있어야 전국 소비자에게 팔 수 있다. 상품이 있어야 해외로 보낼 수 있다. 1소1상은 지산D소 전체의 출발점이었다.

2026년 1월 현재 K-푸드 열풍이 전 세계를 휩쓸고 있다. 냉동 김밥이 미국에서 품절 대란을 일으켰다. 불닭볶음면이 유럽 슈퍼마켓 선반을 점령했다. 한국 음식이 세계로 나가고 있다. 그런데 그 이익은 누구에게 가는가. 대기업이다. CJ, 삼양, 풀무원. 골목 가게는 여전히 배달앱 수수료를 내고 있다.

양동시상 순댓국의 맛을 세계가 알게 되면 어떨까. 송정역 떡갈비가 아마존에서 팔리면 어떨까. 골목 가게의 맛이 밀키트가 되고, 그 밀키트가 세계로 나가면 어떨까.

불가능한 일이 아니다. 경상북도 영주 대장간의 낫과 호미가 아마존에서 팔린다. 전남 진도 갓김치가 중국 타오바오에서 팔린다. 가장 지역적인 것이 가장 세계적인 것이 되는 시대.

그 출발점은 상품화다. 제품을 상품으로 바꾸는 것. 가게 안에서만 소비되던 것을 세상으로 내보내는 것. 1소1상. 모든 소상공인이 킬러 상품 하나를 갖는 것이다.

지능적 수요 혁신: 데이터가 광주에 남는다

2024년 7월 19일. 그날을 잊을 수 없다.

배달의민족이 중개 수수료를 기습 인상했다. 6.8%에서 9.8%로. 44% 인상률. 별것 아닌 것 같은가. 치킨 한 마리 2만 원에 수수료 6.8%면 1,360원, 9.8%면 1,960원이다. 600원 차이. 그런데 하루에 50마리 팔면 3만 원이다. 한 달이면 90만 원이다. 월세보다 배달앱 수수료가 더 나가는 가게가 있었다. 사장들 사이에서 비명이 터져 나왔다.

대인시장 치킨집 사장을 만났다. "저는 내 가게의 주인이 아닙니다. 플랫폼의 디지털 소작농입니다." 그의 눈가가 붉어졌다. "배달앱 없으면 장사가 안 돼요. 젊은 손님들은 다 앱으로 시키니까. 근데 배달앱 쓰면 남는 게 없어요. 열심히 닭 튀겨서 플랫폼 월세 내고 나면 내 손에 뭐가 남습니까."

디지털 소작농. 처음 들었을 때 가슴이 먹먹해졌다. 조선시대 소작농은 지주에게 땅을 빌려 농사를 지었다. 수확의 절반 이상을 소작료로 바쳤다. 아무리 열심히 일해도 가난에서 벗어날 수 없었다. 땅이 자기 것이 아니니까. 지금의 소상공인들도 그랬다. 플랫폼이라는 땅에서 장사한다. 수수료라는 소작료를 낸다. 플랫폼이 수수료를 올리면 따를 수밖에 없다. 떠나면 손님이 없다. 땅이 자기 것이 아니니까.

더 큰 문제가 있었다. 데이터였다.

40대 김밥집 사장이 말했다. "저 10년간 장사했어요. 단골이 수백 명이에요. 누가 뭘 좋아하는지 다 알아요. 근데 그 정보가 어디 있는지 아세요? 배민 서버에 있어요. 제가 앱을 바꾸면 그 데이터는 못 가져가요. 10년치 단골 정보가 날아가요. 이게 말이 됩니까?"

배달앱을 쓰면 고객 정보가 플랫폼 본사로 간다. 서울로 간다. 어떤 메뉴가 잘 팔리는지, 어떤 시간대에 손님이 몰리는지, 어떤 동네에서 주문이 많은지. 그 데이터로 플랫폼은 AI를 훈련시킨다. 새로운 비즈니스를 만든다. 때로는 우리 가게 바로 옆에 플랫폼 직영점을 연다. 우리의 데이터로 우리를 공격하는 것이다.

'배달의민족 독립선언'. 거창한 이름이었다. 하지만 그 안에 담긴 뜻은 분명했다. "수수료 깎아달라"는 읍소가 아니었다. "내 장사의 데이터는 내 것이다"라는 주권 선언이었다. 알고리즘이 광주 사람의 쇼핑을 조종하지 않게 하겠다는 선언이었다. 플랫폼에 종속된 디지털 소작농에서 자기 데이터의 주인인 디지털 상공인으로.

김상재 외식업중앙회장이 말했다. "우리가 뭉쳐야 해요. 혼자서는 안 돼요. 혼자 가면 빠르지만 함께 가면 멀리 간다고 했잖아요." 그날 독립선언식은 분노만 있지 않았다. 희망도 있었다. 함께하면 바꿀 수 있다는 희망.

배민 독립선언 이후 변화가 있었다. 2024년 기준으로 보면, 광주 공공배달앱 '위메프오'와 '땡겨요'는 가맹점 약 1만 3,000개, 시장 점유율 약 17% 수준까지 올라섰다. 특히 신한은행의 '땡겨요'는 '금융형 배달앱'이라는 새로운 기준을 세웠다. 수수료 2%는 기본이고, 배달이 끝나기도 전에 정산해 주는 '선정산' 시스템으로 사장님의 숨통을 틔웠다. 전국 평균 공공배달앱 점유율이 4% 안팎에 머무르는 것과 비교하면 네 배에 가까운 수치다. 경제학 이론에서 말하는 '3%의 유효경쟁' 문턱을 상당히 넘어선, 사실상 메기 역할을 수행할 수 있는 규모였다.

공공배달앱 상생협의체 진행에 영향을 미쳤다. 국회도 방문해 배달중계수수료 상한제와 입점 소상공인에 전가되는 가짜 무료배달 중단을 촉구했다. 9.8% 인상안이 7.8%로 조정됐다. 사실 인상 전 6.8%였으니 배달의민족 입장에서 인상된 것이다. 그래도 작은 성과였다.

물론 민간배달앱을 완전히 대체할 수는 없다. 사용자 수, 알고리즘, 마케팅 역량에서 압도적 차이가 있다. 하지만 우리의 목표는 대체가 아니었다. 견제였다. 양식장의 메기처럼 건강한 민간시장을 위한 메기 역할을 하면 된다. 민간배달앱이 두려워 하는 유효적 경쟁사가 되어서 마음대로 수수료를 올리지 못하게 하는 것이다.

경제학 이론으로 보면 3%의 점유율만 있어도 독점을 견제할 수 있다. 광주는 이미 그 이상의 점유율을 달성했다. 차근 차근 광주 모델을 만들어 가면 된다.

민간배달앱과 싸우면서 현장에 다니다가 기가 막힌 이야기를 들었다. '김 대표, 인건비를 줄여준다고 태블릿을 설치하라고 해서 보조금 받아서 설치했지만 애물단지가 됐다'거나, '키오스크 설치하라고 해서 설치했는데 내년엔 베리어프리로 안바꾸면 과태료를 물린다'는 말들이었다. 스마트 오더라는 이름으로 정부가 보조금까지 주는 사업이 소상공인에게 짐이 되고 있었다.

스마트 오더의 취지는 좋다. 소상공인 가게의 인건비를 줄여 줄 수 있다.

그런데 꼭 키오스크와 태블릿이라는 장치를 설치해야 하는가?

2015년 상해 여행의 충격이 떠올랐다. 모든 주문과 결제가 QR코드를 찍으면 됐다. 10년 전 일이다. 디지털 선진국이라는 대한민국에서 스마트 오더란 이름으로 장치를 보급하는 것은 이해하기 힘들었다.

공공배달앱 '땡겨요' 사업자와 이야기했더니 본인들도 QR 주문 개발이 곧 마무리 단계란다. 합리적으로 생각하면 장치형보다 비장치형인 QR 방식이 스마트 오더의 역할을 하면서 소상공인에게는 부담을 주지 않는 것이다. 장치를 설치하면 관리문제가 생긴다. 장치는 보조금을 준다고는 하지만 비용도 만만찮고 매달 구독료를 내야 한다. 1인 가게 사장에게는 부담이다. 고장도 잦고, 업데이트도 번거롭다.

QR광주. QR 주문 보급을 했다. 테이블에 스티커 한 장. 손님이 스마트폰으로 찍으면 메뉴가 뜬다. 주문하고, 결제하고, 끝. 사장의 스마트폰으로 주문이 들어온다. 비용은 거의 제로에 가깝다. 코로나19 방역 패스로 전 국민이 QR코드에 익숙해져 있었다. 진입 장벽이 없었다.

"사장님, 이거 한번 써보세요." 스티커를 내밀었다. 사장이 의아한 표정을 지었다. "이거 하나 붙이면 된다고요? 카드 단말기 안 꺼내도 되고?" 그렇다고 했다.

일주일 후 사장에게서 전화가 왔다. "이거 진짜 편하네. 점심시간에 혼자서도 돌아가." 주문 받고, 계산하고, 거스름돈 주는 시간이 사라졌다. 그 시간에 국밥을 더 끓일 수 있었다.

광수는 속속 QR광주 상점들이 늘어나고 있다. 사실 QR광주의 진짜 핵심은 '편리함' 이후다. 데이터 주권이었다. QR광주로 모인 개별 가게의 데이터를 기반으로 AGI_{인공일반지능} 서비스까지 이어가려 했다. '요즘 매출이 떨어졌는데 마케팅 계획을 세워줘', '고객들에게 쿠폰을 발행하고 싶은데 어떻게 하는 것이 가장 효과적일까?' 소상공인 사장님의 AI 비서가 QR광주의 궁극적 목표였다. 소비자의 취향을 분석하고, 광주 상품을 추천하고, 광주경제를 순환시키는 알고리즘. 개별 가게 데이터의 주인이 되는 디지털 생태계. 광주만의 골목 AGI 서비스는 거창하지는 않지만 현장 체감형 AI 정책이다.

기술적으로 어려운 부분은 청년들이 함께했다. '청년 디지털 닥터단'. 대학생들로 구성된 이 팀이 골목골목을 누볐다. 할머니가 운영하는 떡볶이집에 가서 인스타그램 계정을 만들어드린다. 네이버 플레이스를 등록해드린다. QR코드 사용법을 알려드린다. 사진 찍는 법을 가르쳐드린다. "할머니, 이렇게 찍으면 떡볶이가 더 맛있어 보여요." "아이고, 그런 것도 있어?"

대만의 오드리 탕 디지털 장관이 말했다. "IT 기술을 사람들이 있는 곳으로 가져가야 한다. 사람들에게 IT가 있는 곳으로 오라고 하면 안 된다." 우리도 그랬다. 센터로 오라고 하지 않았다. 골목으로 찾아갔다. '찾아가는 현장형 지원'의 광주 버전이었다.

디지털 닥터단 대학생이 말했다. "처음엔 봉사 점수 받으려고 시작했어요. 근데 할머니가 '덕분에 손님이 늘었다'고 막걸리 사주시더라고요. 그때 느꼈어요. 이게 진짜 일자리구나."

청년에게는 일자리가 생겼다. 소상공인에게는 디지털 역량이 생겼다. 골목에서 두 세대가 만났다.

월곡시장 상인은 말했다. "처음에는 '이 나이에 무슨 인스타그램이여' 했어. 근데 손녀가 '할머니 가게 인스타 있어?' 하더라고. 이제는 내가 직접 사진 올려. 손녀가 좋아요 눌러줘." 70대 할머니의 인스타그램. 그것이 디지털 전환의 진짜 모습이었다. 거창한 기술이 아니라 손녀와 연결되는 것. 디지털이 사람과 사람을 잇는 것.

갈수록 데이터 주권 논의는 뜨거워지고 있다. AI 시대가 본격화되면서 데이터의 가치가 폭발적으로 커졌다.

누구의 데이터로 AI가 훈련되는가. 그 AI가 누구를 위해 일하는가.

광주 소상공인의 10년 치 매출 데이터가 서울 플랫폼의 AI를 훈련시킨다. 그 AI가 광주 가게 옆에 경쟁자를 추천한다. 이것이 공정한가.

우리만의 싸움이 아니었다. 스페인 바르셀로나도 같은 질문을 던졌다. 그들은 '데이터 커먼즈'Data Commons를 선언했다. 시민이 생산한 데이터는 거대 테크 기업의 것이 아니라 시민의 공공재라는 것이다. 바르셀로나 시는 공공조달 계약서에 '데이터의 소유권은 시민에게 있다'는 조항을 넣었다. 우버가 바르셀로나에서 영업하려면 운행 데이터를 시에 내놓아야 했다. '플랫폼에 종속'되지 않기 위한 전 세계적인 몸부림이었다. 광주의 배민 독립선언은 그 거대한 흐름 속에 있었다.

밀키트가 있어야 전국에서 주문이 들어왔다. 상품화가 출발점이었다면 데이터 주권은 그 상품이 팔리는 방식을 바꾸는 것이었다. 개별 가게의 데이터들이 사장의 결정에 가이드가 되고 사장의 궁금증을 풀어주는 비서가 되어야 한다. 이번 달 매출이 줄어든 이유를 분석하고 대안을 제시하며 내년 사업계획을 함께 고민해 제안해 줘야 한다.

지구적 수요 혁신: 골목에서 세계로

광주 소상공인 제품을 상품으로 바꿨다. 공공수요와 연결하고 디지털 커머스에 입점해 팔기 시작했다. 광주 안에서만 팔 것인가, 세계로 나갈 것인가.

과거 지산지소는 '우리끼리'였다. 글로벌 대기업과 경쟁하지 말고, 마을 안에서 작게 돌자. 그 정신은 아름답지만, 스스로를 가두는 것이기도 했다. 디지털 경제 시대에 공간의 경계는 무의미해졌다.

국경과 지역은 더 이상 장애가 아니다. 영주 대장간의 낫이나 호미와 진도 갓김치는 단순한 개별 성공 사례가 아니라 '지역에서 만든 것을 디지털과 글로벌 플랫폼을 통해 세계시장에 연결하는' 한국형 커뮤니티 웰스 빌딩의 선행 모델이기도 하다. 광주에서 지산D소와 1소1상을 통해 준비한 상품화와 데이터, 브랜딩의 인프라는 이런 로컬-글로벌 전략을 가장 먼저 대규모로 실험할 수 있는 토대였다.

가장 지역적인 것이 가장 세계적인 것이 된다. 이 말을 증명하고 싶었다. 그런데 골목 식당 사장이 혼자서 상품 기획하고, 패키지 디자인에 해외 마케팅까지 할 수 있을까. 불가능하다.

상품화의 핵심은 브랜딩과 마케팅이다. 그래야 전국으로, 세계로 나갈 수 있다. 스토리가 필요했다. 브랜드가 필요했다. 플랫폼이 필요했다. 지역의 IP 중 공공성을 가지면서 소상공인 브랜드 마케팅에 도움이 될 만한 것을 찾았다. 광주 자체가 도시 브랜드이자 핵심 자산이었다. 광주를 이미지로 소비하는 인플루언서도 고려 대상이었다. 2024년 상품화 지원을 통해 11개 상품을 출시할 예정이었다. 11을 축구경기 참여선수 수, 축구 하면 광주FC, 광주FC 하면 이정효 감독, 이정효 감독은 매운 축구, 매운 축구 하면 매운 김치, 그러면 이정효 김치! 브랜드로 만들수 있겠다, 생각이 꼬리에 꼬리를 물었다. 그래, 광주FC에 제안을 하자.

광주FC는 광주 시민구단이다. 홈경기 때마다 수만 명의 관중이 모인다. 서울에서, 부산에서 원정 온 팬들도 있다. 경기장은 단순한 운동 시설이 아니다. 광주를 전국에 알리는 무대다. 아울러 강기정 광주시장이 구단주다. 광주 시비도 투자된다.

지역 구단의 IP가 지역의 소상공인과 골목경제를 살린다. 말이 된다. 전국 최초 사례가 될 것이다. 이벤트성으로 진행된 사례는 있어도 지속적으로 기획을 가지고 한 사례는 찾기 어려웠다.

2024년 11월 2일, 대전과의 홈경기가 열리는 광주축구전용구장. 우리는 '광주푸드클럽' 창단식을 열었다. FC가 Football Club이라면 우리의 FC는 Food Club이다. 광주FC 구단과 광주경제진흥상생일자리재단이 손잡고, 상품화된 11개 광주 로컬 브랜드가 하나의 이름 아래 모였다.

넷플릭스 〈흑백요리사〉에 출연한 안유성 명장. 대한민국 제16대 조리명장. 북에서 내려온 어머니가 그리워하던 평양냉면의 기억을 되살려, 1947년 개업한 광주의 이북 음식점 '광주관'의 뿌리를 잇겠다는 뜻으로 '광주옥 1947'을 열었다. 그의 평양냉면이 밀키트가 되어 전국으로 배송된다. 그가 1번 게이트에서 팬들에게 직접 밀키트 시식회를 선보였다. 광주옥 평양냉면이 밀키트가 되어 전국으로 배송된다. 집에서 명장의 손맛을 재현할 수 있다.

축구 경기 전 광장에 부스를 세웠다. '광주의 맛을 집에서 드세요!' 30분 만에 완판됐다. 축구를 보러 온 팬이 광주의 맛을 사 갔다. 인스타그램에 올렸다. 입소문이 났다. 재주문이 들어왔다. 온라인몰을 열었다. 월 거래량이 다섯 배 뛰었다.

골목 식당의 맛이 '제품'에서 '상품'이 되어, 지역 복지 수요를 거쳐, 디지털 커머스를 통해 전국에 팔리고, 세계시장까지 나아갔다. 앞으로도 1소1상의 여정은 계속 되어야 한다.

복합쇼핑몰이 만들어지는 과정에도 소상공인을 위한 단순 공공기여가 중요한 것이 아니라 그 공간에 얼마나 지역 골목과 소상공인을 위한 공간을 배려하느냐 하는 공간의 점유가 중요하다.

복합쇼핑몰 사업자들의 핵심 경쟁력이 MD력 상품화 경쟁력이기도 하다. 이 MD력 상품화 경쟁력을 지역의 소상공인 골목이 기술 이전 받아야 한다. 복합쇼핑몰 어딘가에 지역의 소상공인들이 언제든 MD들과 상담을 받을 수 있는 상품화지원센터가 위치해야 된다. 지역과 지속가능한 발전을 위해서는 복합쇼핑몰의 핵심 경쟁력이 지역에 이식되어야 한다.

2026년 지금, K-푸드 열풍은 계속되고 있다. 불닭볶음면이 유럽을 휩쓸고, 냉동 김밥이 미국에서 품절 대란을 일으킨다. 한국 음식이 세계로 나아가고 있다. 양동시장 순댓국이 왜 세계로 나가면 안 되는가. 송정역 떡갈비가 왜 아마존에서 팔리면 안 되는가. 광주 할머니의 손뜨개가 왜 파리에서 팔리면 안 되는가.

디지털 무역의 새로운 인재는 어디서 찾을 것인가.

의외로 우리 곁에 있었다. 동남아에서 온 분들은 현지에서 엘리트층인 경우가 많다. 베트남어, 태국어, 인도네시아어. 이중언어를 구사한다. 그동안 우리는 다문화 가족을 복지와 시혜의 대상으로만 바라보았다. 관점을 바꾸면 그들은 디지털 무역의 핵심 인재다.

광주에 있는 베트남 유학생이 틱톡에 광주 떡갈비를 소개한다. 베트남 팔로워들이 본다. 댓글이 달린다. "이거 베트남에서 살 수 있어요?" 주문이 들어온다. 로컬이 곧바로 글로벌이 된다. 다문화인에게는 지역사회에 기여했다는 자부심이 생긴다. 지역 상품은 해외시장을 얻는다.

디지털이 그 길을 열었다. 골목에서 전국으로, 전국에서 세계로. 제품에서 상품으로, 상품에서 브랜드로. 1소1상의 여정은 계속된다. 지산지소가 '닿힌 순환'이었다면 지산D소는 '열린 순환'이다.

이웃 나라 일본은 이를 제도화했다. '고향납세'^{후루사토노제}다. 도시에 사는 사람이 시골 지자체에 기부하면 세금을 깎아주고, 지자체는 답례품을 보낸다. 단순히 특산물을 주는 게 아니다. 지역 장인이 만든 공예품, 지역 체험권 등 고도화된 '상품'이 오간다. 세금 제도를 이용해 강제로라도 돈의 물길을 지방으로 돌린 것이다.

일본이 제도로 물길을 텄다면 우리는 매력적인 상품으로 물길을 텄다. 방식은 달랐지만 목표는 같았다. 닫힌 순환이 아니라 밖에서 안으로 끌어들이는 열린 순환이다. 광주에서 만들고, 광주에서 팔고, 광주에서 번 돈이 광주에 남되, 시장은 디지털이고 세계다.

광주푸드클럽 창단식 날, 안유성 명장이 말했다. "맛에는 국경이 없습니다." 실제로 그의 광주옥 평양냉면 밀키트는 미국 컬리^{Kurly USA}에서 판매되고 있다. 광주 골목의 맛이 태평양을 건넜다.

골목에도 국경이 없다. 양동시장 골목이 파리 샹젤리제와 연결될 수 있다. 디지털이 그 다리를 놓는다.

성공했지만, 실패했다

우리는 성공했지만, 실패했다.

물길을 조금 돌렸다. 서울로 빠져나가던 돈의 일부가 광주에 남게 됐다. 하지만 거대한 강물의 흐름을 완전히 바꾸지는 못했다. 배달앱 수수료는 여전히 7.8%다. 배민 독립선언 이후 몇 달이 지나자 다시 일상으로 돌아갔다. 플랫폼의 힘은 그대로였다. 대형 이커머스 회원 수는 더 늘었다. 우리가 잠시 저항했을 뿐 플랫폼의 독점적 지위는 공고했다.

왜일까.

우리는 '정책'으로 싸웠지만, 상대는 '구조'였기 때문이다.

온라인 플랫폼 독점규제법. 이 법이 있었다면 수수료를 제한할 수 있었다. 데이터 주권을 보호할 수 있었다. 하지만 이 법은 21대 국회에서 폐기되고, 22대 국회에서 다시 발의됐지만 미국의 통상 압력이라는 새로운 암초를 만났다. 아직도 여전히 계류 중이다.

플랫폼 공정화와 데이터 주권을 다루는 다른 법안들 역시 비슷한 운명을 겪었다. '혁신 저해'라는 명분과 거대한 로비 앞에서 지역과 골목의 현실은 늘 뒤로 밀렸다. 광주 골목에서 시작한 실험이 구조를 바꾸려면 결국 국회라는 마지막 관문을 넘을 수 있는 시민적·정치적 힘이 필요하다는 사실을 절감했다.

정책은 3년을 가지만, 법은 10년을 간다. 우리가 한 것은 증상 치료였다. 병의 뿌리는 건드리지 못했다. 광주에서의 실험은 '공공이 수요를 창출할 수 있다'는 가능성을 증명했다. 아이러니하게도, 광주가 보여준 공공배달앱과 데이터 주권, 1소1상 실험은 이후 다른 지자체와 중앙정부의 정책 자료에서 '선도 사례'로 자주 인용되었다. 그러나 선도 사례로 언급되는 것과 실제로 그 모델이 법과 제도 속에 새겨지는 것 사이에는 골이 깊었다.

더 큰 문제가 있었다.

소상공인을 위한 사회적 안전망이 여전히 부실하다. 직장인 검진율이 90%를 상회하는 것에 비해 자영업자의 건강검진율은 50%도 안 된다. 직장인은 당연하게 받는 건강검진조차 자영업자에게는 그림의 떡이다. 하루 문을 닫으면 소득이 끊기기 때문이다. 육아휴직? 상상할 수도 없다. 아픈 몸을 이끌고 가게 문을 여는 소상공인이 수백만 명이다.

건강검진회사를 설득해서 양동시장으로 찾아가는 건강검진 행사를 했다. 많은 시장상인의 호응을 지금도 잊을 수 없다. 우리는 디지털 역량을 키워 줬다고 말했다. 그보다 그 이전에 아파도 병원에 갈 수 없는 현실을 바꿔야 했던 것 아닌가.

공공조달 플러스10을 이야기했지만 계획에 머물렀다. 배민 독립선언을 했지만 수수료는 그대로다. 1소1상을 외쳤지만 아직 상품화에 성공하지 못한 가게가 훨씬 많다. 광주푸드클럽이 성공했지만, 참여한 건 11개 브랜드에 불과하다. 광주 소상공인은 19만여 명인데!

5만 4,000명이 디지털 역량을 갖췄다. 그러나 전체 소상공인의 1% 남짓이다. 판을 바꾸겠다고 했다. 조금 기울기를 조정했을 뿐 판 자체는 그대로였다. 플랫폼이 지배하는 구조, 서울로 돈이 빠져나가는 구조, 대기업이 시장을 독점하는 구조. 그 구조는 여전히 건재했다.

다시 한 번 언급하자면, 수술실에는 '무영등'이 있다. 그늘 없는 빛. 여러 방향에서 빛을 비춰 그림자가 생기지 않게 한다. 집도의가 환부를 정확히 볼 수 있도록. 나는 소상공인 정책도 그래야 한다고 생각했다. 정책의 빛이 닿지 않는 그늘, 제도의 사각지대가 없어야 한다. 6장에서 본 것처럼, 데이터로 야간 노동자를 발견했다. 신청서 없이도 그들을 찾아냈다. 발견주의. 그것이 디지털 사회 혁신의 본질이었다.

광주에서 그것을 완전히 구현했는가. 솔직히, 아니다. 여전히 그늘이 길다. 스마트폰을 켤 줄 몰라 배달앱 입점을 포기하고 가게 문을 닫으려는 80대 할머니. 디지털이 뭔지 몰라서 지원 사업이 있는 줄도 모르는 70대 사상. 우리는 찾아가는 지원을 했다고 말했지만 결국 '신청하면 도와드립니다'의 틀에서 완전히 벗어나지 못했다.

좋은 정책도 신청 방식에 머무르면 가장 약한 사람은 반드시 소외된다. 서울에서 배운 발견주의 원칙을 왜 소상공인 정책에는 더 철저하게 적용하지 못했을까.

〈나의 해방일지〉 속 미정은 말했다. "여기서 태어난 게 원죄야." 8장을 시작할 때 그 말에 공감했다. 지방에서 태어난 것이 불리함이 되는 구조를 바꾸고 싶었다. 광주에서 번 돈이 광주에 남게 하고 싶었다. 서울의 알고리즘이 광주 사람의 쇼핑을 조종하지 않게 하고 싶었다.

그 구조가 바뀌었는가.

지금 묻는다. 미정이 여전히 산포에서 서울로 출퇴근하고 있지 않은가. 광주 청년이 여전히 서울로 떠나고 있지 않은가. 양동시장 가게들이 여전히 대형 플랫폼과 경쟁하고 있지 않은가.

빛의 방향은 잡았다. 그러나 아직 그림자가 사라지지 않았다.

류성룡은 임진왜란이 끝난 후 붓을 들었다. 승리의 기록을 쓰지 않았다. 패배와 실책의 기록을 썼다. 왜 일본의 침략을 예견하지 못했는가. 왜 군사를 미리 훈련시키지 않았는가. 그는 자신의 잘못을 낱낱이 적었다. 『징비록』. 지난 실수를 경계하여 후환을 막는다는 뜻이다.

비록 법제화의 실패라는 미완의 과제를 남겼지만, 이 실패의 기록조차 소중한 자산이 될 것이다. 같은 실수를 반복하지 않기 위해서. 다음 세대가 더 나은 판을 만들 수 있도록. 성공만 기록하면 교만해진다. 실패를 기록해야 겸손해진다. 겸손해야 배운다.

2011년 서울에서 시작해 2025년 광주까지. 15년의 시간 동안 나는 무엇을 했는가. 올빼미버스가 달렸고, 하이파이브가 펼쳐졌고, 지산D소가 시작됐다. 빛나는 성과도 있었다.

하지만 넘지 못한 벽이 있었다. 실패한 것들이 있었다. 돌아보면서 반성하
게 되는 방치한 것들이 있었다.

돌아보기

낙수효과의 종말, 분수효과의 시작. 지역·지능·지구, 세 방향의 수요 혁신을
시도했다. 소상공인들이 독립을 선언했다. 성과가 있었다. 그러나 법제화라
는 벽 앞에서 멈췄다. 성공했지만, 실패했다.

→ 왜 실패했는가. 9장에서 15년의 실패를 기록한다.

9 | 징비록: 통촉을 구합니다

통촉하시옵소서

"통촉하시옵소서."

사극을 보면 이런 장면이 나온다. 신하가 왕 앞에 엎드린다. 이마가 땅에 닿는다. 목소리가 떨린다. 왕은 용상에 앉아 내려다본다. 침묵이 흐른다. 그리고 다시 한 번. "전하, 통촉하여 주시옵소서."

통촉洞燭. 동굴 속까지 촛불을 비추듯 환히 살핀다는 뜻이다. 변명을 들어 달라는 게 아니다. 포장을 봐달라는 게 아니다. 가려진 것까지, 숨긴 것까지, 실패한 것까지 낱낱이 살펴달라는 것이다. 신하가 왕에게 통촉을 구한다는 것은 자기 속을 발가벗겨 보여주겠다는 뜻이다. 부끄러움을 무릅쓰고, 체면을 내려놓고, 있는 그대로를 드러내겠다는 뜻이다.

이 장은 통촉을 구하는 장이다.

심야버스가 달렸다. 5만 4,000명이 디지털 역량을 갖췄다. 지산D소가 시작됐고 독립선언이 울렸다. 빛나는 순간들이 있었다.

하지만 빛이 있으면 그림자가 있다.

심야버스가 달리는 동안 디지털 시민시장실의 스크린은 꺼졌다. 5만 4,000명이 디지털 역량을 기르는 동안 교육장에 오지 못한 수십만 명은 맨손으로 남았다. 독립선언에 서명한 후에도 수수료는 다시 올랐다.

성공했다고 말한 것들. 그 뒤에 실패가 있었다. 도왔다고 말한 것들. 그 뒤에 돕지 못한 사람들이 있었다.

나는 그 그림자를 이야기해야 한다.

"우리는 성공했지만, 실패했다." 그 문장이 가슴에 남았다. 실패를 기록하지 않으면 같은 실수를 반복한다. 성공만 기록하면 교만해진다. 실패를 기록해야 겸손해진다.

통촉을 구한다. 왕 앞에 엎드린 신하가 아니다. 독자 앞에 선 저자다. 그렇지만 마음은 같다. 제 마음 깊은 곳까지, 제 실패의 뿌리까지 낱낱이 살펴 달라는 것. 그것이 통촉이다.

류성룡의 붓끝에서

1598년 겨울, 안동.

전쟁이 끝났다. 7년이었다. 조선 인구의 3분의 1이 사라졌다. 경복궁이 잿더미가 됐다. 논밭은 잡초로 뒤덮였고, 살아남은 백성들은 굶주린 눈으로 허공을 바라봤다.

영의정 류성룡은 그해 겨울 고향으로 내려왔다. 탄핵이었다. 전쟁을 막지 못한 죄. 누구보다 앞장서서 이순신을 천거하고, 의병을 독려했으며, 명나라 원군을 끌어온 사람이었지만 전쟁이 끝나자 죄인이 됐다.

안동 하회마을. 허물어진 집에서 그는 밤마다 잠을 이루지 못했다. 눈을 감으면 7년의 참상이 밀려왔다. 부산포에 상륙하는 일본군, 무너지는 성곽, 피란길에 쓰러지는 백성들. 선조가 도성을 버리고 도망치던 밤. 백성들이 경복궁에 불을 지르던 날. 노비 문서를 태우며 분노를 터뜨리던 그 불길. 어느 날 그가 붓을 들었다. 종이를 펼쳤다. 무엇을 쓸 것인가.

승리의 기록을 쓸 수 있었다. 이순신 장군의 영웅담을 쓸 수 있었다. 명량에서 13척으로 수백 척의 적선과 싸운 이야기, 노량에서 "나의 죽음을 알리지 마라"던 마지막 말. 그런 기록이라면 후손들이 자랑스러워할 것이다. 류성룡 자신의 이름도 빛날 것이다.

그는 그렇게 쓰지 않았다.

첫 문장부터 달랐다. '임진년 4월, 왜적이 쳐들어왔다.' 담담했다. 그리고 질문이 이어졌다. 왜 침략을 예견하지 못했는가. 일본 사신이 '반드시 큰 난리가 날 것'이라 경고했는데 왜 귀담아듣지 않았는가. 성을 수리해야 한다는 건의가 있었는데 왜 미뤘는가.

그는 자신의 실책을 적었다. '내가 어리석어서', '내가 미처 생각하지 못해서', '내가 간언을 올리지 못해서'. 남을 탓하지 않았다. 선조를 탓하지 않았다. 모든 화살을 자신에게 돌렸다.

징비록懲毖錄. 시경에서 따왔다. '여기징이비후환' 予其懲而毖後患 — 지난 실수를 경계하여 후환을 막는다. 징懲은 지난 잘못을 깨우침이요, 비毖는 앞날을 삼감이다. 승리가 아니라 패배를 기록한 이유. 후손들이 같은 실수를 반복하지 않기를 바라서였다.

류성룡은 1607년에 죽었다. 『징비록』은 그의 사후에 세상에 알려졌다. 조선 지식인들 사이에서 읽혔다. 그리고 일본에서도 널리 읽혔다. 도쿠가와 막부의 학자들이 이 책을 번역했다. 조선의 약점을 분석했다. 그들은 류성룡의 반성에서 침략의 교훈을 얻었다.

300년 후, 일본은 다시 조선을 침략했다. 1910년 경술국치. 류성룡이 가장 두려워했던 일이 일어났다. 『징비록』을 읽고도 조선은 같은 실수를 반복했다. 기록이 있어도 배우지 않으면 소용없다는 뜻일까. 아니면, 기록이 없었다면 더 빨리 무너졌을 것이라는 뜻일까.

나는 류성룡을 생각한다. 안동의 허물어진 집에서 붓을 들던 그 순간을. 승리의 기록을 쓸 수 있었지만 패배의 기록을 쓰기로 결심한 그 밤을.

왜 그랬을까. 자랑할 것이 없어서가 아니다. 이순신을 발탁한 것은 그였다. 의병을 조직한 것도 그였다. 그러나 그는 자랑 대신 반성을 택했다. 영광 대신 치욕을 택했다. 그것이 후손에게 더 필요하다고 믿었기 때문이다.

나도 붓을 든다. 자랑할 것이 없어서가 아니다. 그러나 그 뒤에 가려진 것들이 있다. 넘지 못한 벽이 있다. 돕지 못한 사람들이 있다. 바꾸지 못한 구조가 있다. 그것을 기록하지 않으면 다음 세대도 같은 벽에 부딪힐 것이다. 같은 함정에 빠질 것이다.

류성룡의 『징비록』을 읽고도 조선은 망했다. 그렇다면 기록이 무슨 소용인가. 나도 모르겠다. 다만 이것은 안다. 기록하지 않으면 반성할 기회조차 없다. 경계해도 실패할 수 있지만, 경계하지 않으면 반드시 실패한다.

그래서 쓴다.

백신이 아닌 진통제만 주었다

2020년 봄, 세상이 멈췄다.

코로나19. 사람들이 집 안에 갇혔다. 거리가 텅 비었다. 식당에 손님이 사라졌다. 전통시장 좌판이 쓸쓸해졌다. 2020년 한 해 동안 소상공인 폐업이 크게 늘었다. 매일 수백 곳이 문을 닫았다. 누군가의 인생이 무너졌다.

정부가 움직였다. 재난지원금이 뿌려졌다. "힘드시죠? 이걸로 버티세요." 급한 불은 껐다. 하지만 그것은 진통제였다. 통증을 줄여줄 뿐 병을 낫게 하지는 못했다. 병의 이름은 따로 있었다. 디지털 문맹. 비대면 세상에서 물건을 팔 줄 모르는 것. 스마트폰으로 주문받고, 온라인에 입점하고, 라이브커머스로 손님을 부르는 법을 모르는 것. 진통제로는 이 병을 고칠 수 없었다.

백신을 만들겠다고 했다. 하이파이브. 한번 접종하면 면역력이 생겨 코로나19가 아니라 더한 것이 와도 버틸 수 있는 힘. 숫자로 보면 성공이었다. 여기서 솔직히 고백한다. 놓친 사람들이 있었다.

교육장에서 만난 60대 할머니가 생각난다. 경기도 어느 재래시장에서 40년간 순댓국을 끓여온 분이었다. 아들이 신청서를 대신 써서 교육을 받으러 오셨다. 첫날, 스마트폰을 꺼내셨다. 오래된 기종이었다. 화면에 금이 가 있었다. 강사가 "네이버 앱을 열어주세요"라고 했다. 할머니가 물었다. "앱이 뭐여?" 옆자리 수강생이 도와줬다. 할머니가 화면을 들여다봤다. 손가락이 떨렸다. 아이콘이 너무 작았다. 몇 번을 눌러도 엉뚱한 게 열렸다. 한숨이 나왔다. "나는 안 되겠어. 이 나이에 이런 걸 어떻게 해."

사흘째 되던 날, 할머니가 오지 않았다. 연락이 닿지 않았다. 한 달 뒤, 그 시장을 지나다 순댓국집을 찾았다. 셔터가 내려져 있었다. 옆 가게 사장님에게 물었다. "폐업하셨어요. 배달앱에 못 올리겠다고, 이제 장사 접는다고 하시더라고요."

그분에게 필요했던 건 100만 원의 지원금이 아니었다. 스마트폰 켜는 법부터 알려주는 것이었다. 진짜 백신은 그런 것이었다. 그런데 우리 교육은 이미 스마트폰을 쓸 줄 아는 사람을 대상으로 설계돼 있었다. 그 전 단계에 있는 분들은 첫날부터 막혔다.

놓친 사람이 그분만이 아니었다. 80대 혼자 운영하는 국수가게. 아침 6시에 반죽을 시작해서 오후 2시에 문을 닫는다. 교육 받으러 갈 시간이 없다. "교육이 있다는 건 알아요. 근데 가게를 비울 수가 없어요." 40년 된 신발가게 70대 사장. 컴퓨터가 없다. 2G 폴더폰을 쓴다. "온라인? 나는 그런 거 몰라요. 손님이 와서 신어보고 사 가야지."

이분들은 신청서를 쓸 시간도, 서류를 갖출 능력도, 지원 사업이 있다는 정보조차 알 길이 없었다. 우리가 도운 분들은 신청서를 쓸 수 있고, 교육장에 올 수 있고, 스마트폰을 쓸 줄 아는 분들이었다. 우리는 결국 이미 '생존 가능한 계층'만 도운 것이다.

이것이 신청주의의 함정이다.

"도와줄 테니 신청서 쓰세요." 일견 공정해 보인다. 그렇지만 이 말은 가장 잔인한 말이다. 진짜 힘든 사람은 신청서 쓸 시간이 없다. 서류 갖출 능력이 없다. 그런 사업이 있다는 걸 모른다. 도움이 필요한 사람일수록 도움을 받지 못하는 역설.

서울에서 발견행정을 했을 때는 달랐다. 그때 신청서가 있었나? 없었다. 데이터에서 야간 노동자의 고통을 읽어냈다. 새벽 2시에 집에 가는 사람들. 그들은 신청하지 않았다. 우리가 먼저 찾아냈다. 발견주의. 그것이 본질이었다.

소상공인 정책에서는 왜 그 원칙을 더 철저하게 적용하지 못했을까. 폐업 위기 가게를 데이터로 미리 찾아낼 수 있었다. 카드 매출이 급감한 가게,

배달앱 입점이 안 된 가게. 데이터는 있었다. 우리가 먼저 찾아갔어야 했다. "사장님, 요즘 힘드시죠? 저희가 도와드릴게요." 신청서 없이. 서류 없이. 그냥 찾아가서.

그러지 못했다. 결국 우리도 '신청하면 도와드립니다'의 틀에서 완전히 벗어나지 못했다. 서울에서 배운 발견주의 정신을 잃어버린 것이다.

홍천 할머니가 떠오른다. 30년간 수수부꾸미를 팔던 70대 할머니. 소담스퀘어 직원이 찾아가서 사진 찍어드리고, 상세 페이지를 만들어드렸다. "이 나이에 인생이 바뀌었어요." 성공 사례다.

한 가지 묻고 싶다. 홍천 할머니는 어떻게 우리와 연결됐나. 누군가 소개해줬다. 운이 좋았다. 그렇다면 소개받지 못한 할머니는? 전국에 홍천 할머니 같은 분이 수십만 명이다. 우리가 찾아간 건 그중 극히 일부다. 나머지는 여전히 혼자다. 스마트폰 앞에서 막막해 하고, 배달앱 앞에서 포기하며, 결국 셔터를 내린다.

경기도 순댓국집 할머니가 떠오른다. 교육장에 사흘 나오시다가 포기하신 그분. 지금 어디서 뭘 하고 계실까. 40년 끓여온 순댓국 맛은 어디로 갔을까. 백신을 만들겠다고 했다. 그런데 솔직히, 교육장에 오신 분들에게는 백신이었을지 모르지만 오지 못한 수십만 명에게는 아무것도 아니었다.

그것이 첫 번째 징비다.

꺼져버린 스크린

서울시청 6층에 스크린이 있었다.

3.6미터. 벽 한 면을 채우는 대형 화면이었다. 서울 전역의 데이터가 실시간으로 흘렀다. 교통, 환경, 안전, 민원. 도시의 맥박이 그곳에서 뛰었다. 강

남역 지하도에 물이 차오르면 화면에 경고등이 켜졌다. 미세먼지가 나빠지면 수치가 빨갛게 변했다. 시장이 아침마다 이 화면을 보며 도시를 읽었다. 데이터가 말하게 하고, 데이터로 결정했다. 디지털 시민시장실. 우리는 그렇게 불렀다.

행정의 노벨상이라 불리는 UN 행정혁신상을 2019년 수상했다. 〈뉴욕타임스〉 기자가 취재를 왔다. 바르셀로나를 비롯한 주요시 관계자가 배우러 왔다. 두바이에서, 싱가포르에서 벤치마킹 요청이 들어왔다. "서울은 데이터로 도시를 경영한다." 세계가 주목했다.

2021년 4월, 새로운 시장이 뽑혔다.

스크린이 꺼졌다. 조용히 꺼졌다. 오세훈 시장은 취임 직후 '디지털 시민시장실'을 집무실에서 철거했다. 담당 팀이 축소됐다. 그리고 스크린은 지하로 옮겨졌다. 시장의 판단을 데이터 기반으로 지원한다는 취지는 멀어졌다. 시장실에 없는 디지털시장실. UN 행정혁신상을 받은 시스템이, 세계가 배우러 온 시스템이 지하에서 잠들었다.

왜 꺼졌을까. 공식적인 이유는 없었다. 추측만 있었다. "전임 시장의 치적이니까." "새 시장은 다른 걸 하고 싶으니까." 어떤 이유든, 결과는 같았다. 시스템이 멈췄다. 도시의 맥박을 읽던 눈이 감겼다.

2022년 10월 29일, 이태원.

그날 밤, 좁은 골목에 사람들이 몰렸다. 핼러윈을 즐기러 온 젊은이들이었다. 경사진 골목, 좁은 폭, 밀려드는 인파. 압사 사고가 일어났다. 159명이 세상을 떠났다. 대부분 20대였다. 누군가의 아들이, 딸이, 친구가, 연인이 그 골목에서 숨졌다.

나는 그날 밤 뉴스를 보면서 생각했다. 디지털 시민시장실이 작동하고 있었다면. 통신 데이터로 군중 밀집을 실시간 감지했다면. 경고가 울렸다면. 가정이다. 증명할 수 없다. 시스템이 있었어도 참사를 막지 못했을 수 있다. 데이터가 있어도 판단이 늦었을 수 있다. 경고가 울려도 대응이 안 됐을 수 있다. 알 수 없다. 영원히 알 수 없다. 하지만 이 가정이 나를 괴롭힌다. 시스템이 살아 있었다면 적어도 가능성은 있었다. 그 가능성조차 사라진 것이다.

시장이 바뀌면 정책이 바뀐다. 전임자의 치적은 지운다. 새로운 것을 시작한다. 4년마다 리셋되는 행정. 쌓아올린 것을 허무는 반복.

내 잘못이고 책임 같았다.

대못을 박지 못했다. 조례로 명문화했어야 했다. ‘디지털 시민시장실은 서울시의 필수 시설로 시장실에 둔다.’ ‘시스템 변경 시 시의회 보고와 시민 의견 수렴을 거친다.’ 이런 조항 하나만 있었어도 달랐을 것이다. 시장이 바뀌어도 함부로 끌 수 없었을 것이다.

조례 제정을 미뤘다. 바빴다. 시스템 구축이 급했다. 운영이 급했다. 성과를 내야 했다. 법적 보호막은 나중으로 밀렸다. 그러나, 나중은 오지 않았다. 시장이 바뀌고 나서야 깨달았다. 법 없이 만든 것은 법 없이 사라진다는 것을.

같은 실수를 반복했다. 광주에서 독립선언을 외쳤다. 공공배달앱을 키웠다. 하지만 온라인 플랫폼 공정화법은 국회 문턱을 넘지 못했다. 2021년에 발의됐다. 지금도 계류 중이다. 법이 없으니 배달앱은 수수료를 올렸다. 우리의 선언은 휘발됐다.

정책은 3년을 가지만, 법은 10년을 간다. 정책은 시장이 바뀌면 사라진다. 법은 남는다. 조례는 남는다. 우리는 화려한 시스템을 만드는 데 집중했다.

그것을 지켜줄 법적 보호막을 만드는 데는 소홀했다.

대못을 박지 못했다. 그것이 두 번째 징비다.

방임의 대가

2024년 7월, 여름이었다.

티몬과 위메프가 무너졌다. 대금 정산이 멈췄다. 판매자들에게 돈이 가지 않았다. 처음에는 '일시적인 지연'이라고 했다. 며칠 뒤 '시스템 문제'라고 했다. 일주일이 지나자 사람들이 몰려들었다. 본사 앞에 줄이 섰다. 환불을 요구하는 소비자들, 정산을 요구하는 판매자들. 아수라장이었다.

피해 규모가 집계됐다. 1조 원이 넘었다. 여행 상품을 샀다가 출발 전날 취소된 사람들. 명절 선물세트를 팔았다가 대금을 못 받은 중소기업들. 티몬에 입점해서 인생을 건 1인 셀러들. 한순간에 무너졌다.

한 판매자가 인터뷰에서 말했다. "2년간 매출의 80%가 티몬이었어요. 그게 다 날아갔어요." 다른 판매자가 말했다. "정산금으로 직원 월급 주려고 했는데. 직원들한테 뭐라고 해야 하죠." 플랫폼 하나가 무너지니 수만 명의 삶이 흔들렸다.

왜 이런 일이 일어났을까. 플랫폼의 재정 상태를 누가 감시했나. 판매자 대금을 별도로 관리하라는 규정이 있었나? 없었다. 자율에 맡겼다. "기업이 알아서 잘할 것이다." 그것이 정부의 입장이었다.

우리는 말했다. "정부는 선수가 아니라 심판이다." 정부의 역할은 운동장을 평평하게 깔고, 규칙을 정하고, 반칙을 잡아내는 것이라고.

정작 심판은 호루라기를 불었는가.

배민 독립선언 때를 떠올려보자. 2024년 7월, 수수료가 올랐다. 광주시의회 대회의실에 소상공인들이 모였다. "우리는 플랫폼의 종속자가 아니다." 분노가 있었다. 희망도 있었다.

몇 달이 지났다. 수수료는 그대로였다. 배달앱은 요지부동이었다. 대형 이커머스 회원 수는 더 늘었다. 우리가 잠시 저항했을 뿐 플랫폼의 독점적 지위는 공고했다. 선언은 휘발됐다.

왜 그랬을까. 우리는 '호소'를 했다. 그들은 '구조'를 가졌다. 호소는 휘발된다. 구조는 남는다. "착하게 해주세요." "상생합시다." "수수료 좀 낮춰주세요." 착한 기업에 호소했다. 착한 기업은 없었다. 이윤을 추구하는 기업만 있었다. 규제가 없으면 이윤을 극대화한다. 당연한 일이다. 고양이에게 생선을 맡기고, 생선이 사라졌다고 분노하는 것은 고양이 탓이 아니다.

2021년, '온라인 플랫폼 공정화법'이 발의됐다.이후부터는 '온플법'으로 약칭 통일 플랫폼의 횡포를 막고 입점 업체를 보호하자는 법안이었다. 수수료 인상 시 사전 통지 의무. 계약 해지 시 사유 고지 의무. 데이터 이동권 보장. 상식적인 내용이었다. 그러나 법안은 국회 문턱을 넘지 못했다. "혁신을 저해한다." "기업 활동을 위축시킨다." 그 사이 배달의민족은 수수료를 올렸고, 티몬과 위메프는 무너졌다.

세계는 움직였다. EU는 디지털시장법DMA을 만들었다. 구글, 애플, 아마존, 메타를 '게이트키퍼'로 지정했다. 자사 서비스 우대 금지. 경쟁사 앱 설치 허용. 데이터 이동권 보장. 위반하면 전 세계 매출의 10%를 과징금으로 물린다. 2023년, 애플이 아이폰에서 제3자 앱스토어를 허용했다. EU 때문이었다.

한국은 어땠나. '자율규제'. 세계적 흐름에 역행했다. 그 대가는 누가 치렀나. 소상공인이 치렀다. 소비자가 치렀다. 플랫폼에 입점한 판매자가 치렀다.

공공배달앱이 성장했다. 하지만 점유율은 여전히 미미하다. 대형 배달앱이 시장의 대부분을 차지한다. 사장은 여전히 수수료를 낸다. 여전히 플랫폼이 정한 규칙을 따른다. 대안이 있다고 느끼는 것과 대안이 실제로 작동하는 것은 다르다.

광주에서 나도 싸웠다. 독립선언을 함께 외쳤다. 공공배달앱을 키웠다. QR광주를 보급했다. 데이터가 광주에 남게 했다. 지원Support은 했다. 그러나 구조Structure를 바꾸지는 못했다. 기울어진 운동장 자체를 평평하게 만들지는 못했다.

정부가 심판이라면 심판은 호루라기를 불어야 한다. 반칙을 잡아야 한다. "자율에 맡깁니다"는 심판의 말이 아니다. 경기장을 떠나겠다는 말이다. 심판이 경기장을 떠나면 경기는 난장판이 된다. 강한 자가 이긴다. 약한 자가 진다. 그것은 경기가 아니라 싸움이다.

우리는 골든타임을 놓쳤다. 2021년에 법을 만들었어야 했다. 플랫폼이 거대해지기 전에 규칙을 세웠어야 했다. 류성룡이 일본의 침략을 예견하지 못한 것처럼, 우리도 플랫폼이 괴물이 될 것을 예견하지 못했다. 아니, 예견했지만 막지 않았다. 경고는 있었다. 목소리는 있었다. 귀를 막았다. 그것이 더 뼈아프다.

방임의 대가. 그것이 세 번째 징비다.

다섯 가지 교훈, 그리고 통촉

영국 프레스턴이 다시 떠오른다.

2010년, 대기업들이 떠났다. 일자리가 사라졌다. 청년들이 도시를 떠났다.

프레스턴 시의회는 발상을 바꿨다. 대기업을 유치하는 대신 지역 안에서 돈이 돌게 했다. 공공기관 조달을 지역업체에서 우선 구매했다. 5년 후 지역 내 구매율이 5%에서 18%로 올랐다. 10년 후 인구가 늘기 시작했다.

프레스턴은 13년이 걸렸다. 천천히, 꾸준히, 뜸을 들였다. 뜸을 들여야 익는다는 것을 알았다.

우리는 4년이었다. 선출직 임기가 4년이다. 4년 안에 기획하고, 실행해서 성과를 내야 한다. 구조를 바꾸는 긴 호흡의 개혁 대신 눈에 보이는 단기 처방에 집중했다. 시간이 없다는 핑계로 조례 제정을 미뤘다.

광주에서의 실패가 뼈아프다. 라이브커머스, QR광주, 공공배달앱. 통계로는 성공이었다. 결과적으로 우리는 '물건을 못 판다'는 증상만 치료했다. '지역 경제 기반 붕괴'라는 병의 뿌리를 건드리지 못했다. 청년들이 떠나는 진짜 이유는 좋은 일자리의 부재였다. 교육과 문화의 서울 쏠림이었다. 산업의 공동화였다.

프레스턴이 13년을 갔다. 우리가 10년을 갔다면 어땠을까. 알 수 없다. 가정일 뿐이다. 하지만 이 가정이 남는다.

15년을 돌아보며 다섯 가지를 적는다. 교훈이라고 부르기엔 부끄럽다. 실패에서 건진 조각들이다. 다음 사람이 같은 함정에 빠지지 않기를 바라며 적는다.

첫째, 정책은 뜸을 들여야 익는다. 올빼미버스가 자리 잡는 데 1년이 걸렸다. 처음엔 많이 안 탔다. '세금 낭비'라는 비판이 쏟아졌다. 비었다. 6개월이 지나자 소문이 퍼졌다. 1년이 지나자 택시 기사가 말했다. "새벽 손님이 줄었어요. 다들 올빼미버스 타요." 새로운 정책을 도입할 때 처음 1년은 고통이다. 그 1년을 버텨야 한다.

둘째, 정책은 떠나고 법은 남는다. 디지털 시민시장실이 왜 죽었는가. 조례가 없었기 때문이다. 심야버스가 왜 살았는가. 시민이 매일 타기 때문이다. 눈에 보이지 않는 혁신은 법으로 보호해야 한다. 우리가 박지 못한 대못을 다음 세대는 박아야 한다.

셋째, 호소는 휘발되고 규칙은 축적된다. "수수료 좀 낮춰주세요." "상생합시다." 우리는 착한 기업에 호소했다. 호소는 휘발됐다. EU는 DMA로 빅테크의 목줄을 잡았다. 규칙을 만들었다. 규칙은 축적된다. 기업에 "착하게 해주세요"라고 부탁하지 마라. 공정한 룰을 만들어라.

넷째, 신청은 배제하고 발견은 포용한다. 서울에서 발견행정을 할 때 신청서가 있었나. 없었다. 데이터에서 야간 노동자를 찾아냈다. 그것이 발견이다. 하지만 교육장에 오지 못한 수십만 명은 어떻게 됐는가. 경기도 순댓국집 할머니. 도움이 필요한 사람일수록 도움을 받지 못하는 역설. 신청을 기다리지 마라. 데이터로 먼저 찾아내라.

다섯째, 숫자는 잊히고 사람은 남는다. 서울 심야버스의 중심에는 새벽 퇴근길 노동자가 있었다. 하이파이브의 중심에는 떡볶이집 사장이 있었다. 지산D소의 중심에는 양동시장 떡집 할머니가 있었다. 숫자도 중요하다. 그보다는 "한 명의 가게가 살아났다"는 실감이 더 오래간다. 보고서의 숫자는 잊혀도 그 가게 사장의 얼굴은 남는다.

뜸. 법. 규칙. 발견. 사람.

다섯 단어를 적는다. 교훈이라기보다 후회다. 이렇게 했어야 했는데, 못했다는 고백이다.

『징비록』을 덮는다.

류성룡은 임진왜란의 참혹함을 잊지 않기 위해 붓을 들었다. 승리가 아니라 패배를 적었다. 자랑이 아니라 치욕을 적었다. 나도 15년의 기록을 남긴다. 성공한 것도 적었지만, 실패한 것도 적었다.

2011년 서울에서 시작했다. 사회의 눈을 떴다. 신청에서 발견으로. 심야버스가 달렸다.

2020년 유통센터에서 이어갔다. 개인이 강해졌다. 디지털 문맹에서 디지털 상공인으로. 하이파이브가 펼쳐졌다.

2023년 광주에서 도전했다. 공공이 판을 깔려 했다. 공급에서 수요로. 지산D소가 시작됐다.

빛나는 순간도 있었다. 넘지 못한 벽도 있었다. 실패한 것도 있었다. 방치한 것도 있었다. 그 모든 것을 적었다.

뜻을 세웠다. 땀을 흘렸다. 이제 때를 기다린다.

2부를 마친다. 3부에서는 미래를 연다. 소버린 AI의 시대가 오고 있다. 플랫폼을 넘어 AI가 새로운 골리앗으로 떠오르고 있다. 소상공인이 플랫폼의 소작농에서 AI의 소작농으로 전락할 것인가. 아니면 AI의 주인이 될 것인가. 그 길을 이야기하고자 한다.

돌아보기

류성룡은 승리가 아닌 패배를 기록했다. 나도 그렇게 한다. 백신이 아닌 진통제만 주었다. 꺼져버린 스크린을 방치했다. 다섯 가지 교훈을 얻었다. 빛나는 순간도, 넘지 못한 벽도, 방치한 것도 모두 적었다.
→ 뜻을 세웠다. 땀을 흘렸다. 이제 때를 연다.
3부에서 미래를 본다.

'나라'가 못하면
'나'라도 해야 한다

정책은 뜻과 땀을 재료로 때를 짓는 여정이다. 면허제, 데이터 이동권, 집단소송이라는 세 기둥으로 플랫폼이라는 야수를 가두고, 알권리부터 계승의 권리까지 10가지 디지털 권리장전을 선언한다. 권리장전이 선언이면 소무 10조는 실행이다. 로코노미 AI 고속도로, 소상공인 전문은행, K-Pay, 우체국 풀필먼트, 디지털 주치의까지 광주에서 서울에서 프레스턴에서 이미 작동하고 있는 정책들을 모았다. 창작이 아닌 발견의 기록이다. 판은 국가가 깔고, 춤은 국민이 춘다.

야수를 가두고, 락인_{Lock-in}을 풀고, 탈출의 길을 열어라

플랫폼 다음의 골리앗, AI 앞에서 다윗은 어떻게 서는가.

과거의 성공 공식과 결별하자고 했다. 동의한다. 그렇다면 새 공식은 무엇인가.

지방이 주도하고, 모두가 나누고, 안전이 받쳐주는 성장. 방향은 맞다. 그러나 방향만으로 도착하지 않는다. 길을 내야 한다.

그 길은 서울에서 시작되지 않는다. 골목에서 시작된다.

광주의 1,547명이 먼저 걸었다. 홍천의 할머니가 먼저 디뎠다. 유통센터의 5만 4,000명이 먼저 뛰었다. 이 장에서 제안하는 소무 10조는 거창한 전환의 담론을 골목의 언어로 번역하는 시도다. 대무大務가 하늘을 가리킨다면, 소무小務는 발밑을 살핀다.

정부가 AI 고속도로를 깔겠다고 했다. 좋다. 그 위를 누가 달릴 것인가가 문제다. 골목 사장님들이 달려야 힌다. 그래야 분수효과가 작동한나. 고속도로만 깔고 진입로를 안 만들면 결국 거대 플랫폼만 질주한다. 또다시 낙수효과다. 우리는 그 실수를 반복하면 안 된다.

2025년의 증거로 기준국가의 원칙을 세우다

2026년 1월, 라스베이거스 CES. 엔비디아는 스스로 판단하고 움직이는 로봇을 선보였고, 삼성과 LG는 집 전체를 관리하는 AI 비서를 공개했다. AI 에이전트의 시대가 열렸다. 기술은 이미 왔다.

AI는 먼 미래의 로봇이 아니다. 지금 이 순간, 사장님의 가게를 검색 3페이지로 밀어내는 것이 AI다. 배달 기사의 동선을 0.1초 단위로 쪼개는 것이 AI다. 3370만 명의 구매 이력을 분석해 "이 고객에게는 이 상품을"이라고 속삭이는 것이 AI다. 물류센터에서 노동자의 시간당 처리량을 실시간 측정하고 순위를 매기는 것이 AI다. 우리는 이미 AI 한복판에 살고 있다. 다만 그 AI가 누구 편인지 모를 뿐이다.

문제는 기술이 아니다. CES에서 본 AI 에이전트 기술이면 떡볶이집 사장도 'AI 김비서'를 둘 수 있다. 세무, 재고, 마케팅을 도와주는 비서 말이다. 대기업 회장만 비서를 두는 시대는 끝났다. 기술적 환경은 완성됐다. 남은 것은 그 기술을 누구를 위해 작동시킬 것인가, 하는 정책의 문제다.

네 번의 질문, 그리고 반복되는 역사

골목에 불이 났다. 키오스크 앞에서 돌아선 74세 할머니, 배달앱 수수료에 한숨 쉬는 분식집 사장, 알고리즘에 쫓기다 쓰러진 라이더. 불은 여전히 타고 있다. 문제는 불을 끄는 방법이다.

역사는 같은 질문을 반복해왔다. 새로운 기술이 등장할 때마다 인류는 물었다. 이 힘을 어떻게 다스릴 것인가.

첫째, 사람의 목숨을 다루는 자에게 어떤 자격을 요구할 것인가.

1910년, 에이브러햄 플렉스너는 미국과 캐나다의 의과대학 155곳을 직접 방문했다. 그가 본 것은 참담했다. 해부용 시신 없이 책으로만 가르치는 학교, 실습 한 번 없이 졸업장을 주는 학교. 플렉스너 보고서가 나온 뒤 절반 이상의 의과대학이 문을 닫았다. 의사 면허 제도가 정비됐다. 사람의 목숨을 다루려면 자격을 증명해야 한다는 원칙이 세워졌다.

둘째, 떠날 수 없는 사람에게 어떻게 협상력을 줄 것인가.

2004년, 한국에서 번호이동제가 시행됐다. 그 전에는 통신사를 바꾸면 전화번호도 바꿔야 했다. 10년 쓴 번호를 버릴 수 없어서 사람들은 떠나지 못했다. 번호이동제 이후 경쟁이 시작됐다. 떠날 수 있게 되자 협상력이 생겼다.

셋째, 거대한 힘 앞에서 개인은 어떻게 싸울 수 있는가.

1956년, 일본 미나마타에서 이상한 병이 돌았다. 원인은 질소비료 공장의 수은 폐수였다. 개별 어민이 대기업을 상대로 소송을 제기하기는 불가능했다. 그러나 피해자들이 모였다. 집단소송을 통해 기업의 책임을 물었다. 1973년 법원은 징벌적 배상을 명령했다. 피해자가 뭉치면 거인과 싸울 수 있다는 선례가 만들어졌다.

넷째, 소비자에게 싸면 그것이 선인가.

2017년, 예일대 로스쿨의 28세 박사과정생이 논문 한 편을 발표했다. '아마존의 반독점 역설'. 리나 칸은 물었다. 아마존은 소비자에게 낮은 가격을 제공한다. 그런데, 그 비용은 누가 치르는가. 공급업체를 쥐어짜고, 경쟁사를 고사시키고, 노동자를 착취해서 만든 낮은 가격이라면 그것을 소비자 후생이라 부를 수 있는가. 리나 칸의 질문은 100년 된 반독점법의 패러다임을 뒤흔들었다. 그녀는 2021년 연방거래위원회 위원장이 됐다.

네 번의 질문. 의료 혁명기에, 통신 혁명기에, 환경 위기에, 플랫폼 시대에 질문의 형식은 달랐지만 본질은 같았다. 새로운 힘이 등장했을 때 그 힘을 어떻게 길들일 것인가. 인류는 매번 규칙을 세워 답했다. 면허 제도, 이동권, 집단소송, 반독점법. 이제 AI 시대에 같은 질문이 돌아왔다.

수술실의 조명은 하나의 광원이 아니라 여러 방향에서 빛을 비춰 그림자를 없앤다. 규칙도 마찬가지다. 하나의 원칙으로는 부족하다. 여러 원칙이 함께 작동해야 그림자가 사라진다.

2025년의 증거: 야수, 락인, 선택적 속도

2025년 12월 30일, 국회. 쿠팡 청문회가 열렸다.

증인석에 앉아야 할 사람은 없었다. 김범석 쿠팡Inc 의장은 여덟 번째 불출석이었다. 대신 해럴드 로저스 임시대표가 나왔다. 취임 일주일 만이었다. 통역기를 끼고 질문을 들었다. 답변은 짧았다. "모르겠습니다." "확인해 보겠습니다." "그건 제 권한 밖입니다."

의원이 물었다. "국정원 직원 3명을 만났느냐." 로저스가 답했다. "만났다." "왜 만났느냐." "그들이 연락 취해달라고 요청했다." 누구에게. 개인정보 유출 용의자에게. 국정원은 즉각 반박했다. "그런 지시를 한 적 없다." 위증 논란이 일었다. 최민희 위원장이 말했다. "왜 한국말의 함의를 모르는 사람을 내세워서 이런 장난질을 하느냐." 로저스는 손가락으로 책상을 두드리며 답했다. "Enough." 그만하시죠.

청문회에서 드러난 숫자들이 있다. 3370만 명. 2025년 해킹으로 유출된 개인정보의 규모다. 주민등록번호, 주소, 구매 이력, 위치정보. 한국 인구의

65%에 해당하는 사람들의 민감정보가 밖으로 나갔다. 29명. 최근 5년간 쿠팡에서 일하다 숨진 노동자의 수다.

청문회장 밖에서 더 많은 것이 드러났다. 2025년 12월 24일, SBS는 단독 보도했다. 2020년 물류센터 노동자 장덕준 씨가 과로로 숨진 뒤 김범석 당시 대표가 메신저로 지시했다는 내용이었다. "그가 열심히 일했다는 기록이 남지 않도록 확실하게 하라." 과로사의 증거를 없애라는 지시였다.

장덕준 씨의 이야기를 기억한다. 2020년 4월, 쿠팡 물류센터에 입사했다. 첫 월급은 1만 원이었다. 기본급 외 인센티브가 거의 없었기 때문이다. 5월, UPH 알고리즘의 압박이 시작됐다. UPH는 시간당 처리량을 뜻한다. 알고리즘이 노동자별 UPH를 실시간 측정하고 순위를 매긴다. 순위가 낮으면 인센티브가 깎인다. 계약이 해지된다. 장 씨는 속도를 높였다. 5월 월급은 20만 5,000원이었다. 한 달 새 스무 배. 그렇게 주 5~6일간 오후 7시부터 다음날 새벽 4시까지 고된 노동을 이어가다 10월, 그는 과로로 세상을 떠났다.

이것이 선택적 속도다. 로켓배송은 당일. 새벽배송은 익일. 배송은 빠르다. 그러나 정산은 60일. 산재 인정은 몇 년. 책임은 영원히 오지 않는다. 이익을 향한 속도는 로켓이고, 책임을 향한 속도는 종이비행기다.

리나 칸이 '아마존의 반독점 역설'에서 지적한 병리 현상이 여기 있다. 이 플랫폼은 스스로를 '한국의 아마존'이라 불렀다. 그리고 아마존의 병리를 고스란히 복제했다. 소비자에게는 최저가와 당일배송. 그 이면에는 셀러의 출혈, 노동자의 과로, 데이터의 독점이 있다.

이것이 혁신의 민낯이다. 로켓배송이라는 편리함 뒤에 29명의 노농자가 숨졌고, 3370만 명의 데이터가 유출됐다. 혁신이 문제를 해결한 것이 아니라 이동시켰다. 편리함은 소비자에게, 위험은 노동자에게, 종속은 셀러에게. 폭탄은 계속 돌아가고 있다. 야수가 풀려 있다. 락인이 작동하고 있다. 탈출구는 보이지 않는다.

15년의 교훈: 현장에서 배운 것

15년간 현장을 걸었다. 세 개의 도시에서 세 번의 시도를 했다.

서울에서 올빼미버스를 만들었다. 2013년, 나는 서울시 디지털 정책관이었다. 새벽 시간대 택시 잡기가 하늘의 별 따기라는 민원이 쏟아졌다. 우리는 30억 건의 통화 데이터를 분석했다. 새벽 1시부터 4시 사이, 어디서 어디로 전화가 오가는지를 봤다. 유동인구의 흐름이 보였다. 그 흐름을 따라 심야버스 노선을 설계했다. 9개 노선이 만들어졌다. 데이터가 정책이 된 순간이었다. 그러나 한계도 있었다. 올빼미버스는 성공했지만 그 데이터가 누구의 것인지, 어떻게 보호해야 하는지 묻는 사람은 없었다. 데이터 면허의 개념은 아직 없었다.

유통센터에서 5만 4,000명의 사장을 만났다. 2020년부터 2023년까지, 나는 중소기업유통센터 소상공인 디지털 본부장이었다. 전통시장 상인, 소상공인, 자영업자들에게 디지털 교육을 했다. 스마트폰으로 주문받는 법, 네이버에 가게 등록하는 법, 배달앱에 입점하는 법. 교육은 성공적이었다. 그러나 교육만으로는 부족했다. 소상공인들은 플랫폼에 입점했지만 플랫폼에 종속됐다. 수수료는 올랐고, 리뷰는 인질이 됐고, 떠나고 싶어도 떠날 수 없었다. 이동권이 없었기 때문이다.

광주에서 배민 독립선언을 이끌었다. 2023년, 나는 광주경제진흥상생일자리재단 대표이사였다. 배달의민족 수수료가 9.8%였다. 사장들은 분노했다. 우리는 공공배달앱 '땡겨요'를 밀었다. 수수료 2%. 1,547명의 소상공인이 참여했다. 전체 배달시장의 17.3%. 작은 성공이었다. 그렇지만 나머지 82.7%는 떠나지 못했다. 리뷰를 가져갈 수 없었고, 단골 고객 정보를 옮길 수 없었다. 혼자서는 싸울 수 없다는 말을 수없이 들었다. 집단으로 대응할 제도가 없었다.

세 번의 시도에서 나는 같은 것을 배웠다. 뜻만으로는 안 된다. 땀만으로도 안 된다. 때가 와야 한다. 하지만 때는 저절로 오지 않는다. 제도가 때를 만든다. 면허제가 없으니 데이터가 함부로 쓰였다. 이동권이 없으니 사람들이 갇혔다. 집단소송이 없으니 개인은 싸울 수 없었다. 뜻은 있었다. 땀도 흘렸다. 다만 때를 만들지 못했다.

원칙 1: 큰 힘에는 자격이 따른다

플렉스너가 의료계를 뒤흔든 지 115년이 지났다. 지금, 데이터를 다루는 기업들은 1910년 이전의 의사들과 같은 상태다.

해당 플랫폼은 3370만 명의 구매 이력과 위치 정보를 가지고 있다. 5억 6000만 건의 주문 데이터를 다룬다. 23만 입점업체의 생계가 달린 거래 정보를 독점한다. 병원보다 많은 사람의 민감 정보를 다루고, 은행보다 방대한 거래를 처리한다. 그런데 면허가 없다. 자격 시험도 없다. 감독 기관도 없다. 로마 전차의 바퀴 폭이 2,000년 뒤 우주왕복선의 크기를 결정했듯 표준을 쥔 자가 미래를 지배한다. 지금 플랫폼이 세운 표준은 무엇인가. 최저가. 당일배송. 무료반품. 소비자에게는 편리함이다. 소상공인에게는 생존의 벼랑이다. 이 표준을 따르지 않으면 검색에서 밀린다. 리뷰에서 밀린다. 매출에서 밀린다.

'차질금액'이라는 말이 있다. 대형 이커머스에서 물건을 파는 사람이 아니면 평생 들을 일 없는 단어다. 구조는 이렇다. 셀러 박 씨가 1만 원에 사탕을 올렸다. 경쟁 쇼핑몰에서 같은 사탕을 6,000원에 할인 판매했다. 그 순간 플랫폼의 AI가 작동한다. 박 씨의 사탕 가격이 자동으로 5,900원까지 내려간다. 박 씨의 동의 없이. 문제는 다음이다. 1만 원과 5,900원의 차액 4,100원. 이 손실을 누가 부담하는가. 플랫폼이 아니다. 박 씨다. 플랫폼은 이 차액을 '차질금액'이라 부르며 셀러에게 청구한다. 박 씨는 지난달 250만 원을 차질금액으로 냈다. 월 매출 2000만 원의 12%다.

더 기막힌 장면이 있다. 다른 쇼핑몰이 셀러에게 지원금을 주면 판매가가 내려간다. 플랫폼 AI가 이를 감지한다. 해당 플랫폼 가격도 자동으로 내려간다. 셀러는 다른 쇼핑몰에서 지원금을 받지만 이 플랫폼에는 차질금액을 내야 한다. 받은 돈보다 내는 돈이 많아진다. 그래서 요즘 셀러들은 다른 쇼핑몰에 읍소한다. 할인행사 대상에서 빼달라고. 이 플랫폼의 알고리즘이 경쟁사의 할인 정책까지 무력화시킨다.

이 질문은 우리만 던지는 것이 아니다. 2022년 EU는 디지털시장법_{DMA}을 제정했다. 일정 규모 이상의 플랫폼을 '게이트키퍼'로 지정하고, 자사 서비스 우대 금지, 데이터 이동 보장, 상호운용성 확보 등 특별한 의무를 부과했다. 위반 시 전 세계 매출의 최대 10%를 과징금으로 물린다. 미국에서도 리나 칸이 이끄는 연방거래위원회가 아마존, 메타, 구글을 상대로 반독점 소송을 제기하고 있다.

구체적인 방식은 더 논의가 필요하다. 데이터 보유량에 따라 책임을 차등화하는 방안이 있다. 개인정보 100만 명 이상, 거래정보 1000억 원 이상을 다루는 기업에게는 더 높은 수준의 안전 의무와 투명성 의무를 부과하는 것이다. 산업 현장에 안전관리자가 필수이듯 기업 내부에 공인된 데이터 책임자를 두도록 하는 방안도 검토할 수 있다.

무엇보다 반복적으로 문제를 일으킨 기업에 대해서는 실질적인 제재가 따라야 한다. 해당 플랫폼은 2017년과 2019년에도 광고비 부담 전가, 판매장려금 약정 위반으로 공정거래위원회 시정명령을 받았다. 2024년에는 PB 상품 검색순위 조작으로 1628억 원의 과징금을 부과받았다. 같은 위반에 같은 수준의 제재를 부과하면 기업은 학습한다. "걸려도 이 정도구나."

원칙은 단순하다. 사람의 삶에 영향을 미치는 힘을 다루려면 그에 상응하는 자격과 책임이 따라야 한다. 데이터 면허제가 정답인지는 더 많은 논의가 필요하다. 그러나 최소한 이 질문은 던져야 한다. 수천만 명의 생활과 생계를 쥐고 있는 플랫폼에 아무런 자격도 묻지 않는 것이 정상인가.

원칙 2: 떠날 자유가 협상력이다

번호이동제 시행 전, 통신사들은 고객을 가둬놓고 요금을 올렸다. 떠날 수 없으니 협상할 필요가 없었다. 번호이동제 시행 후, 경쟁이 시작됐다. 떠날 수 있으니 붙잡아야 했다. 요금이 내려갔다.

지금 플랫폼 경제에서 같은 일이 벌어지고 있다. 방향만 반대다.

소비자는 갇혀 있다. 로켓배송에 익숙해졌다. 멤버십 회원으로 가입한다. 결제정보가 저장되어 있다. 떠나려면 이 모든 편리함을 버려야 한다. 소상공인의 처지는 더 절박하다. 매출의 30%에서 50%가 대형 플랫폼에서 나온다. 리뷰 3,000개가 쌓여 있다. 수년 묵은 별점이 인질처럼 잡혀 있다. 떠나면 리뷰가 사라진다. 고객도 따라오지 않는다. 떠나는 순간 보는 평판과 관계가 사라지는 구조다. 라이더도 갇혀 있다. 한 플랫폼 전담 시 우선

배차를 받는다. 다른 플랫폼으로 가면 다시 신입이다. 경력이 초기화된다. 평점이 초기화된다.《경제 구독의 시대》저자인 전호겸 교수의 표현대로 설계된 종속이다.

광주에서 배민 독립선언이 가능했던 이유가 여기에 있다. 1,547명의 사장은 배민에서 공공배달앱으로 옮겼다. 수수료가 9.8%에서 2%로 내려갔다. 그러나 그들은 리뷰를 가져가지 못했다. 단골 고객 정보를 가져가지 못했다. 맨손으로 다시 시작해야 했다. 나머지는 떠나고 싶어도 떠날 수 없었다. 락인이 풀리지 않았기 때문이다.

2004년에 번호를 들고 떠날 수 있게 했듯이 2025년에는 데이터를 들고 떠날 수 있어야 한다. EU의 일반개인정보보호법GDPR 제20조가 보장하는 데이터 이동권이다. 소비자는 자신이 쓴 리뷰를 파일로 내려받을 수 있어야 한다. 소상공인은 플랫폼에 쌓인 리뷰와 평점을 다른 플랫폼으로 옮길 수 있어야 한다. 라이더는 한 플랫폼에서 쌓은 경력과 안전 운행 기록을 다른 플랫폼에서 인정받을 수 있어야 한다. 떠날 때 내 흔적을 지울 권리도 필요하다.

이것은 단순히 개인의 권리문제가 아니다. 시장의 경쟁 구조를 바꾸는 문제다. 떠날 수 있는 자유가 주어질 때에만 플랫폼은 이용자를 붙잡기 위해 수수료를 낮추고 서비스를 개선한다. 떠날 자유가 있어야 협상력이 생긴다. 원칙은 단순하다. 내가 만든 데이터는 내 것이다. 떠날 때 가져갈 수 있어야 한다.

원칙 3: 피해에는 구제가 따른다

유통센터 시절, 나는 수없이 같은 말을 들었다. "저 혼자서는 못 싸워요."

인천의 한 셀러는 대형 이커머스에서 3년간 물건을 팔았다. 어느 날 갑자기 계정이 정지됐다. 이유를 물었더니 '정책 위반'이라는 자동 메일이 왔다. 어떤 정책을 어떻게 위반했는지는 알려주지 않았다. 이의를 제기했지만 답은 같았다. 그 셀러는 월 매출 1200만 원을 하루아침에 잃었다. 소송을 하겠다고 했다. 변호사를 만났다. 착수금 500만 원, 성공보수 별도. 상대는 연매출 41조 원의 기업이다. 셀러는 포기했다.

배민 독립선언을 준비할 때도 같은 말을 들었다. 수수료가 너무 높다. 리뷰가 인질이다. 정산이 늦다. 그러나 누구도 법정에 서지 않았다. 혼자서는 싸울 수 없었다. 변호사 비용을 감당할 수 없었다. 이겨도 돌아오는 건 실손해 배상뿐이었다. 싸우는 동안 장사는 못한다. 손해는 100이고, 보상은 100이고, 소송 비용은 200이다. 누가 싸우겠는가.

1956년 미나마타에서도 같았다. 수은에 중독된 어민들이 대기업을 상대로 개별소송을 제기하기는 불가능했다. 그래서 이들은 모였다. 집단소송을 제기했다. 1973년, 법원은 기업의 책임을 인정했다. 단순히 치료비만이 아니라 고통에 대한 배상, 미래 소득의 상실, 그리고 기업의 은폐 행위에 대한 징벌적 배상을 명령했다. 피해자가 뭉치면 거인과 싸울 수 있다는 것을 증명했다.

플랫폼 경제에서 같은 일이 반복되고 있다. 3370만 명의 개인정보가 유출됐다. 쿠팡은 1인당 5만 원의 보상안을 내놓았다. 주병기 공정거래위원장은 유튜브 〈매불쇼〉에 출연해 이 사태를 이렇게 일갈했다. "정말 화가 났습니다. 이건 보상이 아니라 개인정보 유출 사고마저 영업 기회로 활용해 소비자를 가두리 양식장에 가두려는 기만입니다." 공정위 수장이 분노할 정도인 쿠팡의 보상안을 받아들이면 소송권을 포기해야 한다. 받아들이

지 않으면 혼자서 싸워야 한다. 노동자들이 숨졌다. 유족들은 개별적으로 산재를 신청하고, 개별적으로 소송을 제기한다. 같은 알고리즘, 같은 UPH 압박, 같은 구조적 원인인데 법정에서는 개별 사건으로 흩어진다.

미국에는 징벌적 손해배상 제도가 있다. 기업이 고의로 또는 중과실로 피해를 입혔을 때 실손해의 몇 배에서 수십 배까지 배상을 명령한다. 목적은 보상이 아니다. 억제다. 다시는 같은 일을 반복하지 않도록 기업의 행동을 바꾸는 것이다. 한국에는 이 제도가 제대로 작동하지 않는다. 아무리 악질적인 위반이라도 실손해만 물어주면 된다. 기업은 계산한다. 걸릴 확률, 걸렸을 때 비용. 그 비용이 이익보다 작으면 위반은 합리적인 선택이 된다.

징벌적 손해배상과 집단소송. 이 두 제도가 결합되어야 균형이 맞는다. 피해자가 모여야 거인과 싸울 수 있고, 배상이 이익을 넘어서야 기업이 행동을 바꾼다. EU는 2023년 집단소송 지침을 시행했다. 소비자 단체가 기업을 대신해 소송을 제기할 수 있게 했다. 미국에서 리나 칸의 FTC가 빅테크를 상대로 싸울 수 있는 것도 과징금과 집단소송의 위협이 있기 때문이다.

한 가지 방향을 제안하자면 이렇다. 혼자서 싸울 수 없다면 함께 싸울 수 있게 해야 한다. 위반의 이익이 제재의 비용보다 크다면 제재의 무게를 키워야 한다.

무영등: 세 빛의 통합

수술실에 들어가 본 적이 있는가. 가장 먼저 눈에 들어오는 것은 천장의 거대한 조명이다. 무영등. '그림자 없는 빛'이라는 뜻이다. 수술대 위 환자의 몸에는 어떤 그림자도 지지 않는다. 비결은 단순하다. 빛이 하나가 아니다. 여러 방향에서 동시에 비춘다. 한쪽에서 빛을 비추면 반대쪽에 그림자가 생긴다. 그러나 여러 방향에서 빛을 비추면 한쪽의 그림자를 다른 쪽 빛이 메워 그림자가 사라진다.

규제도 마찬가지다. 데이터 면허제 하나만으로는 부족하다. 자격을 갖춘 기업도 이용자를 가둘 수 있다. 데이터 이동권만으로도 부족하다. 떠날 자유가 있어도 피해를 입으면 구제받지 못한다. 집단소송만으로도 부족하다. 소송에서 이겨도 기업이 계속 같은 일을 반복하면 의미가 없다. 세 원칙은 각각 빛이지만 하나만으로는 그림자가 남는다.

면허제는 진입의 문을 세운다. 자격 없는 자는 들어오지 못하게 한다. 이동권은 탈출의 문을 연다. 갇힌 자가 떠날 수 있게 한다. 집단소송은 책임의 문을 닫는다. 피해를 입힌 자가 빠져나가지 못하게 한다. 진입, 탈출, 책임. 세 문이 함께 작동할 때 비로소 시장이 균형을 찾는다.

15년간 현장을 걸으며 나는 이 세 빛이 따로 놀았던 순간들을 봤다. 서울에서 데이터로 새벽의 사각지대를 밝혔지만 그 데이터가 누구의 것인지 묻지 않았다. 유통센터에서 사장들을 교육해 디지털화했지만, 떠날 권리를 제도화하지 못했다. 광주에서 일부를 탈출시켰지만, 함께 싸울 제도는 없었다. 뜻과 땀을 재료로 때를 짓지 못했다. 제도가 없었기 때문이다.

무영등의 원리를 기억하자. 빛 하나로는 그림자를 없앨 수 없다. 여러 빛이 여러 방향에서 비춰야 한다. 데이터 면허제가 기업의 자격을 묻고, 데이터 이동권이 이용자의 탈출로를 열고, 집단소송이 피해의 구제를 보장할 때 비로소 플랫폼 경제의 그림자가 사라진다. 세 원칙은 따로 서면 불완전하고, 함께 서면 완전해진다.

기준국가의 조건이 여기에 있다. AI 시대의 규칙을 먼저 세우는 나라. 그 규칙이 다른 나라의 표준이 되는 나라. 한국은 반도체를 만들고, 배터리를 만들고, K-콘텐츠를 만들었다. 이제 규칙을 만들 차례다.

10장을 마치며: 원칙에서 권리로

원칙은 선언이다. 권리는 보장이다.

플렉스너가 의료 면허제를 제안했을 때 그것은 원칙이었다. 법이 되고 나서야 권리가 됐다. 환자는 자격 있는 의사에게 치료받을 권리를 얻었다. 번호이동제가 논의됐을 때 그것은 원칙이었다. 제도가 되고 나서야 권리가 됐다. 소비자는 번호를 들고 떠날 권리를 얻었다. 미나마타 피해자들이 법정에 섰을 때 그것은 원칙이었다. 판결이 나고 나서야 권리가 됐다. 피해자는 함께 싸우고 구제받을 권리를 얻었다.

이 책에서 나는 세 가지 원칙을 말했다. 큰 힘에는 자격이 따른다. 떠날 자유가 협상력이다. 피해에는 구제가 따른다. 이것은 아직 원칙이다. 법이 아니다. 권리가 아니다. 원칙이 권리가 되려면 누군가 싸워야 한다. 누군가 요구해야 한다. 누군가 만들어야 한다.

나는 15년간 현장에서 땀을 흘렸다. 서울에서 올빼미버스를 만들었고, 유통센터에서 5만 4,000명을 교육했으며, 광주에서 배민 독립선언을 이끌었다. 그러나 땀만으로는 부족했다. 뜻이 있어도 때가 오지 않으면 변화는 일어나지 않는다. 때는 저절로 오지 않는다. 만들어야 한다. 제도를 만들고, 법을 만들고, 권리를 만들어야 한다.

2025년 12월의 청문회는 끝이 아니라 시작이다. 질문은 던져졌다. 수천만 명의 정보를 다루는 기업에게 어떤 자격을 요구할 것인가. 플랫폼에 갇힌 사람들에게 떠날 권리를 어떻게 보장할 것인가. 혼자서 싸울 수 없는 사람들이 함께 싸울 수 있게 어떤 제도를 만들 것인가.

질문이 던져졌으니, 이제 답을 만들 차례다.

디지털 소작농에서 디지털 자작농으로. 플랫폼의 종속자에서 AI의 주권자로. 이것이 이 책의 여정이었다. 골목에 불이 났다고 말했고, 야수를 가두자고 말했고, 무영등의 빛을 세우자고 말했다.

이제 마지막으로 말한다. 원칙을 권리로 바꾸자. 선언을 법으로 바꾸자. 그래야 그늘 없는 디지털 경제가 온다.

소버린 AI의 시대, 주권은 기술을 가진 자의 것이 아니다. 규칙을 만드는 자의 것이다. 우리가 규칙을 만들자.

돌아보기

야수를 가두고, 락인을 풀고, 탈출의 길을 열라. 세 가지 원칙을 세웠다. 큰 힘에는 자격이 따른다. 떠날 자유가 협상력이다. 피해에는 구제가 따른다. 무영등의 세 빛이 하나로 모였다.

→ *원칙을 세웠다. 이제 권리로 바꾼다.*
  11장에서 소상공인 권리장전을 선언한다.

11 │ 디지털 권리장전 :
소상공인의 10가지 권리를 선언한다

소상공인에게는 왜 권리가 없는가.

2025년의 마그나카르타

과거의 성공 공식에는 '권리'가 없었다. 성장이 있었고, 분배가 있었고, 시혜가 있었다. 그러나 권리는 없었다. 노동자에게 일자리를 '주었고', 소상공인에게 지원금을 '주었다'. 받는 자의 위치였다. 이제 그 공식을 바꿔야 한다. 시혜가 아니라 권리. 받는 것이 아니라 요구하는 것. 810년 전 마그나카르타가 그랬던 것처럼 권리는 위에서 내려오지 않는다. 아래에서 쟁취한다.

2025년 11월 25일의 밤은 차가웠다. 쿠팡이 보관하던 3370만 건의 개인정보가 유출되었다는 소식은 처음에는 신문 테크 섹션의 단신으로 시작되었다가 곧 국민 절반의 삶이 벌거벗겨졌다는 공포로 번졌다. 이름, 전화번호, 배송 주소, 주문 이력, 심지어 현관문 비밀번호까지 누군가의 손에 들어갔다. 5개월간 회사는 이 사실조차 몰랐다. 퇴사한 직원이 인증키를 탈취해 고객 정보에 자유롭게 접근했다. 이재명 대통령은 국무회의에서 질타했다. "5개월 동안 유출 자체를 파악하지 못했다는 것이 참으로 놀랍다. 이 정도인가 싶다."

그날 밤, 고령의 어머니가 아들에게 물었다. "우리 집 주소가 나갔느냐?" 아들은 대답할 수 없었다. 자신의 정보가 어디에 저장되어 있었는지, 누가 그것을 가져갔는지조차 몰랐다. 국가조차 개선을 요청할 뿐 강제할 수 없는 거대 플랫폼 앞에서 개인은 무력한 데이터의 파편일 뿐이었다.

1215년 6월, 영국 러니미드 초원. 존 왕은 귀족들의 압박에 못 이겨 문서 하나에 도장을 찍었다. 마그나카르타_{대헌장}. '왕이라도 법 위에 있지 않다'는 선언이었다. 이 문서 한 장이 인류 역사를 바꿨다. 권리는 왕이 내려주는 시혜가 아니라 시민이 쟁취하는 것이라는 원칙을 세웠다.

810년이 지난 2025년, 대한민국 골목에는 새로운 '왕'이 군림하고 있다. 그들은 영토 대신 '플랫폼'을 가지고 있고, 세금 대신 '수수료'를 걷으며, 법 대신 '알고리즘'으로 통치한다. 소상공인은 그들의 영지에서 농사짓는 세입자일 뿐이다.

경제학자 마리아나 마추카토는 2025년 이렇게 물었다. "AI를 규제할지 말지가 아니라 공공가치를 향해 어떻게 방향을 틀 것인가가 진짜 질문이다." 그녀는 경고한다. 적절한 거버넌스 없이 AI는 가치 창출이 아니라 '렌트 추출'Rent Extraction의 엔진이 된다고. 플랫폼이 소상공인의 데이터를 가져가고, 수수료를 뜯고, 알고리즘으로 줄 세우는 지금 우리는 이미 그 경고가 현실이 된 것을 본다.

2026년 1월 22일, 한국은 세계 최초로 AI 기본법을 시행했다. 국가인공지능전략위원회는 98개 행동과제를 담은 'AI 액션플랜'을 발표했다. 임문영 부위원장은 말했다. "속도가 생명이다." 그러나 그 속도는 플랫폼의 성장 속도가 아니라 600만 소상공인을 보호하는 속도여야 한다.

이제 우리는 새로운 마그나카르타를 써야 한다. 플랫폼이 하사하는 시혜가 아니라 우리가 땀 흘려 일하는 주체로서 마땅히 누려야 할 디지털 권리를 선언한다.

우리는 세 가지 문제를 기록했다. 개인의 무지, 사회의 단절, 국가의 방임. 이 세 가지 문제를 세 가지 권리 영역으로 뒤집는다. 무지에는 역량의 권리를, 단절에는 연대의 권리를, 방임에는 보호의 권리를 세운다.

10가지 권리. 이것은 하늘에서 떨어진 것이 아니다. 서울의 밤거리에서 올빼미버스를 기다리던 노동자의 발자국에서 나왔다. 유통센터에서 떨리는 손으로 첫 라이브커머스를 진행하던 떡볶이집 사장의 용기에서 나왔다. 광주에서 배달의민족 독립을 선언하던 1,547명의 분노에서 나왔다.

이 10가지 권리는 혁신의 역설을 끊기 위한 장치다. 편리함의 비용이 누군가에게 전가되지 않도록 폭탄 돌리기를 멈추는 제도적 안전장치다. 현장의 땀이 권리가 될 때 비로소 혁신은 모두를 위한 것이 된다.

제1절_개인의 권리: 무지無知를 깨우다

디지털 역량이 없어 생존권을 박탈당하는 현실. 진통제만 주고 백신은 주지 않았던 정부. 신청서를 쓸 줄 몰라 복지 사각지대에 방치된 사람들. 이제 그 무지를 깨우는 세 가지 권리를 선언한다.

제1조. 알 권리 — 알고리즘의 블랙박스를 열어라

광주에서 만난 치킨집 사장이 물었다. "왜 내 가게가 검색 7위예요? 어제까지 3위였는데." 배달앱 고객센터에 전화했다. "알고리즘이 그렇게 결정했습니다." 그게 답의 전부였다. 왜 떨어졌는지, 어떻게 올라갈 수 있는지, 아무것도 알 수 없었다. 나의 생존을 결정하는 규칙이 블랙박스 속에 갇혀 있다면, 그것은 공정한 시장이 아니라 보이지 않는 손에 의한 폭력이다.

표준을 쥔 자가 세상을 지배한다. 알고리즘은 플랫폼 시대의 새로운 표준이다. 그런데 그 표준이 블랙박스 안에 갇혀 있다. AI의 대부 제프리 힌튼은 경고했다. "우리가 만든 시스템이 어떻게 작동하는지 완전히 이해하지 못한다." 만든 사람도 모르는 알고리즘이 600만 소상공인의 운명을 쥐고 있다. 앞서 살펴본 쿠팡 개인정보유출 사태가 보여주듯 알고리즘의 블랙박스는 보안의 블랙홀이 되었다. 내 데이터가 어디로 가는지, 누가 보는지, 우리는 알 권리가 있다.

EU는 이미 움직였다. EU GDPR은 자동화된 의사결정에 대한 설명 요구권 Right to Explanation을 핵심 권리로 인정한다. 2024년 유럽사법재판소는 한 걸음 더 나아갔다. "AI가 결정에 어떤 역할을 했는지, 어떤 요소가 핵심이었는지에 대한 의미 있는 설명을 받을 권리가 있다"고 확인했다. EU 플랫폼 노동 지침은 더 구체적이다. 플랫폼이 업무 배정, 보상, 해지에 사용하는 자동화 시스템을 노동자에게 설명해야 한다. 자동화된 결정만으로 해고나 패널티를 줄 수 없다.

한국도 2026년 1월 22일 AI 기본법이 세계 최초로 시행되었다. 고영향 AI와 생성형 AI에 대해 투명성 확보 의무를 부과하고, AI 취약계층의 접근성을 보장한다. 국가인공지능전략위원회 박태웅 공공AX 분과장은 말했다. "AI는 데이터를 먹고 자란다. 데이터가 없으면 힘을 쓰지 못한다." 그 데이터의 주인이 누구인지 이제 법이 묻기 시작했다.

우리는 제안한다. '검색 순위 결정 요소 상위 5개를 공개하라.', '알고리즘 변경 시 30일 전에 사전 통지하라.' 치킨집 사장이 "왜 내 가게가 검색 순위에서 밀렸느냐"고 물으면, 플랫폼은 의미 있는 설명으로 답변할 의무가 있어야 한다. 자동화된 결정만으로 노출 중단, 계정 정지, 정산 지연을 할 수 없다. 반드시 인간 검토와 이의제기 절차가 있어야 한다. 설명할 수 없는 기술은 공공의 영역에 들어올 수 없다. 블랙박스를 열어라.

제2조. 배움의 권리 — 디지털 경사로를 놓아라

키오스크 앞의 74세 할머니를 떠올려보자. 화면을 누르다 멈칫거린다. 뒤에 줄 선 젊은이들의 눈치를 본다. 결국 주문을 포기하고 돌아선다. "뒤로 밀렸어요. 키오스크 줄이 빠르게 줄어드는 사이, 사람 줄은 그대로였어요." 햄버거 하나 사 먹으려다 수치심을 느끼고 돌아선 할머니. 그분은 게으른 게 아니다. 배울 기회가 없었을 뿐이다.

5만 4,000명의 소상공인에게 디지털 백신을 접종했다. 홍천의 70대 할머니가 30년간 만들어온 수수부꾸미를 온라인으로 팔게 됐다. 월 1000만 원을 번다. 떡볶이집 사장님은 3개월 만에 라이브커머스 강사가 되었다. 그러나 교육장에 오지 못한 수십만 명은 어떻게 됐는가. 디지털 격차Digital Divide를 넘어 AI 격차AI Divide가 새로운 불평등의 축이 되고 있다. 챗GPT를 쓰는 사장과 손으로 메뉴판을 쓰는 사장 사이의 간극은 점점 벌어진다. 엔비디아 젠슨 황은 말했다. "AI는 모든 산업의 새로운 전기다." 그러나 전기가 처음 나왔을 때도 부자만 썼다. 지금 AI도 같은 길을 가고 있다.

OECD와 EU의 디지털 포용 논의는 분명하다. 디지털 격차는 개인의 게으름이 아니라 공공정책의 실패다. 2024년 OECD 보고서는 AI 리터러시 지원을 국가의 책무로 규정하며, "AI 격차가 새로운 불평등의 축이 되는 것을 막아야 한다"고 강조한다. 한국도 움직이기 시작했다. AI 기본법은 'AI 취약계층 접근성 보장 및 비용 지원'을 명문화했다. 국가인공지능전략위원회가 '포용적 AI'를 첫 번째 추진 원칙으로 삼은 이유가 여기에 있다. 임문영 부위원장은 강조했다. "신청주의를 탈피한 AI 기반 예방형 정밀복지모델을 수립하겠다." 센터로 오라고 하지 않겠다는 뜻이다. 우리가 찾아가겠다는 선언이다.

휠체어를 탄 사람을 위해 건물에 경사로를 의무화하듯 디지털 공간에도 경사로가 필요하다. 글자가 커지는 키오스크. 음성으로 안내되는 앱. 오프라인 대체 수단의 유지. 무엇보다 배울 기회.

우리는 제안한다. 자부담 0%의 디지털 바우처를 전면 시행하라. 키오스크, 배달앱, SNS 마케팅, AI 도구 활용 등 생존 필수 기술을 무료로 교육하라. 1인당 연 120만 원 AI 바우처를 지급하라. 10만 디지털 주치의를 양성해 골목골목을 누비게 하라.

기술은 전기나 수도처럼 누구나 쓸 수 있는 공공재가 될 필요가 있다. 누구도 기술 장벽 때문에 자신의 권리를 포기해선 안 된다. 배움은 시혜가 아니라 권리다. 2026년 정부가 편성한 AI 바우처 890억 원, 스마트상점 지원 3490억 원 예산이 이 방향과 시너지를 낼 수 있다.

제3조, 발견될 권리 ― 신청하기 전에 국가가 먼저 찾아라

올빼미버스 이야기를 떠올려보자. 가장 인상적인 숫자는 30억 건의 데이터가 아니었다. 신청 0명, 첫날 밤 탑승객 1,200명. 밤 11시 이후 버스가 필요하다고 민원을 넣은 사람은 한 명도 없었다. 체념했기 때문이다. "밤에

버스가 없는 건 당연한 거니까." 데이터는 그들의 발자국을 기억하고 있었다. 심야에 택시를 잡으려 헤매는 사람들, 퇴근 후 집에 가지 못하는 사람들. 우리는 데이터로 그들을 '발견'했다. 신청서 한 장 없이.

2014년 2월, 서울 송파구의 반지하 방. 세 모녀가 세상을 떠났다. 그들은 복지 급여를 받을 자격이 충분했다. 하지만 신청하지 않았기에 받지 못했다. 국가는 그들이 죽고 나서야 변명했다. "신청했으면 드렸을 텐데." 이것이 '신청주의의 함정'이다. 도움이 필요한 사람일수록 도움을 요청하지 못한다. 복지 신청서를 쓸 줄 모른다. 어디에 제출하는지 모른다. 창구에 갈 시간이 없다. 수치심 때문에 손을 내밀지 못한다. 기다리는 국가는 그래서 유죄다. 이것은 행정의 방임이자 국가의 직무 유기다.

AI 시대, 발견행정은 더 이상 불가능한 꿈이 아니다. 앞서 언급한 인공지능 전략위원회의 '예방형 정밀복지' 방향이 이를 뒷받침한다. AI 기본법도 공공분야 AI 활용을 촉진하고, 국가 기관이 AI 서비스를 우선 고려하도록 규정했다.

에스토니아는 이미 '사전적 서비스'Proactive Service를 구현했다. 아이가 태어나면 출생신고 전에 정부가 먼저 축하 메시지와 함께 지원금을 안내한다. 실업급여 자격이 되면 신청서 없이 자동으로 지급한다. 데이터가 필요를 발견하고, 국가가 먼저 찾아간다.

우리는 제안한다. 데이터 기반 자동 지정 시스템을 구축하라. 복지 사각지대를 AI가 자동으로 발견하라. 전기·가스 요금 체납, 건강보험료 연체, 폐업 신고. 이 데이터들이 교차하는 지점에 위기의 신호가 있다. 올빼미버스가 증명했다. 데이터가 필요를 발견한다. 송파 세 모녀가 가르쳤다. 기다리면 늦는다. 신청주의를 넘어 발견주의로. 국가가 먼저 찾아가라. 발견될 권리는 존엄의 권리다. 정부가 도입 예정인 '차등지원지수'와 인구감소지역 농어촌 기본소득 시범사업이 이 방향의 첫걸음이 될 수 있다.

제2절_사회의 권리: 단절斷絕을 잇다

정권이 바뀌면 시스템이 꺼지는 현실. 혼자서는 플랫폼과 싸울 수 없는 개인. 악성 리뷰 한 줄에 무너지는 30년 노포. 이제 그 단절을 잇는 세 가지 권리를 선언한다.

제4조. 협상할 권리 ─ 집단교섭을 허하라

2024년 7월 19일, 광주시의회 시민소통실. 1,547명이 서명했다. "배달의민족으로부터 독립한다." 혼자서는 불가능했던 일이 함께하니 가능해졌다. 수수료가 6.8%에서 9.8%로 기습 인상됐을 때 개별 소상공인은 무력했다. 항의 전화를 해도 "정책입니다"라는 답변뿐이었다. 그러나 1,547명이 한목소리를 내자 달라졌다. 대구가 바통을 이어받았다. 부산이 연대했다. 전주가 동참했다.

문제는 법적 지위다. 소상공인 모임은 노동조합이 아니다. 플랫폼과 공식 협상 테이블에 앉을 권리가 없다. 수수료가 44% 오르는데, 항의만 할 수 있을 뿐 협상은 할 수 없다. 온라인 플랫폼 공정화법은 2021년 발의된 후 새 의회가 바뀌었지만 진전이 없다. 그 동안 티몬·위메프 사태로 1조 원이 증발했고, 쿠팡에서 29명이 목숨을 잃었으며, 3370만 건의 개인정보가 유출됐다. 법 없는 호소는 무력하다. 플랫폼은 일방적으로 규칙을 바꾸고, 소상공인은 따르거나 떠나거나 둘 중 하나를 선택해야 한다. 이것은 계약이 아니라 복종이다.

EU는 이미 움직였다. 2024년 12월 EU 플랫폼 노동자 지침이 발효됐다. 핵심은 명확하다. "1인 자영업자도 경쟁법 위반 없이 집단 교섭이 가능하다." EU 집행위원회는 이를 '시장지배력에 대응하고, 플랫폼의 알고리즘·조건 설정 권한을 민주화하는 핵심 수단'이라고 평가한다. 독일은 이미 플랫폼 사업자와 입점업체 간 '협의회' 제도를 운영한다. 프랑스는 플랫폼 노동자 대표 선출권을 법으로 보장한다.

한국의 AI 기본법은 AI 산업 진흥에 초점을 맞췄지만, 플랫폼 위에서 일하는 600만 소상공인의 협상권은 여전히 공백이다. 국가인공지능전략위원회가 '포용적 AI'를 첫 번째 원칙으로 내세웠다면 포용의 대상에 플랫폼 종속 소상공인도 포함되어야 한다.

우리는 제안한다. 입점업체 단체협상권을 법제화하라. 소상공인 모임의 법인화를 허용하라.

플랫폼은 협상 요청을 거부할 수 없어야 한다. 경쟁법을 이유로 단체행동과 연대행동을 제한해서는 안 된다. 수수료 인상, 알고리즘 변경, 정산 조건 변경. 이 모든 것이 협상 테이블 위에 올라와야 한다. 흩어지면 약자다. 뭉치면 협상가다. 1,547명이 증명했다. 협상할 권리는 생존할 권리다. 2026년 3월 시행 예정인 노란봉투법_{노조법 개정안}이 플랫폼 노동자와 특수고용직의 단체교섭권을 확대한다. 이 법적 토대 위에서 소상공인 협상권도 함께 논의될 수 있다.

제5조. 방어할 권리 ─ 악성 리뷰로부터 보호하라

광주에서 만난 국밥집 사장. 20년 넘게 한자리에서 장사했다. 단골들이 '광주 맛집'이라고 불렀다. 배달앱에 입점하고 나서 악몽이 시작됐다. "국물이 식었다.” 별점 1점. “배달이 늦었다.” 별점 1점. 배달 지연은 라이더 탓인데, 가게가 욕을 먹는다. 심지어 경쟁업체가 가짜 계정으로 테러를 한 것 같은 리뷰도 있었다. 증명할 방법이 없었다. 사장은 말했다. “20년 쌓은 명성이 별점 한 줄에 무너지네요.”

유통센터 시절, 나는 수많은 사장의 억울함을 들었다. 악성 리뷰 한 줄에 3년 쌓은 평점이 무너진다. 소송하려면 변호사비가 배상금보다 많다. 플랫폼에 이의제기를 해도 “고객의 솔직한 의견입니다”라는 답변이 돌아온다. 21세기 대한민국에서 주홍글씨는 ‘별점 1점’이다. 손님은 왕이 아니라 생사여탈권을 쥔 신이 되었다. 5개월간 유출 사실조차 몰랐던 플랫폼이 소상공인의 평판을 좌우하는 리뷰 시스템은 철저히 관리한다고 믿을 수 있는가. 내 데이터도 못 지키는 플랫폼이 내 명예를 지켜줄 리 없다.

EU 디지털서비스법DSA은 플랫폼에 신속한 삭제 요청, 이의제기, 수정 요구 절차를 필수로 요구한다. 허위 리뷰나 악의적 비방에 대해 피해자가 이의를 제기하면 플랫폼은 48시간 내에 검토하고 결과를 통보해야 한다. 자동화된 시스템만으로 콘텐츠를 삭제하거나 계정을 정지할 수 없다. 반드시 사람의 검토가 병행되어야 한다.

AI 기본법도 고영향 AI에 대해 투명성과 안전성 확보 의무를 부과한다. 리뷰 알고리즘이 소상공인의 생존을 좌우한다면 이것이야말로 ‘고영향 AI’가 아닌가. 국가인공지능전략위원회가 ‘포용적 AI’를 첫 번째 원칙으로 내세웠다면 AI가 만든 평판 시스템의 폭력으로부터 소상공인을 보호하는 것도 포용의 범주에 들어야 한다.

우리는 제안한다. AI 리뷰 보호를 의무화하라. 악의적 비방, 경쟁업체의 조직적 테러, 무차별적 별점 테러 패턴이 감지되면 즉시 블라인드 처리하

라. 평점 2점 이하 리뷰는 72시간 유예 기간을 두어 사장이 소명할 기회를 주라.

자동화된 시스템이 가게를 제재하거나 삭제할 때 최종 결정은 반드시 사람이 내려야 한다. 알고리즘만의 심판은 허용되지 않아야 한다. 리뷰는 소비자의 권리이지만 무기가 되어서는 안 된다. 방어할 권리는 명예를 지킬 권리다.

제6조. 데이터 주권 — 내 땀의 기록을 돌려받아라

소상공인은 플랫폼의 세입자다. 플랫폼의 땅에서 농사를 짓고, 수확물은 플랫폼이 가져간다. 내 가게의 단골 리스트, 주문 이력, 리뷰 데이터. 이 모든 것이 플랫폼 서버에 갇혀 있다. 다른 플랫폼으로 옮기고 싶어도 빈손으로 나와야 한다. 배민 독립선언 때도 같았다. 데이터에 묶여 떠나지 못했다. 설계된 종속이다.

플랫폼은 우리 데이터로 AI를 학습시키고, 알고리즘을 고도화하고, 광고 수익을 올린다. AI는 데이터를 먹고 자란다. 데이터가 없으면 힘을 쓰지 못한다. 그 데이터의 원천이 누구인가. 600만 소상공인의 땀이다. 그런데 그 땀의 기록은 플랫폼의 자산이 되고, 소상공인은 빈손이다.

EU GDPR 제20조는 데이터 이동권_{Data Portability}을 명시한다. 이용자가 자신의 데이터를 구조화된 기계판독 가능 형식으로 받아 다른 서비스로 옮길 수 있는 권리다. 2004년 번호이동제가 통신시장을 바꿨듯이 데이터 이동권이 플랫폼 시장을 바꿀 것이다.

에스토니아의 '원스 온리'_{Once Only} 원칙도 참고할 만하다. 시민이 정부에 한 번 제출한 데이터는 다시 요구하지 않는다. 데이터는 시민의 것이고, 정부는 그것을 빌려 쓸 뿐이다. 2001년부터 시행된 이 원칙 덕분에 에스토니아 국민은 연간 820년 치의 노동시간을 절약한다.

AI 기본법은 '공공 데이터의 학습용 데이터 제공 근거'를 마련했다. 그러나 소상공인이 플랫폼에 쌓아놓은 데이터를 되찾을 권리는 여전히 공백이다.

우리는 제안한다. 내 가게의 거래 데이터, 리뷰 데이터, 단골 고객 연결 정보는 나의 것이다. 열람하고, 정정하거나 삭제하며, 다른 플랫폼으로 이동시킬 권리가 있어야 한다. 플랫폼은 데이터 이동 요청 시 72시간 내에 표준 포맷으로 제공할 의무가 있어야 한다.

배달앱에 등록한 메뉴 정보, 가격 정보는 다른 플랫폼으로 옮길 때 자동으로 이전되어야 한다. 처음부터 다시 입력하게 만드는 것은 이동의 자유를 가로막는 장벽이다.

디지털 소작농에서 디지털 자작농으로. 내 땀의 기록은 내 것이다. 정부의 마이데이터 2.0 확대 정책이 금융을 넘어 전 분야로 확장되고 있다. 이 흐름과 함께 소상공인 데이터 주권도 제도화될 수 있다.

제3절_국가의 권리: 방임放任을 끝내다

자율규제라는 이름으로 플랫폼 독점을 방치한 현실. 티몬·위메프 사태로 1조 원이 증발해도 손 놓고 있던 정부. 온플법 좌초로 골든타임을 놓친 대한민국. 이제 그 방임을 끝내는 네 가지 권리를 선언한다.

제7조. 쉴 권리 — 아플 때는 쉴 수 있어야 한다

안전에 기반한 성장이라 했다. 맞는 말이다. 다만 질문이 있다. 쿠팡 물류센터의 29명은 왜 죽었는가. 진통제를 먹고 튀김기 앞에 선 치킨집 사장님은 왜 병원에 갈 수 없었는가. 플랫폼 경제에서 안전은 알고리즘의 문제다. UPH가 노동자의 몸을 지배하고, 평점 알고리즘이 사장님의 휴식을 불허한다. 근로감독관이 아무리 늘어도 알고리즘을 감독하지 못하면 허사다. 물리적 산업재해만 산재가 아니다. 디지털 과로도 산재다. 안전의 새 문법이 필요하다.

광주에서 만난 치킨집 사장이 말했다. "작년에 디스크가 터졌어요. 병원에서 당장 수술하래요. 근데 제가 쉬면 가게 문을 닫아야 해요. 그래서 링거 꽂고 튀김기 앞에 섰어요." 직장인은 아프면 병가를 낸다. 월급이 나온다. 소상공인은 아프면 가게 문을 닫아야 한다. 소득은 0원이다. 그래서 아파도 쉴 수 없다. "내가 쉬면 우리 가족은 굶는다." 마음 편히 아플 권리. 2025년의 대한민국에서 그것은 사치다.

떡볶이집 사장도 마찬가지였다. 손목 터널 증후군으로 손이 저려왔지만 병원 갈 시간이 없었다. 배달 주문이 밀리면 평점이 떨어지고, 평점이 떨어지면 노출이 줄며, 노출이 줄면 매출이 떨어진다. 플랫폼 알고리즘은 쉬는 가게를 용서하지 않는다.

10장에서 살펴본 대로 5년간 29명이 같은 시스템 안에서 목숨을 잃었다. 과로사, 산업재해, 안전사고. 플랫폼 위에서 일하는 사람들에게 '쉴 권리'는 생존권의 문제다. 소상공인도 다르지 않다. 600만 자영업자 중 상병수당을 받을 수 있는 사람은 거의 없다. 아프면 버티거나, 폐업하거나 둘 중 하나다.

독일은 1883년부터 상병수당 제도를 운영하고 있다. 아프면 최대 78주간 임금의 70%를 받는다. 자영업자도 포함된다. 142년 전 독일이 한 일을

2025년의 대한민국은 아직 하지 못하고 있다. 프랑스는 자영업자 사회보장기금을 통해 질병·출산·사망 시 급여를 지급한다. EU 플랫폼 노동자 지침은 플랫폼 종사자에게도 사회보장 접근권을 보장하라고 요구한다.

국가인공지능전략위원회는 'AI 기본사회'를 3대 정책축 중 하나로 내세웠다. 노동, 복지, 교육, 의료를 포괄하는 사회 시스템의 전환을 약속했다. AI 기본법이 명문화한 'AI 취약계층 접근성 보장'. 아파도 쉬지 못하는 600만 자영업자가 바로 그 취약계층이다. AI가 만드는 새로운 사회에서 가장 취약한 계층이 누구인가. 아파도 쉬지 못하는 600만 자영업자다.

우리는 제안한다. 600만 자영업자에게 상병수당을 전면 도입하라. 입원이나 중증 질환으로 일을 못하는 기간 동안 최저임금의 100%를 지급하라. 플랫폼 알고리즘이 '휴업' 상태의 가게에 불이익을 주지 못하도록 하라. 병가 기간 동안 평점과 노출 순위를 동결하라.

142년 전 독일이 한 일을 이제 대한민국도 할 때가 됐다. 쉴 권리는 사치가 아니라 생존의 권리다. 정부의 포용금융 정책이 취약계층 대출 금리를 5~6%대로 낮추고 있다. 상병수당 제도와 결합하면 자영업자 사회안전망이 한층 두터워진다.

제8조. 안전할 권리 — 떨어져도 죽지 않게

서커스단 곡예사는 공중그네를 탄다. 그들이 목숨을 건 묘기를 부릴 수 있는 유일한 믿음. 바닥에 쳐진 튼튼한 안전 그물이다. 지금 대한민국 도로 위를 달리는 배달 라이더. 그들은 매일 공중그네를 탄다. 바닥에는 그물이 없다. 배민 독립신인을 함께했던 닐, 라이더유니온 대표가 말했다. "사고 나면 치료비 본인 부담이에요. 오토바이 부서지면 그것도 제 돈이에요. 플랫폼은 '너희는 개인사업자니까'라고 해요."

쿠팡 물류센터의 현실도 다르지 않다. 5년간 29명이 같은 구조 안에서 쓰러졌다. 과로사, 산업재해, 안전사고. 노동자의 생명도, 고객의 데이터도 지키지 못하는 플랫폼. 그들이 말하는 '혁신'의 민낯이다.

220만 플랫폼 노동자 중 고용보험에 가입한 사람은 절반도 안 된다. 산재보험 사각지대는 더 넓다. 떨어지면 죽는다. 그물이 없기 때문이다.

EU 플랫폼 노동자 지침은 명확하다. 플랫폼 종사자에게도 사회보장 접근권을 보장하라. 산재보험, 실업급여, 건강보험. '개인사업자'라는 이름으로 책임을 회피할 수 없다. 스페인은 2021년 '라이더법'을 제정해 배달 노동자를 근로자로 추정한다. 프랑스는 플랫폼 노동자 대표 선출권을 법으로 보장한다.

AI가 만드는 새로운 경제에서 가장 취약한 계층이 누구인가. 그물 없이 공중그네를 타는 220만 플랫폼 노동자다.

우리는 제안한다. 플랫폼 노동자 220만 명을 위한 디지털 플랫폼 공제조합을 설립하라. 배달 1건당 20원, 플랫폼 기업이 20원을 자동 적립하라. 사고 시 치료비, 오토바이 수리비, 휴업 부조금으로 쓰라. 티끌 모아 태산. 20원이 거대한 그물이 된다. 플랫폼 기업에 산재보험 의무 가입을 강제하라. '개인사업자'라는 이름으로 책임을 회피하지 못하게 하라. 떨어져도 죽지 않는 세상. 안전할 권리는 생존할 권리다.

제9조. 제때 받을 권리 — 정산은 7일 이내

2024년 여름, 티몬과 위메프 사태. 1조 원이 증발했다. 판매자들은 물건을 팔았는데 돈을 받지 못했다. 플랫폼이 정산을 미뤘기 때문이다. 60일, 90

일. 그 사이 플랫폼은 판매자의 돈으로 다른 사업을 벌였다. 광주의 청년 창업가가 떠오른다. 70일간 1억 5000만 원을 기다렸다. 결국 받지 못했다. 부모님께 빌린 종잣돈이었다. "믿었는데요. 대기업이니까 믿었는데요." 그의 말이 아직도 귓가에 맴돈다.

소상공인은 흑자 도산한다. 매출은 났는데 정산이 안 돼서 월세를 못 낸다. 식자재비를 못 낸다. 직원 월급을 못 준다. 플랫폼은 떼어먹지 않는다. 그냥 늦출 뿐이다. 주병기 위원장의 지적처럼 '법이 60일이라고 해서 52일 만에 주는 건 시장 지배적 사업자의 태도'가 아니다. '그 돈으로 이자 놀이를 하는 것'이나 다름없다. 우리는 제안한다. 그 '늦춤'이 사람을 죽인다. 2025년 11월 쿠팡 개인정보 유출 사태가 터졌을 때 S&P글로벌은 쿠팡의 ESG 점수를 100점 만점에 8점으로 내렸다. 사실상 낙제다. 고객 데이터도 못 지키고, 판매자 정산도 늦추고, 물류센터에서 29명이 죽었다. 플랫폼 경제의 '혁신'이 남긴 것은 무엇인가. 늦춰진 정산, 유출된 데이터, 무너진 신뢰. 플랫폼의 도덕적 해이다.

EU 디지털서비스법DSA과 플랫폼 규제는 명확하다. 판매 대금은 플랫폼 운영 자금과 분리하여 별도 계좌에 예치해야 한다. 프랑스는 플랫폼 판매 대금 예치 의무를 법으로 강제한다. 일본은 하도급법을 통해 정산 지연 시 공정거래위원회가 직접 개입한다.

정부는 '민간과 공공이 함께 빠르게 변화하는 데 초점'을 뒀다고 밝혔다. 속도가 생명이다. 그러나 그 속도는 플랫폼이 성장 속도가 아니라 소상공인에게 돈이 돌아가는 속도여야 한다. AI 기본법이 강조하는 플랫폼경제의 신뢰 기반, 그 첫걸음은 약속을 지키는 것이나. 물선 값을 제때 주는 것이다.

우리는 제안한다. 플랫폼 기업의 정산 기한을 7일 이내로 법제화하라. 7일 이내 미정산 시 연 20% 지연 이자를 부과하라. 판매 대금은 플랫폼 운영 자금과 분리하여 별도 계좌에 예치하라. 티몬·위메프 사태가 다시는 반복되지 않도록 정산 대금 보호 제도를 의무화하라. 돈은 제때 받아야 돈이다. 내일의 약속이 아니라 오늘의 정산. 7일. 이것이 최소한의 존엄이다.

제10조. 공정할 권리 — 심판이 선수로 뛰면 안 된다

반칙과 특권을 바로잡겠다고 했다. 여기가 바로 그 현장이다. 심판이 선수복을 입고 뛰는 운동장. 이것이 21세기 반칙의 전형이다.

플랫폼은 운동장이어야 한다. 중개자로서 공정한 경기를 보장해야 한다. 그런데 직접 유니폼을 입고 선수로 뛴다. 쿠팡은 마켓플레이스면서 동시에 로켓배송, 로켓프레시, CPLB자체 브랜드를 운영한다. 심판이 자기 팀 선수에게만 공을 몰아준다. 검색하면 자사 상품이 먼저 뜬다. 추천 알고리즘이 자사 상품을 밀어준다. 입점업체 사장이 말했다. "같은 상품인데 로켓배송이 위에 뜨고, 제 가게는 3페이지 뒤에 있어요. 이길 수 없는 경기예요."

플랫폼은 입점업체의 판매 데이터, 가격 정보, 고객 반응을 모두 볼 수 있다. 그 데이터로 자사 브랜드 상품을 기획한다. 어떤 가격대가 팔리는지, 어떤 리뷰가 좋은지 모든 정보가 플랫폼에 집중된다. 입점업체는 맨손으로 싸우고, 플랫폼은 레이더를 장착하고 싸운다. 주병기 위원장은 이를 '약탈'이라고 정의했다. "납품업체가 피땀 흘려 개발한 상품 데이터를 훔쳐보고, 잘 팔린다 싶으면 PB 상품으로 카피해서 내놓습니다. 이건 혁신이 아닙니다." 심판이 선수로 뛰는 것이다. 표준을 쥔 자가 세상을 지배한다. 알고리즘이라는 표준을 쥔 플랫폼이 심판과 선수를 겸하면 경기는 시작 전에 끝난다.

EU는 디지털시장법DMA을 통해 게이트키퍼 플랫폼의 자기우대Self-Preferencing 행위를 금지했다. 자사 서비스와 PB 상품을 우대하는 것, 데이터를 이용해 경쟁사와 입점업체를 부당하게 차별하는 것을 제한한다. 위반 시 전 세계 매출의 10%를 과징금으로 물린다. 구글은 수조 원의 과징금을 맞았고, 애플도 2024년 3월 EU로부터 약 2조 7000억 원18억 유로의 과징금 폭탄을 맞았다. 미국 FTC도 아마존을 제소했다. 자사 물류 서비스 FBA를 사용하지 않는 판매자에게 검색 노출 불이익을 줬다는 혐의다. AI 기본법은 고영향 AI에 대해 투명성 의무를 부과한다. 그러나 플랫폼의 자기우대 알고리즘을 직접 규제하는 조항은 없다. 알고리즘이 만드는 불공정 경쟁도 규제의 대상이 되어야 한다.

우리는 제안한다. 플랫폼의 PB 상품 판매를 금지하는 '플제분리' 원칙을 법제화하라. 시장지배적 플랫폼의 자사 상품 우대를 금지하라. 알고리즘 기반 자기우대, 끼워팔기, 락인 전략을 금지하라. 입점업체 데이터를 자사 브랜드 기획에 활용하는 것을 금지하라. 위반 시 전 세계 매출의 10%를 과징금으로 부과하라. 금산분리가 있듯 플랫폼 시장에도 심판과 선수를 분리하는 규칙이 필요하다. 공정한 경기만이 진짜 경쟁이다. 공정할 권리는 생존할 권리다.

권리는 법이 될 때 힘을 가진다

10가지 권리를 선언했다. 정리하면 다음의 [표]와 같다.

이 권리들은 누군가가 선물해 주는 것이 아니다. 1215년의 귀족들이 칼을 차고 왕을 압박했듯, 2024년의 소상공인들이 가게 문을 닫고 거리로 나섰

영역	권리	핵심	국제 기준
개인	알 권리	알고리즘 설명 요구	EU GDPR, CJEU 판례
개인	배움의 권리	디지털 경사로	OECD 디지털 포용
개인	발견될 권리	신청→발견	올빼미버스 모델
사회	협상할 권리	단체교섭권	EU 플랫폼 노동자 지침
사회	방어할 권리	악성 리뷰 보호	EU DSA
사회	데이터 주권	이동권	GDPR 제20조
국가	쉴 권리	상병수당	독일 1883년
국가	안전할 권리	플랫폼 공제조합	에스크로 제도
국가	제때 받을 권리	7일 이내 정산	티메프 교훈
국가	공정할 권리	플제분리(플랫폼의 PB 상품 판매 금지)	EU DMA

듯, 우리의 분노와 요구가 법이라는 구체적인 형상을 입을 때 비로소 기술의 폭주는 멈추고 인간의 존엄은 회복된다.

유럽은 이미 GDPR과 DMA로 앞서가고 있다. OECD는 디지털 포용을 국가의 책무로 규정했다. 2026년 1월 22일, 한국은 세계 최초로 AI 기본법을 시행했다. 국가인공지능전략위원회는 98개 행동과제를 담은 AI 액션플랜을 발표하며 'AI 3대 강국'을 선언했다. 그러나 우리가 주저하는 사이 데이터는 국경을 넘어 유출되고, 알고리즘은 더욱 교묘하게 우리의 삶을 통제할 것이다. 2025년 11월 쿠팡 사태가 보여줬다. 3370만 명의 데이터가 5개월간 유출되는 동안 국가는 무력했다.

호소의 시대는 끝났다. 우리는 국가에 요구한다. '당신의 시민을 지키십시

오.' 우리는 기업에 명령한다. '당신은 국민의 권리를 침해할 수 없습니다.' 그리고 우리는 스스로에게 선언한다. '우리는 기술의 부속품이 아니라 이 거대한 디지털 문명의 주인으로서 마땅히 누려야 할 권리를 포기하지 않겠노라'고.

권리는 이 같은 선언으로 끝나지 않는다. 권리가 법이 될 때 비로소 강제력을 가진다. 국가는 이를 지켜야 할 의무가 생긴다. 기업이 이를 어기면 처벌받는다. '면허제-이동권-집단소송'이라는 세 가지 원칙이 이 10가지 권리를 지키는 제도적 기둥이다.

12장에서는 이 권리들을 현실로 만들 구체적인 정책, 소무 10조를 제안한다. 권리장전이 '무엇을'을 말했다면, 소무 10조는 '어떻게'를 말한다. 이미 광주에서, 서울에서, 인도에서, 영국 프레스턴에서 작동하고 있는 정책들이다. 창작이 아니라 발견이다.

돌아보기

10가지 권리. 알 권리, 선택할 권리, 떠날 권리, 보호받을 권리. 현장의 땀에서 뽑아낸 권리들이다. 면허제-이동권-집단소송, 세 기둥이 이 권리를 지킨다. 권리장전은 '무엇을'을 말했다.

→ 이제 '어떻게'를 말한다.

　12장에서 소무 10조를 제안한다.

12 │ 소무_{小務} 10조 : 기준국가의 10가지 해법

권리를 현실로 만드는 법은 무엇인가.
— 창작이 아니라 발견이다

광주의 선언, 그리고 정치의 외면

2024년 7월 19일 오전 10시, 광주광역시의회 시민소통실. 광주소상공인연합회와 외식업중앙회 대표들이 마이크 앞에 섰다. 그들의 손에는 배달의민족 탈퇴 선언문이 들려 있었다.

"우리는 더 이상 플랫폼 자본의 식민지로 살지 않겠다."

배민이 수수료를 6.8%에서 9.8%로 기습 인상한 지 5일 만이었다. 1,547명의 사장이 집단 탈퇴를 결의했다.

이것은 단순한 보이콧이 아니었다. 거대 플랫폼 자본의 알고리즘 통치에 맞서 골목의 주권을 되찾겠다는 디지털 독립운동의 서막이었다. 광주의 투쟁은 플랫폼 기업이 망하라는 저주가 아니었다. "함께 살자"는 호소였다. 아프리카 반투족의 인사말 '우분투'Ubuntu처럼, "네가 있어 내가 있다"는 연대의 외침이었다.

여의도 정치는 이 절박한 목소리를 민원 취급했다. 국회에 상정된 온플법 안들은 논의조차 되지 못하고 폐기되었다. 온플법은 2021년 발의된 후 5년째 계류 중이다. 그 5년 동안 배달앱 수수료는 44% 올랐고, 티몬·위메프 사태로 1조 원이 증발했으며, 쿠팡에서 29명이 목숨을 잃었다. 정치가 우리를 외면하는 동안 골목은 불타고 있었다.

"과거의 성공 공식에서 소상공인은 수혜자였다. 정부가 지원금을 주고, 정책자금을 풀고, 컨설팅을 보내줬다. 그러나 그 공식이 만든 것은 무엇인가. 2024년 폐업자 100만 명. 평균 부채 1억 원. 지원을 받을수록 종속이 깊어지는 구조. 새 공식이 필요하다. 시혜가 아니라 권리. 보호가 아니라 역량. 그래서 소무 10조다."

정치가 우리를 호명하지 않는다면 우리의 생각이 직접 정치의 무대에 올라야 한다.

고려 성종 때 최승로는 '시무 28조'를 올리며 말했다. "임금은 대무大務와 소무小務를 구분해야 하지만, 백성의 삶은 소무에서 결정된다"고. 1,000년이 지난 지금, 우리에게는 거창한 담론보다 내 삶을 바꾸는 구체적인 소무가 절실하다.

이 장에서 나는 소상공인을 위한 대통령, 즉 '소통령'이 완수해야 할 10가지 직무를 제안한다. 이 10가지 정책은 책상머리의 창작이 아니다. 서울의 밤거리에서, 유통센터의 교육장에서, 광주의 골목에서 치열하게 부딪히며 찾아낸 발견의 기록이다. 동시에 대통령 직속 국가인공지능전략위원회의 자문위원으로서 정부의 거대 AI 전략이 허공에 맴돌지 않고 땅에 발붙이게 하려는 구체적인 실행 계획이다.

이 10가지 정책은 혁신의 역설을 제도로 막는 시도이기도 하다. 시장이 스스로 해결하지 못한 문제를 공공이 규칙으로 바로잡는 것이다. 물론 이것이 유일한 정답은 아니다. 시대가 빠르게 변하고 환경이 달라지기에 늘 더 나은 방법이 있을 수 있다. 다만 현장에서 부딪히며 찾아낸 하나의 방향을 제안하는 것이다.

정부가 AI 3대 강국을 외칠 때 우리는 골목 AI 강국을 설계할 필요가 있다. 정부가 판을 깔고 민간이 춤춘다.

> **이 장의 여정**
>
> 소무 10조를 네 묶음으로 나눠 본다.
>
> • 경쟁의 규칙 (1~3조): 운동장을 평평하게
>
> • 자본의 규칙 (4~6조): 돈의 흐름을 바꾸다
>
> • 흐름의 규칙 (7~8조): 물건이 흐르게
>
> • 지원의 규칙 (9~10조): 사람을 챙기다
>
> *창작이 아닌 발견이다. 이미 작동하고 있는 정책들이다.*

제1절_경쟁의 규칙: 기울어진 운동장을 바로잡다

정부는 국가 AI 전략을 통해 인프라 구축을 천명했다. '에너지 고속도로'를 통해 햇빛 연금을 만들 듯이 '데이터 고속도로'를 깔아 소상공인에게 '데이터 연금'을 돌려줘야 한다. 컴퓨팅, 데이터, 보안을 완비한 AI 고속도로 구축을 천명했다.

그러나 도로만 깐다고 다는 아니다. 그 위를 누가, 무엇을 싣고 달릴 것인가가 중요하다. 거대 플랫폼이 독점한 운동장에 공공의 메기를 풀고, 로컬의 데이터가 자유롭게 흐르는 새로운 규칙이 필요하다.

제1조. 로코노미 AI 고속도로: 메기 전략의 진화

메기 한 마리의 힘

광주 공공배달앱은 시장에 메기 한 마리만 있어도 생태계가 건강해진다는 것을 증명했다. 수수료 7.8%의 배달의민족 옆에 수수료 2%의 공공앱이 있으면 민간 플랫폼도 함부로 가격을 올리지 못한다. 공공배달앱은 '착한 앱'이 아니라 '유효 경쟁자'다. 정부가 직접 선수로 뛰는 게 아니라 공정한 경쟁 환경을 만드는 심판 역할을 하는 것이다.

지방 주도 성장은 무엇인가. 서울에서 만든 정책을 지방에 이식하는 것이 아니다. 지방에서 자생한 모델이 전국으로 퍼지는 것이다. 광주의 배민독립선언이 대구로, 부산으로, 전주로 번진 것처럼.

지방 주도 성장의 실체는 거버넌스의 이전이 아니라 규칙의 재설계다. 수수료 2%의 공공앱이 수수료 7.8%의 민간앱 옆에 서 있을 때 비로소 협상이 가능해진다. 이것이 메기 전략의 본질이다. 지역의 돈이 서울 플랫폼으로 빨려 가지 않고 지역 내에서 도는 것. 그것이 로코노미Loconomy다. 분수효과의 경제학이다.

AI 공공성이라는 화두

2024년, 네이버 퓨처AI센터 하정우 센터장현 대통령비서실 A미래기획수석비서관이 화두를 던졌다.

"AI는 공공재가 되어야 한다."

그의 논지는 명확했다. 거대언어모델LLM을 만드는 데는 천문학적 비용이 든다. 빅테크만 감당할 수 있는 규모다. 이대로 가면 AI는 소수 기업의 전유물이 된다. 소상공인은 AI 시대에도 종속자로 남는다.

하정우 수석의 제안은 '공공 AI 인프라'였다. 정부가 기초 AI 모델을 구축하고, 중소기업과 소상공인이 이를 활용할 수 있게 하자는 것이다. 도로를 정부가 깔면 누구나 차를 몰 수 있듯 AI 고속도로를 정부가 깔면 누구나 AI를 탈 수 있다. 문제는 '누구를 위한 AI인가'였다.

로코노미: 지역에서 돌고, 지역에 남는다

이제 메기를 전국으로 확장해야 한다. 단순한 배달앱을 넘어선 로코노미 Loconomy AI 플랫폼으로 진화시킬 필요가 있다.

로코노미란 '로컬'과 '이코노미'의 합성어다. 지역에서 생산하고, 지역에서 소비하고, 그 이익이 지역에 남는 경제 순환 구조다. 지산D소의 전국 버전이라 할 수 있다.

17개 시도의 공공앱 데이터를 연동하여 전국 규모의 인프라를 구축한다. 이곳은 민간 플랫폼과 경쟁하는 곳이 아니다. 민간이 수익성 때문에 외면하는 지역의 가치를 담는 그릇이다. 지역의 문화, 관광, 맛집, 특산품 정보가 흐르는 디지털 고속도로. 프레스턴 모델이 공공조달로 지역경제를 살렸듯 로코노미 플랫폼은 데이터와 AI로 지역경제를 살린다.

앰비언트 커머스 시대의 방파제

앰비언트 커머스라 불리는 자동주문 시대가 오고 있다. AI 스피커에 "저녁 시켜줘"라고 말하면 알고리즘이 알아서 주문한다. 그 알고리즘이 서울 본사에서 설계된다면? 우리 동네 가게는 배제된다. 아마존 알렉사는 이미 자사 상품을 우선 추천한다. 네이버 AI도 스마트스토어 입점업체를 먼저 보여준다. 알고리즘의 편향은 곧 생존의 편향이 된다.

로코노미 AI 플랫폼은 이 시대에 데이터 주권을 지키는 방파제 역할을 한다. 지역 소상공인의 데이터가 지역 AI에 학습되고, 그 AI가 지역 소비자에게 지역 가게를 추천한다. 민간 앱도 이 공정한 고속도로 위에서 더 나은 서비스로 경쟁하게 만드는 것, 이것이 진정한 플랫폼의 공공성이다.

대만과 에스토니아가 보여준 길

대만의 사례가 있다. 디지털부 장관 오드리 탕은 2023년 'gov-AI' 프로젝트를 시작했다. 정부가 수집한 공공 데이터를 중소기업이 무료로 활용할 수 있게 한 것이다.

농부는 기상 데이터와 작황 예측 AI로 수확량을 20% 늘렸다. 야시장 상인은 관광객 동선 분석으로 재고 손실을 30% 줄였다. 핵심은 '데이터의 공공재화'였다. 플랫폼 기업이 독점하던 데이터를 시민에게 돌려준 것이다.

에스토니아는 더 앞서 있다. 인구 130만의 작은 나라가 'X-Road'라는 데이터 고속도로를 구축했다. 정부, 은행, 병원, 기업의 데이터가 안전하게 연동된다. 소상공인도 이 인프라 위에서 대기업과 같은 수준의 디지털 서비스를 누린다. 규모의 불이익이 사라진 것이다. 대만에서 되는 일, 에스토니아에서 되는 일이 한국에서 안 될 이유가 없다.

실천 로드맵

1단계, 17개 시도 공공앱 데이터 연동이다. 현재 각 지자체가 운영하는 공공배달앱, 지역화폐앱, 관광앱의 데이터를 표준화하고 연동한다. 2026년까지 완료 가능하다.

2단계, 로코노미 AI 기초모델 구축이다. 지역 소상공인 데이터를 학습한 공공 AI 모델을 개발한다. 하정우 수석이 제안한 '공공 AI 인프라'의 소상공인 버전이다. 민간 기업도 이 모델을 활용할 수 있게 개방한다.

3단계, 앰비언트 커머스 공정성 가이드라인 제정이다. AI 추천 알고리즘에 지역 소상공인 노출 비율을 의무화한다. EU의 DMA가 '게이트키퍼'를 규제하듯 한국도 AI 추천의 공정성을 법으로 보장해야 한다.

메기는 혼자 헤엄치지 않는다. 전국의 메기가 연결될 때 거대 플랫폼의 독점은 비로소 흔들린다. 정부는 도로를 깔고, 소상공인은 그 위를 달린다. AI 시대에도 골목은 살아남아야 한다. 정부의 '5극3특' 지역균형발전 전략과 AI 단과대 신설 계획이 이 방향의 토대가 된다. 4대 과기원과 거점국립대에 AI 인재가 양성되면 로코노미 AI 고속도로를 달릴 인력이 지역에서 배출된다.

제2조. 알고리즘 공정화법: AI 영향평가 도입

심판이 선수복을 입었다

대형 이커머스는 자사 PB 상품을 검색 상위에 노출시킨다. 포털은 자사 쇼핑몰을 우대한다. 배달앱은 프랜차이즈와 개인 가게를 다르게 대우한다. 심판이 선수복을 입고 경기에 뛰어들었다. 호루라기를 불어야 할 사람이 골을 넣고 있다. 대형 플랫폼의 UPH 알고리즘은 물류센터 노동자를 죽음으로 내몰았다. 그 알고리즘을 설계한 사람이 어떤 자격을 갖추었는지 아무도 모른다. 플랫폼이 알고리즘으로 운동장을 기울이고 있다.

'표준 전쟁'을 생각해보자. 로마 전차의 바퀴 폭이 2,000년 뒤 우주왕복선의 크기를 결정했다는 이야기. 표준을 쥔 자가 미래를 지배한다.

지금 플랫폼이 세운 표준은 무엇인가. '최저가'. '당일배송'. '무료반품'. 소비자에게는 편리함이다. 하지만 소상공인에게는 생존의 벼랑이다. 이 표준을 따르지 않으면 검색에서 밀린다. 리뷰에서 밀린다. 매출에서 밀린다.

알고리즘 독재

유통센터 시절, 나는 수많은 소상공인의 억울함을 들었다. 갑자기 계정이 정지된 사장. 이유를 물어도 답이 없다. 항의할 곳도 없다. 한 달 매출이 증발해도 보상받을 길이 없다. 알고리즘이 왜 그런 결정을 내렸는지 설명조차 없다.

광주에서도 같은 이야기를 들었다. 양동시장 한 반찬가게의 노출 순위가 배달앱에서 갑자기 떨어졌다. 하루 주문이 30건에서 5건으로 줄었다. 플랫폼에 문의했다.

"알고리즘이 그렇게 결정했습니다."

그게 끝이었다. 왜 떨어졌는지, 어떻게 하면 올라가는지 아무도 알려주지 않았다. 이것은 알고리즘 독재다. 재판 없는 처벌이다. 항소 없는 판결이다.

EU가 먼저 움직였다

EU는 디지털시장법DMA으로 빅테크의 자사 우대를 금지했다. 구글, 애플, 아마존, 메타를 '게이트키퍼'로 지정하고, 자사 서비스 우대를 원천 차단했다. 위반하면 전 세계 매출의 10%를 과징금으로 물린다. 2017년 구글은 자사 쇼핑 서비스를 검색 상단에 배치한 혐의로 3조 2000억 원의 과징금을 맞았다. 기업이 진정으로 두려워할 수준이다.

미국도 움직이고 있다. 2023년 연방거래위원회FTC는 아마존을 반독점 혐의로 제소했다. 자사 물류 서비스 '풀필먼트 바이 아마존'FBA을 이용하지 않는 판매자를 검색에서 불이익을 준다는 혐의다. 알고리즘이 공정해야 시장이 공정하다는 인식이 세계적으로 확산되고 있다.

한국은 어떤가. '자율규제'를 외치며 고양이에게 생선을 맡겼다. 네이버쇼핑 검색 조작 의혹에 과징금 267억 원. 연매출의 0.3%다. 벌금이 아니라 비용이다. 이 정도면 위반해도 남는 장사다.

AI 영향평가: 설명할 수 없으면 사용하지 마라

플랫폼의 자사 상품 우대 행위를 금지하는 것은 시장의 기본 원칙이다. 여기에 더해 AI 알고리즘 영향평가AIA, AI Impact Assessment를 의무화해야 한다. 플랫폼의 노출 알고리즘이 지역 상권과 소상공인 매출에 미치는 영향을 정기적으로 평가하고 공개하도록 해야 한다.

EU는 2024년 AI법AI Act을 통과시켰다. 고위험 AI 시스템에 대해 사전 영향평가를 의무화했다. 채용, 대출, 의료 분야의 AI는 왜 그런 결정을 내렸는지 설명해야 한다. 설명할 수 없으면 사용할 수 없다. 플랫폼 알고리즘도 마찬가지다. 왜 이 가게는 1페이지이고, 저 가게는 10페이지인가. 설명할 수 없다면 그 알고리즘은 사용해서는 안 된다.

실천 방안

첫째, 플랫폼 자사 우대 금지법을 제정할 필요가 있다.

EU의 DMA를 한국 실정에 맞게 도입한다. 시장점유율이 일정 비율 이상인 플랫폼을 '게이트키퍼'로 지정하고, 자사 서비스 우대를 원천 금지한다.

둘째, AI 알고리즘 영향평가를 의무화할 필요가 있다.

플랫폼 기업은 분기별로 알고리즘이 소상공인 매출에 미친 영향을 평가하고 공개하도록 한다. 특정 업종이나 지역이 불이익을 받았다면 시정하도록 한다.

셋째, 알고리즘 설명 요청권을 보장할 필요가 있다.

소상공인이 자신의 노출 순위, 계정 정지, 불이익 조치에 대해 설명을 요청하면 플랫폼은 30일 이내에 답변하도록 한다. 답변이 없으면 과징금을 부과한다.

AI 영향평가는 기업을 괴롭히려는 규제가 아니다. 플랫폼이 사회적 책임을 다하는 ESG 경영을 하도록 돕는 가이드라인이다. 의사가 수술 전 환자에게 부작용을 설명하듯 플랫폼도 알고리즘의 영향을 설명해야 한다. 표준을 세운 자에게 책임을 묻는 것, 이것이 알고리즘 공정화의 핵심이다.

제3조. 로컬 크리에이터 컨트롤타워 신설

감자빵이 보여준 길

춘천 감자빵을 생각해보자. 코딩을 아는 사람이 만든 게 아니다. 강원도 감자라는 지역 자원에 이야기를 입힌 창업가가 만들었다. 그 감자빵이 SNS를 타고 전국 브랜드가 되었다. 연 매출 100억 원. 춘천역 앞에 줄이 선다. 감자빵이 춘천의 상징 상품이 됐다.

부산 영도의 흰여울문화마을도 그렇다. 버려진 달동네를 예술가들이 되살렸다. 카페와 공방이 들어섰다. 영화 촬영지가 되었다. 연간 방문객 200만 명. 기술이 아니라 이야기가 지역을 살린 것이다. 전주 한옥마을, 강릉 커피거리, 제주 월정리. 지역마다 로컬 크리에이터들이 고유한 가치를 만들어내고 있다.

로컬이 국가 전략의 한 축이 되다

지난 1월, 청와대에서 열린 국가창업시대 전략회의에서 눈에 띄는 변화가 있었다. 정부가 창업의 두 축을 '테크'와 '로컬'로 나란히 세운 것이다. 테크 4,000명, 로컬 1,000명. 5,000명의 창업 인재를 선발한다. 2030년까지 글로컬 상권 17곳, 거점 상권 50곳을 조성한다. 대통령이 직접 '로컬 창업'을 입에 올렸다. 불과 2~3년 전만 해도 상상하기 어려운 풍경이다.

골목에서 시작한 로컬 크리에이터들이 자신의 존재를 증명한 결과, 국가 전략 테이블 위에 '로컬'이라는 단어가 올라왔다. 반도체, 바이오 등을 앞세운 기술창업 옆자리에 감자빵과 한옥 공방이 앉게 된 것이다. 속도가 빠르다. 현장에서는 숨이 가쁠 정도다. 방향도 속도도 맞다.

앞서 이야기한 수요 혁신 정책인 '지산D소'의 핵심에 로컬 크리에이터가 있다. 지역에서 생산한 것을 지역에서 소비하고, 그 이익이 지역에 남는 구조. 이 구조가 작동하려면 선언을 넘어 설계가 따라와야 한다. 로컬이 국가 전략의 한 축이 된 지금, 그 축에 걸맞은 제도적 뼈대를 세울 차례다.

유럽과 일본이 먼저 깨달았다

EU 지역위원회는 2010년부터 '유럽 기업가적 지역상'EER을 수여한다. 혁신적 중소기업 전략을 가진 도시를 선정하는 제도다.

2025년 EER을 받은 스페인 갈리시아. 인구 감소에 시달리는 농촌 자치주다. 기술도시를 모방하지 않았다. 13개 원스톱 센터를 열어 2년 만에 1,900개 사업을 지원했다. 농촌에 코워킹 공간을 만들어 디지털 노마드를 유치했다.

크로아티아 크라피나자고레 주도 같은 해 EER을 받았다. 인구 12만. 전략은 온천과 공예, 전통 부문 중소기업의 현대화였다. 첨단 기술이 아니라 지역 자산에 혁신의 옷을 입힌 것이다.

일본은 2014년 '지방창생' 정책으로 도쿄 일극 집중을 타파하려 했다. '관계인구' 개념을 도입했다. 그 지역에 살지 않아도 가치를 만드는 사람들을 정책 대상으로 삼은 것이다. 도쿠시마현 가미야마초는 인구 5,000명의 산골 마을이었다. 로컬 크리에이터를 키웠다. 10년 뒤 인구 유출이 멈췄다.

영국은 '크리에이티브 인더스트리'를 국가 전략 산업으로 지정했다. 디자인, 공예, 음식, 관광을 기술 산업과 동등하게 대우한다. GDP의 6%를 차지하는 거대 산업으로 성장했다.

기술만이 혁신이 아니라는 것을 세계는 이미 알고 있다. 한국도 이제 그 대열에 합류하기 시작한 셈이다.

로컬 크리에이터란 누구인가

로컬 크리에이터는 지역 자원에 창의성을 더해 새로운 가치를 만드는 사람이다. 코딩 대신 스토리텔링을 한다. 알고리즘 대신 레시피를 개발한다. 데이터 대신 경험을 판다. 지역의 빵집, 카페, 맛집, 공방, 양조사. 이들이 로컬 크리에이터다.

디지털 기술로 대기업과 경쟁할 수 있는 개인. 로컬 크리에이터는 그 슈퍼 개인이 지역에서 활동하는 모습이다. 이들에게 AI 날개를 달아주면 어떻게 될까. 지역 빵집이 AI로 수요 예측을 하고, 재고 관리를 하며, 마케팅을 한다. 카페 주인이 AI로 관광객 동선을 분석하고, 메뉴를 개발한다. 기술은

AI가 맡고, 사람은 가치와 창의성에 집중한다.

디지털부 신설과 로컬 크리에이터 본부

로컬이 국가 전략에 이름을 올린 것은 시작이다. 문제는 실행이다. 현재 로컬 크리에이터 정책은 정부 여러 부처에 흩어져 있다. 중소벤처기업부의 소상공인 정책, 문화체육관광부의 관광 정책, 행정안전부의 지역 균형 발전 정책. 칸막이가 있다. 컨트롤타워가 필요하다.

장관급 디지털경제부를 신설하고, 그 안에 로컬 크리에이터 육성 본부를 두는 방안을 검토할 수 있다. 이 본부의 역할은 세 가지다.

첫째, 로컬 크리에이터를 '혁신 기업'으로 재정의한다.

기술 창업과 동등한 지원을 받을 수 있도록 법적 근거를 마련한다. 창업 자금, 세금 감면, 공간 지원을 기술 스타트업 수준으로 확대한다. 정부가 도입하겠다는 '도전 경력서'를 골목 창업가의 실패 경험까지 포괄하는 신용 전환 제도로 확장해야 한다.

둘째, AI 기술 기업과 로컬 크리에이터를 연결한다.

1조에서 제안한 로코노미 AI 플랫폼 위에서 로컬 크리에이터가 AI 도구를 쉽게 활용할 수 있도록 지원한다. 로컬 창업가에게 AI 날개를 다는 것이다. 최신 GPU는 국가 초거대 모델에 쓰되, 세대 교체된 구형 GPU를 골목 창업가에게 순환 배치하자. 로코노미 AI 고속도로의 '골목 노드'가 된다.

셋째, 지역별 로컬 크리에이터 허브를 구축한다.

소담스퀘어의 전국 네트워크다. 크라피나자고레 주가 온천과 공예로 유럽 기업가적 지역이 됐듯이 광주는 먹거리로, 전주는 한옥과 소리로, 강릉은 커피와 바다로 한국형 기업가적 도시를 만들 수 있다. 17개 시도에 최소 하나씩 두는 방안을 검토할 수 있다.

지역 소멸을 막는 것은 대기업 공장 유치가 아니다. 그 지역에서만 만들 수 있는 가치를 창출하는 사람들이다. 로컬 크리에이터 1만 명이 대한민국을 살린다. 정부가 추진하는 '지역사랑 휴가지원'_{인구감소지역 20개 지자체 여행비 50% 환급}과 연계하면 로컬 크리에이터의 콘텐츠가 관광객 유입으로 이어지는 선순환이 가능하다.

> **여기까지**
>
> 경쟁의 규칙 3조를 보았다.
>
> - 1조: 로코노미 AI 고속도로 — 공공이 메기가 된다
> - 2조: 알고리즘 공정화법 — AI가 공정하게 작동하게 한다
> - 3조: 로컬 크리에이터 본부 — 지역의 이야기꾼을 키운다
>
> → 운동장을 평평하게 만들었다. 이제 자본의 흐름을 바꾼다.

제2절_자본의 규칙: 담보에서 데이터로, 대출에서 투자로

스타트업·벤처 열풍을 일으키겠다고 했다. 동의한다. 다만 그 열풍의 방향을 물어야 한다.

테크 유니콘만 스타트업인가. 골목의 떡볶이집은 스타트업이 아닌가. 30년 장사한 사장님이 라이브커머스를 시작하고, AI로 재고관리를 하고, 데이터로 단골을 분석한다면 그것도 혁신 아닌가.

소상공인을 보호 대상으로만 보면 안 된다. 혁신 주체로 봐야 한다. 1소상공인 1상품_{1소1상}이 그래서 중요하다. 골목의 가게가 스타트업이 되는 것. 그것이 진짜 '모두의 성장'이다.

정부는 AI 기반의 포용적 금융안전망 구축을 약속했다. 그러나 실행 주체와 방법이 모호하다. 데이터가 곧 신용이 되고, 대출이 아닌 투자가 되는 새로운 금융의 물길을 터야 한다.

제4조. 소상공인 전문은행 설립: 데이터가 만드는 기회

담보 없는 사람들

재무제표가 없는 소상공인을 금융권에서는 '씬파일러'Thin Filer라 부른다. 신용 정보가 얇은 사람. 대한민국 600만 소상공인 중 절반 이상이 씬파일러다. 시중은행의 문턱은 이들에게 여전히 높다. 인터넷전문은행조차 고신용자 대출에 치중하고 있다. 카카오뱅크, 토스뱅크가 혁신을 외쳤지만 정작 소상공인에게는 문을 열지 않았다.

광주의 시장상인은 13년간 성실하게 영업했다. 2년간 꾸준히 디지털을 배워 월 매출이 35% 올랐다. 단골 3,000명, 리뷰 500개. 그러나 은행에서는 여전히 담보가 없다며 대출을 거절한다. 재무제표가 없기 때문이다. 그의 땀과 신뢰는 신용으로 인정받지 못한다.

홍천의 70대 할머니도 마찬가지다. 수수부꾸미로 월 1000만 원을 버는데, 은행은 고령이라는 이유로 대출을 꺼린다. 양동시장 40년 떡집 할머니, 대인시장 반찬가게 사장. 이들은 대한민국 경제의 모세혈관이다. 그런데 금융의 피가 흐르지 않는다.

금융의 사각지대

왜 이런 일이 벌어지는가? 기존 금융이 '담보'와 '재무제표'라는 20세기

잣대로 21세기 소상공인을 평가하기 때문이다. 부동산 담보가 있으면 대출해준다. 3년 치 재무제표가 있으면 심사한다. 둘 다 없으면? 문전박대다. 소상공인의 44%는 1인 사업자다. 회계사를 고용할 여력이 없다. 재무제표를 만들 시간도 없다. 재료 사고, 청소하고, 장사하며 배달 나가면 하루가 끝난다. 이들에게 재무제표를 요구하는 것은 물고기에게 나무 타기를 요구하는 것과 같다. 기준 자체가 잘못된 것이다.

'신청주의의 함정'은 금융에서도 작동한다. 도움이 필요한 사람일수록 도움을 받지 못하는 역설. 자금이 필요한 사람일수록 자금을 빌리지 못한다. 담보가 없는 사람이 담보를 요구받는다. 이것이 금융 배제Financial Exclusion다.

독일이 보여준 길

독일에는 재건은행KfW, Kreditanstalt für Wiederaufbau이 있다. 2차 세계대전 후 폐허가 된 독일을 일으킨 은행이다. 정부가 설립했지만 민간은행과 협력하는 하이브리드 모델이다. 공공이 리스크를 분담하고, 민간이 자금을 댄다. 중소기업이 시중은행에서 대출받을 때 KfW가 보증을 선다. 덕분에 담보가 부족해도 대출이 가능하다.

KfW의 중소기업 대출 잔액은 약 100조 원이다. 독일 중소기업의 버팀목이다. '히든 챔피언'이라 불리는 독일의 강소기업들이 세계시장을 장악할 수 있었던 배경에 KfW가 있다. 관치 금융이 아니다. 시장 실패를 보완하는 공공의 역할이다.

방글라데시의 그라민뱅크Grameen Bank도 참고할 만하다. 무함마드 유누스가 설립한 이 은행은 담보 없이 가난한 사람들에게 소액 대출을 해준다. 담보 대신 '신뢰'를 본다. 5명이 한 조가 되어 서로 보증을 선다. 상환율 97%. 시중은행보다 높다. 유누스는 이 공로로 2006년 노벨평화상을 받았다. 가난한 사람도 신용이 있다는 것을 증명한 것이다.

대안 신용 평가: 리뷰가 담보다

데이터 시대에는 담보 없이도 신용을 평가할 수 있다. 대안 신용 평가ACS, Alternative Credit Scoring 시스템이다. 재무제표 대신 비금융 데이터를 본다. 상권 분석, 단골 리뷰, 성실 납부 이력, 배달앱 매출 데이터, SNS 팔로워 수, 카드 결제 패턴.

리뷰 500개는 담보보다 더 확실한 신용이다. 13년간 한자리를 지켰다는 것은 어떤 재무제표보다 강력한 증거다. 홍천 할머니의 월 1000만 원 매출 기록은 재무제표보다 더 정확한 상환 능력 증명이다. 기존 금융이 보지 못했던 소상공인의 잠재력을 AI가 신용으로 환산하는 것이다.

신한은행 배달앱 '땡겨요'가 이 모델을 실현했다. 배달앱 생태계 내 거래 데이터, 결제 이력, 사회적 관계망을 분석해 신용점수를 산출한다. 재무제표 없이도 대출이 가능하다. 기존과 다른 방식으로 소상공인의 신용을 평가하는 공공 인프라가 필요하다.

소상공인 전문은행 설립

정부의 데이터 뱅크와 민간의 핀테크 기술을 결합한 소상공인 전문은행을 설립하는 방안을 제안한다. 관치 금융이 아니다. 독일 KfW처럼 공공이 리스크를 분담하고 민간이 자금을 대는 하이브리드 모델이다.

첫째, 공공 데이터와 민간 데이터를 연동한 대안 신용 평가 시스템을 구축한다.

국세청 납부 이력, 건강보험 납부 이력, 공공배달앱 매출 데이터, 지역화폐 사용 패턴. 이 데이터들을 AI로 분석해 신용점수를 산출한다. 재무제표 없이도 대출 심사가 가능해진다.

둘째, 소상공인 전용 대출 상품을 설계한다.

기존 은행이 외면하는 씬파일러를 위한 상품이다. 금리는 시중은행보다 낮고, 상환 조건은 유연하게. 매출이 줄면 상환을 유예하고, 매출이 늘면 조기 상환을 유도한다.

셋째, 디지털 역량과 연계한 우대 금리를 적용한다.

하이파이브 교육을 이수한 소상공인에게 금리를 낮춰주는 방안을 검토할 수 있다. 디지털 역량이 높으면 매출이 오르고, 매출이 오르면 상환 능력이 올라간다. 선순환 구조다.

가장 낮은 곳에 자금을 공급하여 성장의 사다리를 놓는 것. 담보 없는 사람에게 기회를 주는 것. 이것이 데이터 시대의 금융 정의다. 땀이 신용이 되고, 신뢰가 담보가 되는 세상. 소상공인 전문은행이 그 세상을 연다.

정부의 포용금융 정책이 취약계층 대출 금리를 5~6%대로 낮추고, 7년 이상 장기연체 소상공인 채무조정을 확대하고 있다. 이러한 정책 기조 위에 소상공인 전문은행이 세워지면 금융 포용의 완성도가 높아진다.

제5조. K-Pay 결제 고속도로: 수수료 제로의 인프라

보이지 않는 세금

소상공인에게 카드 수수료는 보이지 않는 세금이다. 매출의 1.5%에서

2.5%가 결제 수수료로 빠져나간다. 연 매출 3억 원인 가게라면 연간 450만 원에서 750만 원이다. 순이익률이 10%인 업종에서 수수료만으로 이익의 15%에서 25%가 사라지는 셈이다.

광주 떡볶이집 사장님이 말했다. "한 달에 100만 원 벌어서 30만 원은 카드사 가고, 30만 원은 배달앱 가고, 남는 게 없어요." 카드 수수료, 배달앱 수수료, VAN 수수료. 수수료가 수수료를 낳는다. 소상공인은 매출을 올려도 남는 게 없다. 수수료의 늪에 빠져 있다.

대한민국 소상공인이 연간 부담하는 카드 수수료 총액은 약 8조 원이다. 이 돈은 어디로 가는가? 카드사, VAN사, PG사로 간다. 소상공인의 주머니에서 금융회사의 주머니로 이동한다. 국가가 깔아준 도로가 아니라 민간이 깔아놓은 유료 도로를 달리고 있기 때문이다.

인도가 보여준 길

인도에는 UPI_{Unified Payments Interface}라는 국가 결제망이 있다. 2016년 인도중앙은행_{RBI}이 구축했다. 핵심은 수수료 0%다. 국가가 결제 고속도로를 깔고 통행료를 없앤 것이다. 스마트폰만 있으면 누구나 즉시 송금하고, 결제할 수 있다. 가입자 3억 명. 월간 거래 100억 건. 세계 최대 규모의 실시간 결제 시스템이다.

UPI 덕분에 인도의 노점상도 디지털 결제를 받는다. QR코드 하나면 된다. 수수료가 없으니 부담이 없다. 현금 없는 사회로 가는 가장 빠른 길이었다.

인도 정부는 왜 수수료를 0%로 했을까? 결제 인프라를 공공재로 본 것이다. 도로를 국가가 깔듯 결제망도 국가가 깔아야 한다고 판단했다.

브라질도 2020년 PIX라는 국가 결제망을 출범시켰다. 역시 수수료 0%다.

출범 2년 만에 성인 인구의 70%가 가입했다. 소상공인의 디지털 전환이 폭발적으로 일어났다. 현금 거래와 탈세가 줄고, 금융 포용이 늘었다. 대한민국도 충분히 할 수 있다.

멀리 갈 것도 없다. 신한은행 '땡겨요'는 주문 데이터를 사장님의 신용평가에 반영했다. 매출 장부가 없어 대출을 거절당하던 사장님이 배달 주문 데이터를 담보로 대출을 받았다. 데이터가 곧 신용이 되는 것이다.

한국은 왜 못하는가

한국의 결제시장은 카드사가 지배한다. 신용카드 결제 비중이 전체 민간 소비의 45%에 달한다. 세계 최고 수준이다. 카드사들은 수수료로 연간 수조 원을 벌어들인다. 이 구조를 바꾸려면 기득권과 싸워야 한다.

정부도 손을 놓고 있었던 것은 아니다. 2019년 제로페이를 출시했다. 수수료 0%를 내걸었다. 하지만 실패했다. 왜? 사용자 경험이 나빴다. 가맹점 등록이 복잡했다. 결제 속도가 느렸다. 무엇보다 카드 포인트, 할인 혜택이 없었다. 소비자 입장에서 제로페이를 쓸 이유가 없었다. 좋은 취지였지만 실행이 따라가지 못했다.

QR광주도 비슷한 한계가 있었다. 지역 내에서는 작동했지만 전국으로 확장되지 못했다. 17개 시도가 각자 지역화폐앱을 만들었지만 서로 연동되지 않는다. 광주에서 충전한 돈을 부산에서 쓸 수 없다. 칸막이 결제망이다. 규모의 경제가 작동하지 않는다.

K-Pay: 결제 고속도로를 깔아라

수수료 0%대 공공 결제망 K-Pay를 구축하는 방안을 제안한다. 제로페이의 실패를 교훈 삼아 이번에는 제대로 설계할 필요가 있다.

첫째, 사용자 경험을 혁신한다.

카카오페이, 네이버페이 수준의 편리함을 갖춰야 한다. 가맹점 등록은 원클릭으로. 결제는 1초 안에. QR코드, NFC, 바코드 모두 지원한다. 민간 핀테크 기업과 협력해 기술을 확보한다.

둘째, 17개 시도 지역화폐를 통합 연동한다.

광주에서 충전한 돈을 부산에서 쓸 수 있게 한다. 1조에서 제안한 로코노미 AI 플랫폼과 연동한다. 결제 데이터가 지역경제 분석에 활용된다. 돈이 지역에서 돌고, 지역에 남는 구조가 완성된다.

셋째, 소상공인 전문은행과 연계한다.

K-Pay에서 발생하는 실시간 결제 데이터는 4조에서 제안한 소상공인 전문은행의 신용평가 모델로 곧장 전송된다. 매출 즉시 정산이 가능해진다. 기존에는 카드 매출이 정산되기까지 3일에서 7일이 걸렸다. K-Pay는 당일 정산, 나아가 선정산 금융까지 가능하게 한다. 내일 들어올 매출을 담보로 오늘 자금을 빌릴 수 있다.

데이터 주권의 완성

K-Pay는 단순한 결제 수단이 아니다. 데이터 주권을 소상공인에게 돌려주는 인프라다. 현재 소상공인의 결제 데이터는 카드사와 VAN사가 소유한다. 소상공인은 자기 가게의 데이터를 열람하려면 돈을 내야 한다. 내 데이터를 보는데 돈을 내는 것이다.

K-Pay는 이 구조를 뒤집는다. 결제 데이터의 1차 소유권을 소상공인에게 부여한다. 소상공인이 원하면 데이터를 금융기관에 제공해 대출을 받을

수 있다. 마케팅 회사에 제공해 컨설팅을 받을 수 있다. 데이터의 주인이 되는 것이다.

광주 시민이 소비하는 돈의 60%가 서울로 빠져나간다. 배달앱 수수료, 카드 수수료, 플랫폼 수수료. 모두 서울 본사로 간다. K-Pay는 이 흐름을 바꿀 수 있다. 수수료가 0%이니 빠져나갈 돈이 없다. 데이터도 지역에 남는다. 돈이 지역에서 돌고, 데이터가 지역에 쌓이고, 그 데이터로 지역 소상공인이 금융 혜택을 받는다. 지역자본이 지역에서 순환하는 구조다.

도로가 있어야 차가 달린다. 국가가 고속도로를 깔았기에 물류가 혁신되었다. 결제도 마찬가지다. 국가가 결제 고속도로를 깔아야 한다. 통행료 없는 고속도로. 그 위에서 소상공인이 달린다.

정부가 2026년 24조 원 규모의 지역사랑상품권 발행을 확정했다. 이 지역화폐 인프라가 K-Pay와 연동되면 지역 소비 촉진과 데이터 주권이 동시에 실현된다. 스테이블 코인과 관련된 논의로 K-Pay와 연동된다면 온누리 상품권 운영 비용을 획기적으로 낮출 수 있을 것이다.

제6조. 로코노미 펀딩과 STO: 단골이 주주가 되는 세상

동네 빵집의 꿈

서울 망원동의 한 빵집을 생각해보자. 10년간 동네에서 사랑받았다. 새벽 4시에 일어나 반죽하고, 밤 10시에 문을 닫는다. 단골이 500명이다. 아이 돌잔치 케이크, 결혼기념일 빵, 수능 합격 선물. 동네의 기쁨과 슬픔이 이 빵집을 거쳐 갔다.

그 빵집 사장에게는 꿈이 있다. 옆 가게가 비었는데, 인수해서 카페를 열고 싶다. 보증금 5000만 원이 필요하다. 은행에 갔다. 담보가 없다. 재무제표가 부실하다. 대출 거절. 씬파일러의 비극이다. 10년간 새벽부터 밤까지 일했지만 금융의 문은 열리지 않는다.

가정을 해보자. 만약 단골손님 500명이 10만 원씩 투자해서 5000만 원을 모으고, 그 대가로 빵집 수익의 일부를 배당받는다면? 단골이 주주가 되는 것이다. 투자자는 좋아하는 가게를 응원하며 수익도 얻는다. 사장은 이자 부담 없이 자금을 조달한다. 은행이 아닌 팬덤이 금융을 대신하는 것이다.

크라우드펀딩의 한계

이미 크라우드펀딩이 있지 않느냐고 반문할 수 있다. 와디즈, 텀블벅 같은 플랫폼이 있다. 하지만 이것은 '보상형' 크라우드펀딩이다. 투자자는 제품을 받을 뿐 지분을 갖지 못한다. 빵집이 성공해서 10개 지점으로 늘어나도 처음 투자한 단골은 아무 혜택이 없다. 리스크는 나누고, 성공은 나누지 못하는 구조다.

'지분형' 크라우드펀딩도 있다. 하지만 규제가 까다롭다. 발행 한도, 투자자 자격, 공시 의무. 소상공인이 감당하기 어렵다. 변호사 비용, 회계사 비용만 수천만 원이다. 결국 이미 성공한 스타트업만 이용할 수 있다. 동네 빵집은 여전히 문 밖이다.

정부가 대형 플랫폼을 만들 수는 없다. 정부의 역할은 운동장을 깔고, 규칙을 정하고, 다리를 놓는 것이다. 크라우드펀딩의 운동장이 기울어져 있다. 대기업과 스타트업에게는 넓은 문이, 소상공인에게는 좁은 문이 있다. 규칙을 바꿀 필요가 있다.

STO: 토큰이 여는 문

토큰증권STO, Security Token Offering이 답이다. 블록체인 기술로 증권을 발행하는 것이다. 주식, 채권, 부동산 지분을 토큰으로 쪼개서 발행한다. 1주가 100만 원인 주식을 1만 원짜리 토큰 100개로 나눌 수 있다. 소액 투자가 가능해진다.

동네 빵집에 적용해보자. 빵집 지분 10%를 STO로 발행한다. 5000만 원 가치를 1만 원짜리 토큰 5,000개로 나눈다. 단골 500명이 10개씩 사면 완판이다. 빵집이 번창하면 토큰 가치가 오른다. 배당도 받는다. 투자자는 언제든 토큰을 팔 수 있다. 유동성이 있다. 기존 크라우드펀딩의 한계를 기술이 해결하는 것이다.

미국은 2012년 JOBS Act로 소액 크라우드펀딩을 합법화했다. 연간 500만 달러까지 일반인 대상 증권 발행이 가능해졌다. 규제를 대폭 완화한 것이다. 영국의 Seedrs, Crowdcube는 지분형 크라우드펀딩 플랫폼으로 수십억 파운드의 투자를 중개했다. 동네 펍, 양조장, 빵집이 이 플랫폼을 통해 자금을 조달하고, 단골이 주주가 되었다.

싱가포르는 2020년 STO 규제 프레임워크를 정비했다. 소규모 발행에 대해 간소화된 절차를 적용한다.

일본도 2020년 금융상품거래법을 개정해 STO를 제도권으로 편입시켰다. 세계가 움직이고 있다.

150조 원의 행방

정부가 조성하는 150조 원 규모의 국민성장 펀드가 있나. 이 돈은 어디로 가는가? 반도체, AI, 바이오. 빅테크와 대기업이 주요 수혜자다. 물론 이 분야도 중요하다. 하지만 150조 원 전부가 대기업에게만 가야 하는가?

프레스턴 모델을 떠올려보자. 영국 프레스턴은 공공조달의 25%를 지역 기업에 배정했다. 돈이 지역에서 돌고, 지역에 남았다. 국민성장 펀드도 일정 비율을 골목 기업에 배정하는 방안을 검토할 수 있다. 로코노미 펀드다. 지역의 소상공인, 로컬 크리에이터, 사회적 기업에 투자하는 펀드.

이 펀드가 STO 플랫폼과 결합하면 어떻게 될까. 정부가 시드 투자를 하고, 민간이 따라 투자한다. 정부 1, 민간 9의 레버리지가 가능하다. 동네 빵집에 정부가 500만 원을 넣으면 단골 500명이 4500만 원을 넣는다. 정부는 마중물이 되고, 민간이 주도하는 상생 금융이 완성된다.

단골이 주주가 되는 세상

세 가지 방향을 제안한다.

첫째, 소상공인 대상 STO 규제를 완화할 필요가 있다.

발행 한도 5억 원 이하, 투자자 1인당 500만 원 이하의 소규모 STO에 대해서는 공시 의무를 간소화한다. 변호사, 회계사 없이도 발행할 수 있게 한다. 규제 샌드박스를 적극 활용한다.

둘째, 안전한 거래 플랫폼을 구축할 필요가 있다.

사기와 부실을 막기 위해 공공이 인증한 플랫폼에서만 거래하도록 한다. 1조에서 제안한 로코노미 AI 플랫폼에 STO 거래 기능을 탑재할 수 있다. 투자자 보호와 시장 활성화를 동시에 달성한다.

셋째, 국민성장 펀드의 일정 비율을 로코노미 펀드로 배정할 필요가 있다.

150조 원의 5%만 배정해도 7.5조 원이다. 이 돈이 전국의 골목으로 흘러가면 수만 개의 동네 가게가 성장의 기회를 얻는다.

내가 사랑하는 가게의 주주가 되고, 이익을 공유하는 팬덤 금융. 이것은 단순한 금융 혁신이 아니다. 소비자와 생산자의 관계를 바꾸는 것이다. 손님이 단골이 되고, 단골이 주주가 되며, 주주가 함께 성장하는 동반자가 된다. 골목경제를 지탱하는 가장 강력한 버팀목은 은행이 아니라 이웃이다.

2025년 11월 국회 상임위를 통과한 STO 법안이 2026년 상반기 시행을 앞두고 있다. 국민성장 펀드 150조 원 중 40% 이상이 지방에 배분되고, 2조 5000억 원 규모의 지방전용 펀드가 조성된다. 이 제도적 기반 위에서 로코노미 펀딩이 현실이 될 수 있다.

모두가 함께 성장한다는 말을 다시 생각한다. 치킨집 사장이 계산기를 두드리며 발견한 것은 무엇이었나. 매출은 내가 만들었는데, 그 매출이 어디로 가는지는 내가 정하지 못한다. 이익은 위로, 부담은 아래로. 과실은 강자에게, 책임은 약자에게. 이 방향을 바꾸지 않으면 아무리 성장해도 '모두의 성장'이 아니다.

자본의 규칙은 이 방향을 뒤집는 시도다. 정산은 7일 이내. 데이터는 내 것. 협상 테이블에 앉을 권리. 작아 보이지만, 이것이 K자형 성장의 아랫줄을 끌어올리는 지렛대다.

> **여기까지**
>
> 자본의 규칙 3조를 보았다.
>
> • 4조: 소상공인 전문은행 — 담보 없이 데이터로 빌린다
>
> • 5조: K-Pay — 수수료 제로, 정산 즉시
>
> • 6조: 로코노미 펀딩 — 단골이 주주가 된다
>
> → 돈의 흐름을 바꿨다. 이제 물건의 흐름을 바꾼다.

제3절_흐름의 규칙: 연결되지 않은 것을 연결하다

물류와 판로는 소상공인이 넘기 힘든 거대한 장벽이다. 정부는 자율주행 물류 대전환을 이야기하지만, 당장 오늘 배송이 급한 소상공인에게는 먼 미래의 이야기다. 기존의 자원을 창의적으로 연결하여 즉시 작동하는 해법을 내놓아야 한다.

제7조. 우체국-티몬-오아시스 연합: 우리 동네 풀필먼트

할머니의 무거운 박스

앞서 만난 홍천 할머니를 다시 보자. 소담스퀘어 직원이 찾아가 상세 페이지를 만들어주었다. 온라인 주문이 폭발했다. 월 매출 1000만 원. "이 나이에 인생이 바뀌었어요." 할머니가 말했다.

할머니에게 가장 힘든 일은 수수부꾸미를 만드는 게 아니었다. 포장하고 택배 보내는 일이었다. 주문이 들어오면 새벽부터 부꾸미를 빚고, 포장재를 사서 박스에 담아 송장을 붙인 뒤 무거운 박스를 택배 대리점까지 옮겨야 한다. 70대 허리로 10킬로그램짜리 박스를 나르는 것은 고역이다. 비 오는 날은 더하다. 눈 오는 날은 위험하다.

할머니만의 문제가 아니다. 전국 재래시장, 농촌, 어촌의 소상공인이 같은 어려움을 겪고 있다. 물건은 만들 수 있다. 팔 수도 있다. 하지만 보내는 게 문제다. 대형 이커머스는 당일 배송을 하는데, 할머니는 택배 대리점까지 가는 것조차 힘겹다. 이것이 물류의 불평등이다.

읍면동 어디에나 있는 거점

전국에 우체국이 3,400개 있다. 읍·면·동 어디에나 있다. 산간오지에도 있다. 대형 이커머스 물류센터가 가지 않는 곳에도 우체국은 있다. 울릉도, 백령도에도, 지리산 자락 마을에도 있다. 대한민국 구석구석 우체국이 없는 곳이 없다.

그 활용도는 낮은 편이다. 우편물 배달 외에는 할 일이 별로 없다. 이메일이 편지를 대체했다. 청구서도 전자우편으로 온다. 우체국 직원들은 일감이 줄었다. 공간은 남아돈다. 전국 3,400개 거점이 반쯤 놀고 있는 셈이다. 이것은 자원의 낭비다.

반면 중소 이커머스 플랫폼은 물류 인프라가 부족하다. 대형 이커머스처럼 자체 물류망을 갖출 자본이 없다. 티몬, 위메프, 인터파크. 모두 제3자 물류에 의존한다. 비용은 높고, 속도는 느리다. 대형 플랫폼과의 경쟁에서 밀릴 수밖에 없다.

티몬 사태의 교훈

2024년 티몬·위메프 사태가 터졌다. 판매대금 정산이 지연되었다. 소상공인들이 물건을 팔았는데 돈을 받지 못했다. 1조 원이 증발했다. 광주에서 만난 청년 창업가가 떠오른다. 70일간 1억 5000만 원을 기다렸다. 결국 받지 못했다. 부모님께 빌린 종잣돈이었다. "다시 시작할 수 있을까요?" 그 눈빛을 잊을 수 없다.

티몬 사태는 물류와 정산 시스템의 부재가 어떤 재앙을 가져오는지 보여주었다. 중소 플랫폼이 대형 이커머스와 경쟁하려면 물류 인프라가 필요하다. 그러나 각자 물류센터를 짓는 것은 비효율적이다. 공유할 수 있는 인프라가 필요하다. 그 인프라가 이미 있다. 우체국이다.

일본이 먼저 했다

일본 우정日本郵政은 2020년부터 '유팩 미니'ゆうパケット라는 소형 물류 서비스를 강화했다. 전국 2만 4,000개 우체국이 물류 거점 역할을 한다. 농촌의 소규모 생산자가 상품을 가까운 우체국에 맡기면 우체국이 포장부터 배송까지 처리한다. 아마존 재팬과도 협력한다. 아마존 주문 상품을 우체국에서 수령할 수 있는 '아마존 허브 로커'를 우체국에 설치했다.

프랑스 라포스트La Poste도 마찬가지다. 1만 7,000개 우체국 네트워크를 활용해 지역 생산자와 소비자를 연결한다. 'Colissimo'라는 소포 서비스로 연간 5억 개 이상의 소포를 배송한다. 우체국이 단순한 우편 배달 기관이 아니라 지역 물류의 허브가 된 것이다.

미국 우정청USPS은 아마존과 협력해 일요일 배송까지 담당한다. 아마존 물류센터가 없는 지역은 USPS가 커버한다. 민간의 효율성과 공공의 보편성이 결합한 모델이다.

우체국-티몬-오아시스 연합

오아시스가 티몬을 인수했다. 위기를 기회로 바꿀 수 있다. 이 티몬을 공공성을 띤 플랫폼으로 재편하고, 우체국을 소상공인 전용 풀필먼트 센터로 전환하는 3자 협력 모델을 제안한다.

첫째, 우체국을 소상공인 풀필먼트 센터로 전환한다.

전국 3,400개 우체국 중 500개를 시범 선정한다. 소상공인이 상품을 가져오면 우체국이 보관·포장·배송을 일괄 처리한다. 홍천 할머니는 수수부꾸미를 동네 우체국에 가져다 놓기만 하면 된다. 우체국이 알아서 포장하고, 전국으로 보낸다. 할머니는 부꾸미 만드는 데만 집중할 수 있다.

둘째, 티몬을 소상공인 전용 마켓플레이스로 재편한다.

오아시스의 신선식품 물류 역량과 결합한다. 지역 특산품, 농수산물, 전통 식품을 전문으로 취급한다. 1조에서 제안한 로코노미 AI 플랫폼과 연동한다. 대형 이커머스가 아닌 지역 가치를 파는 플랫폼이 되는 것이다.

셋째, 정산 시스템을 공공이 보증한다.

티몬 사태의 핵심은 정산 지연이었다. 5조에서 제안한 K-Pay와 연동해 실시간 정산 시스템을 구축한다. 판매 즉시 정산. 소상공인이 70일을 기다리는 일은 다시 없어야 한다.

보편적 물류 서비스

민간 물류사는 수익성을 본다. 배송 건수가 적은 산간오지는 외면한다. 배송비를 올리거나, 아예 배송 불가 지역으로 지정한다. 울릉도 주민이 온라인 쇼핑을 하면 배송비가 본토의 세 배다. 어떤 상품은 아예 배송이 안 된다. 이것이 물류 소외다.

우체국은 다르다. 보편적 우편 서비스Universal Postal Service 의무가 있다. 어디에 살든 누구에게나 같은 요금으로 우편을 배달해야 한다. 이 원칙을 물류로 확장하는 것이다. 보편적 물류 서비스. 산간오지 소상공인도 클릭 한 번으로 전국 익일 배송이 가능해진다.

정부는 선수가 아니라 심판이다. 정부가 대형 플랫폼을 막을 수는 없다. 하지만 대형 플랫폼이 가지 않는 곳에 길을 낼 수는 있다. 공공 자원과 민간 기술이 만나는 하이브리드 모델의 물류 버전이다.

홍천 할머니의 수수부꾸미가 서울 강남 아파트에 다음 날 도착한다. 울릉도 어부의 오징어가 부산 식당에 이틀 만에 도착한다. 지리산 자락 농부의 표고버섯이 대전 마트에 진열된다. 우체국이 연결하고, 티몬이 팔고, 오아시스가 배송한다. 골목에서 전국으로, 전국에서 골목으로. 물류의 민주화가 시작된다. 정부가 공공배달앱 활성화를 위해 650억 원 규모의 소비쿠폰을 발행했다. 이 마중물이 우체국 풀필먼트와 결합하면 지역 물류 혁신의 기폭제가 될 수 있다.

제8조. 글로벌 셀러 양성: 유학생을 인플루언서 무역인으로

가장 지역적인 것이 가장 세계적이다

지산D소를 떠올려보자. 지역에서 생산하고, 지역에서 소비하며, 그 이익이 지역에 남는 구조. 그런데 여기서 한 발 더 나아갈 수 있다. 지역에서 생산하고, 세계에서 소비하며, 그 이익이 지역에 남는 구조. 지산D소의 글로벌 버전이다.

K-팝이 세계를 휩쓸었다. K-드라마가 넷플릭스를 점령했다. K-뷰티가 미국 10대 화장대에 올랐다. K-푸드도 마찬가지다. 불닭볶음면은 미국 월마트 라면 코너에서 1위다. 비비고 만두는 코스트코 냉동식품 베스트셀러다. 한국의 맛이 세계인의 입맛을 사로잡고 있다.

이들 K-푸드의 수혜자는 누구인가? 삼양식품, CJ제일제당, 농심. 대기업이다. 광주 김치 공장 사장은? 전주 고추장 명인은? 안동 간고등어 할머니는? 세계시장은 꿈도 꾸지 못한다. 수출 절차를 모른다. 영어를 못한다. 베트남어, 인도네시아어는 더더욱 모른다. K-콘텐츠가 세계로 뻗어가는데,

골목의 K-푸드는 동네에 갇혀 있다.

20만 유학생이라는 자원

전국 대학에 외국인 유학생이 20만 명 있다. 전남대학교에는 베트남 유학생이 있다. 전북대학교에는 인도네시아 유학생이 있다. 경북대학교에는 몽골 유학생이 있다. 충남대학교에는 우즈베키스탄 유학생이 있다. 이들은 한국어를 배우러 왔다. 한국 문화를 경험하러 왔다. 그런데 대부분 아르바이트로 편의점이나 식당에서 일한다. 본국에서 쓸 수 없는 경험이다.

이들을 다르게 보자. 베트남 유학생은 베트남 시장 전문가다. 베트남어를 할 줄 안다. 베트남 소비자의 취향을 안다. 베트남 SNS 생태계를 안다. 틱톡이 아니라 잘로Zalo를 쓴다는 걸 안다. 인도네시아 유학생은 인도네시아 시장 전문가다. 토코피디아Tokopedia, 쇼피Shopee에서 뭐가 잘 팔리는지 안다. 이들은 글로벌 셀러의 잠재력을 갖고 있다.

연결되지 않은 두 세계

광주 김치공장 사장이 있다. 40년간 김치를 담갔다. 맛은 자신 있다. 그렇지만 베트남에 어떻게 팔아야 할지 모른다. 수출 서류가 뭔지 모른다. 베트남어로 상품 설명을 쓸 수 없다. 베트남 소비자가 뭘 좋아하는지 모른다. 결국 포기한다. "우리 같은 작은 공장이 무슨 수출이야."

베트남 유학생이 있다. 전남대학교에서 경영학을 전공한다. 한국 생활 3년차. 한국 음식을 좋아한다. 특히 김치찌개를 좋아한다. 고향 친구들에게 한국 김치를 보내주고 싶다. 그런데 어디서 사야 하는지 모른다. 마트 김치는 맛이 없다. 진짜 맛있는 김치가 어디 있는지 모른다.

두 사람은 같은 도시에 산다. 하지만 연결되지 않는다. 광주 김치공장 사장은 베트남 시장을 꿈꾸고, 베트남 유학생은 한국 김치를 찾는다. 둘을 연결하면 무역이 된다. 연결하지 않으면 둘 다 기회를 잃는다.

태국의 선례

태국 정부는 2018년 '글로벌 태국 인플루언서' 프로그램을 시작했다. 태국에 거주하는 외국인, 태국에 관심 있는 해외 인플루언서를 발굴해 태국 상품을 홍보하도록 지원하는 프로그램이다. 정부가 콘텐츠 제작비, 물류비, 마케팅비를 지원한다. 태국 망고, 태국 쌀, 태국 공예품이 이 프로그램을 통해 세계로 나갔다.

중국은 더 체계적이다. '왕훙网红 경제'라는 말이 있다. 인플루언서가 이끄는 경제라는 뜻이다. 중국정부는 지방정부와 협력해 '농촌 왕훙'을 양성한다. 농촌 청년에게 라이브커머스 교육을 시키고, 지역 특산품을 팔게 한다. 쓰촨성 농부가 라이브 방송으로 복숭아를 팔아 하루 만에 10만 개를 판매한 사례도 있다.

일본은 '인바운드 관광 홍보대사' 제도를 운영한다. 일본에 거주하는 외국인을 홍보대사로 위촉해 자국어로 일본 관광지와 상품을 소개하게 한다. 유튜브, 인스타그램, 틱톡에서 활동하는 외국인 크리에이터들이 일본 지방 도시의 숨은 명소를 소개한다. 관광객이 몰린다. 특산품이 팔린다.

유학생 글로벌 셀러 양성 프로그램

외국인 유학생을 글로벌 인플루언서 셀러로 양성하는 방안을 제안한다. 자국어로 지역 상품을 소개하고 판매하도록 지원할 필요가 있다. 광주 김치를 베트남 SNS에. 전주 비빔밥 밀키트를 인도네시아 이커머스에. 안동 간고등어를 몽골 식탁에.

첫째, 지역 대학과 협력해 '글로벌 셀러 아카데미'를 개설한다.

외국인 유학생을 대상으로 이커머스, 라이브커머스, 콘텐츠 마케팅 교육을 제공한다. 하이파이브 교육을 글로벌로 확장할 것이다. 수료생에게는 지역 소상공인과 매칭 기회를 제공한다.

둘째, AI 번역과 마케팅 자동화 도구를 지원한다.

상품 설명, 광고 카피, 고객 응대를 AI가 번역한다. 유학생은 네이티브 감수만 하면 된다. 1조에서 제안한 로코노미 AI 플랫폼에 다국어 상품 등록 기능을 탑재한다. 클릭 몇 번이면 베트남어, 인도네시아어, 몽골어 상품 페이지가 자동 생성된다.

셋째, 수출 물류와 정산을 원스톱으로 지원한다.

7조에서 제안한 우체국 풀필먼트와 연계한다. 소상공인이 상품을 우체국에 맡기면 우체국이 해외 배송까지 처리한다. 관세, 통관, 정산을 정부가 대행한다. 소상공인은 물건만 만들면 된다.

지역 소멸과 인재 유출을 동시에 해결하다

이 프로그램은 세 가지 문제를 동시에 해결한다.

첫째, 소상공인의 판로를 세계로 확장한다.

내수시장만으로는 한계가 있다. 600만 소상공인이 모두 내수에서 경쟁하면 레드오션이다. 세계시장은 블루오션이다. K-콘텐츠가 열어놓은 한류 붐을 타고 K-푸드, K-제품이 세계로 나갈 수 있다.

둘째, 유학생에게 의미 있는 경력을 제공한다.

편의점 아르바이트가 아니라 본국에서 써먹을 수 있는 무역 경험이다. 졸업 후 본국으로 돌아가 한국 상품 유통 사업을 할 수 있다. 한국과 본국을 연결하는 무역인이 된다. 한류를 확산시키는 민간 외교관이 된다.

셋째, 지역 인재 유출을 막는다.

지방대 유학생은 졸업 후 대부분 서울로 가거나 본국으로 돌아간다. 지역에 남을 이유가 없기 때문이다. 글로벌 셀러로 성공하면 지역에 남을 이유가 생긴다. 광주 김치를 베트남에 파는 사업이 광주에서 이루어지니까. 지역 기반 글로벌 비즈니스. 지역 소멸을 막는 새로운 모델이다.

가장 지역적인 것이 가장 세계적이다. 광주 김치의 맛, 전주 고추장의 깊이, 안동 간고등어의 감칠맛. 이것은 서울에서 만들 수 없다. 그 지역에서만 만들 수 있다. 그 지역의 이야기를 담은 상품이 세계 소비자를 감동시킨다.

유학생은 그 이야기를 전달하는 통역사다. 정부는 무대를 깔고, 청년들이 뛴다. 정부가 K-푸드 수출 2030년 210억 달러 목표를 세우고, 수출바우처를 460억 원에서 878억 원으로 두 배 가까이 확대했다. 이 지원과 유학생 글로벌 셀러 프로그램이 결합하면 골목 K-푸드의 세계 진출이 현실이 된다.

여기까지

흐름의 규칙 2조를 보았다.

• 7조: 우체국 풀필먼트 — 전국 어디서나 당일 배송

• 8조: 글로벌 셀러 — 유학생이 수출을 연결한다.

→ 물건이 흐르게 했다. 마지막으로 사람을 챙긴다.

제4절_지원의 규칙: 기술의 민주화, 사람을 향하다

정부는 전 국민 AI 역량 대전환을 목표로 한다. 그러나 바우처를 뿌리는 것만으로는 부족하다. 기술은 가장 낮은 곳으로 흘러야 하며, 그 중심에는 사람이 있어야 한다.

제9조. 소완비 에이전트 AI 소상공인을 위한 완벽한 비서

3개월이 3일로

앞서 이야기한 떡볶이집 사장은 30년 경력의 베테랑이었다. 그분이 라이브커머스를 배우는 데 3개월이 걸렸다. 처음 카메라 앞에 섰을 때 "안녕하세요…… 저는…… 어…….." 그렇게 얼어붙었다. 손이 떨렸다. 목소리가 갈라졌다. 조명은 어떻게 켜는지, 마이크는 어디에 대는지, 대본은 어떻게 쓰는지. 하나하나 배워야 했다.

3개월 후, 그는 다른 소상공인을 가르치는 강사가 되었다. "띠링! 띠링! 띠링!" 50개 주문이 들어왔을 때의 환호를 기억한다. 눈물을 글썽이던 그 얼굴을. "내가 해냈어요." 그 말을 잊을 수 없다.

만약 AI가 대본을 써주었다면? 카메라 각도를 잡아주었다면? 편집까지 해주었다면? 3개월이 3일로 줄어든다. 진입 장벽이 확 낮아진다. 그가 3개월 동안 고생하며 배운 것을 AI가 3분 만에 해결해준다. 그러면 그는 본업에 집중할 수 있다. 떡볶이를 더 맛있게 만드는 데 집중할 수 있다.

AI 격차라는 새로운 불평등

디지털 격차 Digital Divide 라는 말이 있다. 인터넷을 쓸 줄 아는 사람과 모르는 사람 사이의 격차. 스마트폰을 쓸 줄 아는 사람과 모르는 사람 사이의 격차. 이 격차가 경제적 격차로 이어졌다. 5만 4,000명의 소상공인에게 디지털 역량을 가르쳤다. 디지털 격차를 줄이려는 노력이었다.

최근에는 새로운 격차가 등장했다. AI 격차_{AI Divide}다. AI를 쓸 줄 아는 사람과 모르는 사람 사이의 격차. 챗GPT로 마케팅 문구를 뽑아내는 사장과 손으로 일일이 쓰는 사장. 미드저니로 메뉴판을 디자인하는 가게와 워드로 끙끙대는 가게. 격차는 벌어지고 있다.

문제는 AI 도구의 비용이다. 챗GPT 유료 버전은 월 2만 원이다. 미드저니는 월 1만 원이다. 영상 편집 AI, 회계 AI, 재고 관리 AI. 하나하나 구독하면 월 10만 원이 훌쩍 넘는다. 대기업은 AI 전담 부서를 두고 수억 원을 투자한다. 소상공인은 월 10만 원도 부담이다. 기술 격차가 빈부 격차로 이어지고 있다.

영국이 보여준 길

영국 정부는 2023년 'Help to Grow: Digital' 프로그램을 시행했다. 중소기업에게 디지털 도구 구독료의 50%를 지원하는 바우처 프로그램이다. 회계 소프트웨어, CRM, 이커머스 플랫폼 구독료를 정부가 절반 부담한다. 최대 5,000파운드, 약 800만 원까지 지원한다. 50만 개 중소기업이 혜택을 받았다.

싱가포르는 더 체계적이다. 2017년부터 'SMEs Go Digital' 프로그램을 운영한다. 중소기업이 디지털 전환에 필요한 솔루션을 선택하면 정부가 비용의 최대 70%를 지원한다. AI 솔루션도 포함된다. 2023년부터는 'AI Starter Kit'를 보급하기 시작했다. 중소기업이 쉽게 도입할 수 있는 AI 패키지다. 복잡한 설정 없이 바로 쓸 수 있게 만들었다.

독일은 'Digital Jetzt'지금 디지털로 프로그램으로 중소기업 디지털 투자의 최대 50%를 보조한다. AI, 클라우드, 보안 솔루션이 지원 대상이다. 2020년 시작 이후 10만 개 이상의 기업이 혜택을 받았다. 특히 제조업 기반의 중소기업들이 AI를 도입해 생산성을 높였다.

AI-in-a-Box: 꺼내 쓰기만 하면 된다

소상공인에게 필요한 것은 챗GPT 사용법 교육이 아니다. 복잡한 기술을 몰라도 누구나 쉽게 쓸 수 있는 패키지형 솔루션이다. AI-in-a-Box. 상자를 열면 바로 쓸 수 있는 AI 도구 세트다.

매출 분석. AI가 오늘 뭐가 잘 팔렸는지, 언제 손님이 많은지 알려준다. "사장님, 내일 비가 온대요. 파전 재료 20% 더 주문해 뒀습니다." AI 김비서가 날씨와 재고를 분석해 먼저 제안한다. 사장님은 '승인' 버튼만 누르면 된다. "고춧가루가 3일 뒤에 떨어져요. 지금 주문하세요." 홍보 문구 작성. AI가 인스타그램에 올릴 문구를 써준다. "오늘의 메뉴: 불금엔 불떡! 매콤한 떡볶이로 한 주의 스트레스를 날려보세요." 메뉴판 디자인. AI가 사진 찍는 각도까지 알려준다. "음식을 45도 위에서 찍으세요. 자연광이 좋아요." 라이브커머스 지원. AI가 대본을 써주고, 자막을 달아주고, 편집까지 해준다. 떡볶이집 사장이 3개월 걸린 일을 AI가 3일로 줄여준다. 고객 응대. AI 챗봇이 주문 확인, 배송 문의, 예약 접수를 대신한다. 사장은 요리에 집중할 수 있다.

소상공인 AI 바우처 제도

AI-in-a-Box를 바우처로 제공하는 방안을 제안한다. 이는 시혜가 아니다.

디지털 시대의 기본권을 보장하는 것이다.

첫째, 소상공인 AI 바우처를 신설한다.

연 매출 10억 원 이하 소상공인에게 연간 120만 원의 AI 도구 구독료를 지원한다. 월 10만 원이다. 챗GPT, 미드저니, 캔바 같은 범용 AI 도구를 선택해서 쓸 수 있다. 4조에서 제안한 소상공인 전문은행 계좌와 연동해 자동 결제한다.

둘째, 소상공인 특화 AI-in-a-Box 패키지를 개발한다.

1조에서 제안한 로코노미 AI 플랫폼 위에 소상공인 전용 AI 도구를 탑재한다. 범용 AI가 아니라 소상공인 맞춤형 AI다. 음식점용, 소매점용, 서비스업용으로 세분화한다. 복잡한 설정 없이 업종만 선택하면 바로 쓸 수 있게 한다.

셋째, AI 활용 교육을 병행한다.

하이파이브 교육에 AI 활용 과정을 추가하는 방안을 검토할 수 있다. 도구를 주는 것만으로는 부족하다. 사용법을 알려줘야 한다. 3개월 과정이 아니라 1일 과정으로 충분하다. AI가 대부분을 대신해 주니까 사장님은 버튼 누르는 법만 배우면 된다.

기술 민주주의

AI는 전기나 수도처럼 누구나 쓸 수 있는 공공재가 되어야 한다. 이것이 이재명 정부가 지향하는 '기본사회'의 확장판, 즉 '디지털 기본사회'의 모습이다.

전기가 처음 나왔을 때 부자들만 썼다. 지금은 누구나 쓴다. 정부가 전력망을 깔았기 때문이다. 수도가 처음 나왔을 때 도시에만 있었다. 지금은 농촌에도 있다. 정부가 상수도를 설치했기 때문이다.

AI도 마찬가지다. 지금은 빅테크와 대기업만 제대로 활용한다. 소상공인은 문밖에 서 있다. 정부가 AI 인프라를 깔 필요가 있다. 1조에서 제안한 로코노미 AI 플랫폼이 그 인프라다. 9조의 AI-in-a-Box가 그 인프라 위를 달리는 도구다.

'플랫폼 종속'을 떠올려보자. 플랫폼이라는 땅을 빌려 농사짓고, 수확물의 절반을 바치는 구조. AI 시대에도 같은 일이 반복될 수 있다. AI 도구를 빌려 쓰고, 그 대가로 수익을 바치는 구조. AI 소작농이 되는 것이다.

AI-in-a-Box는 소상공인을 AI 소작농이 아니라 AI 주인으로 만드는 도구다. 플랫폼에 종속되지 않고, 스스로 AI를 활용하는 힘을 갖추게 한다. 기술 격차가 빈부 격차로 이어지지 않도록 하는 최소한의 안전장치다.

기술 민주주의. 누구나 AI를 쓸 수 있는 세상. 그것이 소버린 AI의 출발점이다. 2026년 정부 예산에 AI 바우처 890억 원, 스마트상점 기술 보급 3490억 원1만 6,000개 사업장이 편성되었다. '혁신 소상공인 AI 활용 지원'과 'AI 비서 지원' 신규 사업도 시작된다. 이 예산이 AI-in-a-Box 방식으로 집행되면 소상공인의 AI 진입장벽이 획기적으로 낮아질 수 있다.

제10조. 디지털 주치의: 기술 소외 없는 따뜻한 동행

키오스크 앞에 선 할머니

74세 할머니를 떠올려보자. 패스트푸드점 키오스크 앞에 섰다. 화면을 눌러야 하는데, 어디를 눌러야 하는지 몰랐다. 뒤에 줄이 늘어났다. 젊은 사람들의 시선이 느껴졌다. 할머니는 돌아섰다. "뒤로 밀렸어요. 키오스크 줄이 빠르게 줄어드는 사이, 사람 줄은 그대로였어요." 햄버거 하나 사 먹으려다 수치심을 느끼고 돌아섰다.

이 할머니에게 최첨단 AI를 쥐어주면 어떻게 될까? 9조에서 제안한 AI-in-a-Box를 드리면 될까? 아니다. 상자를 열어도 사용법을 모르면 무용지물이다. 기술이 문제가 아니다. 그 기술을 알려줄 사람이 없는 게 문제다.

'디지털 유민流民'이라는 개념이 있다. 아예 디지털 세계에 발을 들이지 못하는 사람들. 플랫폼에 종속될 기회조차 없는 사람들. 종속자라도 되면 다행이다. 유민은 땅조차 밟지 못한다.

기술 만능주의의 함정

정부는 디지털 전환을 외친다. 스마트 시티, AI 혁신, 디지털 뉴딜. 예산을 쏟아붓는다. 키오스크를 설치하고, 앱을 개발하고, 플랫폼을 구축한다. 그런데 정작 그 기술을 쓸 사람에 대한 고민이 부족하다. 기술을 깔아놓으면 사람들이 알아서 쓸 거라고 생각한다. 기술 만능주의다.

'신청주의의 함정'을 디지털에도 적용해보자. "도와줄 테니 신청서 쓰세요." 진짜 힘든 사람은 신청서를 쓸 줄 모른다. 디지털도 마찬가지다. "디지털 교육 해드릴 테니 센터로 오세요." 진짜 기술 소외계층은 센터에 올 줄 모른다. 센터가 어디 있는지도 모른다. 인터넷으로 검색하라고? 그걸 못해서 문제다.

5만 4,000명을 교육했다. 성과였다. 하지만 교육장에 오지 못한 수십만 명은 어떻게 됐는가? 80대 할머니 혼자 운영하는 국수가게. 치매 초기 증상이 있는 70대 사장. 이들은 교육 안내문조차 읽지 못했다. 우리가 찾아가지 않으면 영원히 디지털 유민으로 남는다.

청년 디지털 닥터단을 만들었다. 대학생들이 골목골목을 누볐다. 할머니가 운영하는 떡볶이집에 가서 인스타그램 계정을 만들어드렸다. 네이버 플레이스를 등록해드렸다. QR코드 사용법을 알려드렸다. "할머니, 이렇게 찍으면 떡볶이가 더 맛있어 보여요." "아이고, 그런 것도 있어?"

센터로 오라고 하지 않았다. 우리가 골목으로 갔다. 서울에서 발견행정을 할 때도 그랬다. 데이터에서 심야 노동자를 찾아냈다. 신청서 한 장 없었다. 발견행정이었다. 디지털 교육도 발견행정이어야 한다. 기술 소외계층을 데이터로 찾아내고, 직접 찾아가야 한다.

문제는 규모다. 청년 디지털 닥터단은 수백 명 수준이었다. 600만 소상공인을 커버하기엔 턱없이 부족하다. 특히 고령 소상공인, 농어촌 소상공인, 장애인 소상공인을 일대일로 지원하려면 수만 명의 인력이 필요하다.

대만이 보여준 길

대만 디지털부 장관 오드리 탕이 말했다. "IT가 사람들이 있는 곳으로 가야 한다." 그는 이 철학을 정책으로 실현했다. 대만정부는 '디지털 기회 센터'를 전국 농어촌에 설치했다. 하지만 센터에만 의존하지 않았다. '디지털 선교사'Digital Missionary라는 이름으로 청년들을 농어촌에 파견했다. 이들은 마을회관, 노인정, 시장을 돌며 주민들에게 스마트폰 사용법을 알려주었다.

일본도 '디지털 추진위원' 제도를 운영한다. 전국에 2만 명의 디지털 추진위원을 배치해 고령자의 디지털 활용을 돕는다. 시청, 도서관, 우체국에 상주하며 스마트폰 사용법, 마이넘버 카드 발급, 온라인 행정 서비스 이용을 도와준다. 2024년까지 디지털 추진위원을 5만 명으로 늘리는 것이 목표다.

영국은 '디지털 챔피언'Digital Champion 프로그램을 운영한다. 도서관, 커뮤니티 센터, 자선단체에서 활동하는 자원봉사자들이 디지털 소외계층을 일대일로 지원한다. 정부가 교육 자료와 인센티브를 제공하고, 지역 사회가 인력을 제공하는 협력 모델이다.

디지털 주치의 10만 명

청년 디지털 닥터단을 10만 명으로 키우는 방안을 제안한다. 단순 교육자가 아닌 디지털 주치의로 격상시킬 필요가 있다. 주치의는 환자가 아플 때만 찾아가는 게 아니다. 정기적으로 건강을 점검한다. 아프기 전에 예방한다. 디지털 주치의도 마찬가지다.

첫째, 디지털 주치의 양성 과정을 신설한다.

대학생, 취업 준비생, 경력 단절 여성, 은퇴자를 대상으로 한다. 3개월 교육 과정을 이수하면 '디지털 주치의' 자격을 부여한다. 교육 내용은 AI 도구 활용법, 소상공인 업종별 특성, 고령자 소통 기법, 디지털 진단 방법이다. 수료 후 지역 소상공인과 일대일로 매칭한다.

둘째, AI 진단 도구를 개발한다.

가게의 디지털 성숙도를 진단하는 AI 시스템이다. 네이버 플레이스 등록 여부, SNS 활용 수준, 온라인 주문 시스템 유무, 결제 방식, 재고 관리 방식을 점검한다. 5분이면 진단이 끝난다. 진단 결과에 따라 맞춤형 처방을 내린다. "할머니 가게는 네이버 플레이스 등록이 급해요. 다음 주에 제가 도와드릴게요."

셋째, 정기 방문 시스템을 구축한다.

디지털 주치의는 담당 소상공인을 월 1회 이상 방문한다. 처음엔 기초 교육이다. 스마트폰 사용법, 앱 설치, 계정 만들기. 다음엔 심화 교육이다. SNS 마케팅, 온라인 판매, 배달앱 입점. 그 다음엔 AI 도구 활용이다. 9조에서 제안한 AI-in-a-Box 사용법을 알려준다. 단계별로, 천천히, 손을 잡고 함께 간다.

따뜻한 기술

기술은 차갑다. 화면은 차갑다. 알고리즘은 차갑다. 하지만 기술을 전달하는 손길은 따뜻할 수 있다. 디지털 주치의는 기술과 사람 사이에 선다. 차가운 기술을 따뜻하게 전달하는 통역사다.

홍천 그 할머니가 라이브커머스를 배울 때 소담스퀘어 직원이 옆에 있었다. 카메라 앞에서 얼어붙었을 때 "할머니, 천천히 하세요. 제가 옆에 있잖아요" 하는 그 한마디가 할머니를 녹였다. 기술을 배운 게 아니다. 용기를 얻은 것이다. 혼자가 아니라는 안도감을 얻은 것이다.

10만 명의 디지털 주치의가 600만 소상공인의 손을 잡는다. 1인당 60명씩 담당한다. 60개 가게를 정기적으로 돌보는 것이다. 그 손길이 닿는 곳마다 디지털 유민이 디지털 시민이 된다. 기술 소외가 사라진다. 누구도 뒤처지지 않는다.

기계가 사람을 대체하지 않고, 사람이 기계를 부리도록 돕는 것. 이것이 우리가 지향하는 AI 기본사회의 모습이다. 소버린 AI는 기술의 주권만을 말하는 게 아니다. 기술에서 소외되지 않을 권리, 기술의 혜택을 누릴 권리, 기술과 함께 성장할 권리. 그 권리를 보장하는 것이 진정한 소버린 AI다. 디지털 주치의는 그 권리의 수호자다.

2026년 소상공인 지원 예산이 역대 최대 5조 4000억 원으로 편성되었다.

직접지원 사업만 1조 3400억 원, 전년 대비 64% 증가다. 이 예산이 디지털 주치의 양성과 AI 교육에 활용되면 기술 소외 없는 포용적 전환이 가속화된다.

12장을 마치며: 기준국가는 골목에서 시작된다

이 열 가지 소무는 작아 보인다. 그러나 대한민국 경제의 모세혈관을 뚫고 심장을 다시 뛰게 하는 가장 확실한 처방전이다. 정부의 거대한 설계도 위에 민간의 창의성과 지역의 현장성을 벽돌처럼 쌓아 올린 결과물이다.

소무 10조 핵심 내용	조항	핵심
경쟁	1~3조	메기 전략, 알고리즘 공정화, 로컬 크리에이터
자본	4~6조	소상공인 은행, K-Pay, 팬덤 금융
흐름	7~8조	우체국 풀필먼트, 글로벌 셀러
지원	9~10조	AI-in-a-Box, 디지털 주치의

판은 국가가 깔고, 춤은 국민이 춘다.

우체국은 물류 플랫폼이 되고, 소상공인 은행은 금융의 디딤돌이 되며, 메기는 생태계의 활력을 돋운다. AI 기술이라는 고속도로 위에 지역의 이야기와 소상공인의 땀이 흐를 때 우리는 비로소 인간 중심 기술과 만난다.

창작이 아닌 발견. 실험이 아닌 증명.

15년간 현장에서 부딪히며 찾아낸 이 정책들이 대통령의 책상 위에 올라가기를 희망한다. 골목에, 현장에 답이 있다.

2026년, 정부는 '5극3특' 지역균형발전 전략을 발표했다. 5대 초광역권과 3대 특별자치도로 재편하여 수도권 1극 체제를 극복하겠다는 선언이다. 국민성장 펀드 40% 이상 지방 배분, AI 단과대 신설, 지역상품권 24조 원 발행, 농어촌 기본소득 시범 사업. 이 모든 정책이 같은 방향을 가리킨다. 이 책에서 제안하는 소무 10조는 이러한 정부 정책과 함께할 때 비로소 완성된다. 정부의 고속도로 위에 소상공인의 땀이 흐를 때 권리장전은 현실이 된다.

소무 10조가 완성되었다. 광주에서, 서울에서, 프레스턴에서, 인도에서 이미 작동하고 있는 정책들을 모았다. 우체국은 물류 플랫폼이 되고, 소상공인 은행은 금융의 디딤돌이 된다. 기준국가는 골목에서 시작된다.

→ 씨앗을 심었다. 에필로그에서 그 씨앗 속 사과를 그린다.

식당 문은 닫지 않겠습니다
-씨앗 속 사과는 셀 수 없기에

다시, 그 떡갈비집

2026년 1월 어느 날, 다시 떡갈비집을 찾았다. 반년 전 그 자리였다. 떡갈비를 시키고 앉았다. 사장님은 여전히 작은 인연을 반갑게 맞아 주었다. 가게 한구석 TV에서는 AI 기본법 시행 소식이 흘러나왔다. 세계 최초, 포괄적 규제, 새 시대의 개막. 앵커의 목소리가 갓 튀겨낸 튀김처럼 경쾌했다.

"사장님, 작년 여름에 우리 소버린 AI 이야기했는데."

사장님이 고개를 들었다. 잠시 나를 바라보더니, 희미하게 웃었다.

"그때 사장님이 그러셨잖아요. '소(상공인을) 버린' AI가 아니길 바란다고."

"그랬나. 기억도 안 나네."

그 말이 더 아팠다. 그에게 그 한마디는 고된 노동 중에 내뱉은 지나가는 넋두리였을 것이다. 그러나 나는 그 말을 반년간 붙들고 책을 썼다. 권리장전을 만들었다. 정책을 제안했다. 그 모든 것이 그의 한숨에서 시작됐다. 그 뼈아픈 농담이 내가 만들어야 할 정책요리의 주제였기 때문이다.

"사장님, 저 그 이야기 듣고 책을 썼어요."

"책을? 무슨 책을?"

"소상공인이 버려지지 않는 AI 시대를 만들자는 책이요."

그가 피식 웃었다. 주방의 열기에 젖은 얼굴이었다.

"그런 게 되겠어요?"

나는 선뜻 대답하지 못했다. 되겠냐고 묻는다면 솔직히 나도 모른다. 시대의 입맛은 빠르게 변하고, 재료가 되는 환경도 매일 달라지기에 정해진 레시피는 없다. 다만 '해야 한다'고 믿을 뿐이다.

폭탄 돌리기라는 나쁜 요리를 멈추는 법

프롤로그에서 나는 스스로를 '정책 셰프'라 칭했다. 거창한 수사가 아니다. 국가란 무엇인가라는 질문에 거대 담론보다는 당장 밥 먹고 사는 문제, 즉 '소무'小務로 답하고 싶었기 때문이다.

혁신은 정말 우리를 배부르게 했는가. 답은 '아니오'였다. 혁신은 문제를 해결하지 않았다. 이동시켰을 뿐이다. 소비자의 편리함은 생산자의 부담이 되었고, 플랫폼의 성장은 입점업체의 종속이 되었으며, 로켓배송의 속도는 물류센터 노동자의 목숨값이 되었다. 이것은 폭탄 돌리기다. 편리함이라는 달콤한 조미료에 취해 있는 동안 비용과 위험이라는 폭탄은 강자에게서 약자에게로 넘어갔다. 맛있는 요리는 사람을 살리지만, 나쁜 요리는 사람을 병들게 한다. 소수만 배부르고 다수는 굶주리는 이 영양 불균형의 식단을 이제는 바꿔야 한다. 규칙을 만들자고 하면 혁신을 막는다고 한다. 그러나 나는 요리를 못하게 하려는 것이 아니다. 제대로 된 요리를 하자는 것이다.

축구에 오프사이드가 있다. 공격수가 수비수보다 앞서 있으면 반칙이다. 이 규칙이 없으면 어떻게 될까. 공격수는 골키퍼 앞에서 공만 기다릴 것이다. 경기는 성립하지 않는다. 오프사이드는 공격을 '막는' 규칙이 아니라 축구라는 경기를 '가능하게 하는' 규칙이다.

플랫폼 경제에는 오프사이드가 없다. 골리앗이 골키퍼 앞에 서서 기다린다. 다윗은 아무리 땀 흘려 뛰어도 골을 넣을 수 없다. 그런데 누군가 말한다. "자율에 맡겨라. 주방장이 알아서 한다."

강자의 자율은 강자에게 유리한 레시피가 된다. 60일 정산, 수수료 인상, 일방적 알고리즘 변경. 그 자율의 결과가 만든 쓴맛을 소상공인이 삼켰다. 약자에게 자율규제는 그림의 떡이다. 아니, 독이 든 떡이다.

적정한 규칙이 필요하다. 경기를 막지 않고, 경기를 가능하게 하는 규칙. 강자를 죽이지 않고, 약자도 뛸 수 있게 하는 규칙. 데이터 면허제, 이동권, 집단소송제는 플랫폼을 적대하는 것이 아니라 다윗도 요리할 수 있는 주방을 만드는 최소한의 위생 규칙이다.

사과를 쪼개본다. 씨앗이 나온다. 하나, 둘, 셋, 넷, 다섯. 사과 속 씨앗은 셀 수 있다.

씨앗 속 사과는 셀 수 없다

우리가 심어야 할 씨앗은 '규칙'이라는 씨앗이다. 규칙이 자라면 폭탄 돌리기가 멈춘다. 규칙이 자라면 그늘이 줄어든다. 규칙이 자라면 혁신의 과실이 골고루 퍼진다. 우리의 이야기는 작은 씨앗이다. 권리장전 10조, 소무

10조가 거름이 되어 이 씨앗이 자라 몇 개의 사과가 열릴지 모른다.

때는 저절로 오지 않는다. 제도가 때를 만들고, 법이 때를 만든다. 그리고 무엇보다 포기하지 않고 씨앗을 심는 사람이 때를 만든다.

골목에서 보내는 초대장

책을 덮으며 다시 생각한다. 내가 차려낸 이 정책의 밥상이 여러분께 얼마나 힘이 되었을지. 혹시 짜지는 않았는지, 아직 덜 익은 것은 없는지 두려운 마음도 든다.

성공보다 실패가 많았다. 올빼미버스는 달렸지만 디지털 시민시장실은 조례 하나 없이 꺼졌다. 5만 4,000명을 교육했지만 구조를 바꾸지는 못했다. 1,547명이 독립을 선언했지만 82.7%는 여전히 떠나지 못했다. 실패의 목록이 성공보다 길다.

그래도 징비懲毖의 마음으로 썼다. 지금 아니면 안 된다고 생각했다. 때를 놓치면 밥은 식고, 재료는 상한다. 나는 학자도 전문가도 아니다. 그저 '디지털 실학자'라는 이름표를 달고, 땀 냄새 나는 현장에서 밥을 짓는 사람이다.

프롤로그에서 나는 물었다.

"이 길을 함께 걸어주시겠습니까?"

이제 에필로그를 마치며 다시 묻는다.

"이 씨앗을 함께 심어주시겠습니까?"

걷는 것은 따라오는 것이다. 심는 것은 함께 만드는 것이다. 당신의 골목에서, 당신의 가게에서, 당신의 자리에서. 공정한 규칙이라는 씨앗 하나를 심어달라는 것이다.

떡갈비집 사장님이 물었다. "그런 게 되겠어요?"

나는 아직 모른다. 씨앗 속 사과는 셀 수 없으니까. 다만 심을 뿐이다. 심으면 자란다. 자라면 퍼진다. 퍼지면 세상이 바뀐다. 그렇게 믿는다.

5년 뒤, 그 떡갈비집 사장님은 정말로 "이제 장사할 맛이 난다"고 말하고 있을까. 나는 모른다. 다만 희망한다. 이 책이 당신 손에 든 하나의 씨앗이 되기를. 당신이 심을 씨앗 속 사과를, 나는 기다린다.

약속한다. 정책 셰프로서의 나의 주방은 멈추지 않을 것이다. 나는 계속해서 뜻과 땀을 재료 삼아 불을 지피고 때를 짓겠다. 소상공인이 웃고, 골목이 살고, 대한민국이 건강해지는 그날까지. '정책 셰프' 김현성의 식당 문은 닫히지 않을 것이다.

이제, 당신의 주문을 기다린다.

소상공인을 버린 AI

제1판 1쇄 발행 2026년 2월 20일

저자	김현성
펴낸이	김덕문
편집	손미정
교정	김정성
디자인	놈normmm
영업	이종률
제작	정우미디어

펴낸곳	더봄
등록일	2015년 4월 20일
주소	서울시 마포구어울마당로 130 기린빌딩 3105호
대표전화	02-975-8007 ‖ **팩스** 02-975-8006
전자우편	thebom21@naver.com
블로그	blog.naver.com/thebom21

ⓒ김현성, 2026
ISBN 979-11-92386-52-2 03300